国家、市民社会与法治

马长山 著

创于1897 商务印书馆 The Commercial Press

2015年 · 北京

图书在版编目(CIP)数据

国家、市民社会与法治/马长山著.—北京:商务印书馆,2002(2015.6重印)
ISBN 978-7-100-03349-7

I. 国… II. 马… III. 市民-社会学 IV. C91

中国版本图书馆CIP数据核字(2001)第042684号

GUÓ JIĀ SHÌ MÍN SHÈ HUÌ YǓ FǍ ZHÌ
国家、市民社会与法治
马长山 著

商 务 印 书 馆 出 版
(北京王府井大街36号 邮政编码100710)
商 务 印 书 馆 发 行
北京中科印刷有限公司印刷
ISBN 978-7-100-03349-7

2002年2月第1版 开本 880×1240 1/32
2015年6月北京第4次印刷 印张 10 3/4
定价:38.00元

序

中国以市场经济为取向的重大社会变革,必然伴随着为实践导航的巨大思想解放和理论突破运动,法学理论研究也呈现出前所未有的繁荣。尽管法学仍需"脱幼"和现代化,但近年来法学理论的重大创新和进步则是有目共睹的。

法学是一门理论性和实践性都很强的学科,它需要对历史发展和社会进步予以积极的关注和回应。随着当代世界政治、经济、文化的重大变革和全球化进程的加快,国家和社会、权力和权利、普遍利益与特殊利益的矛盾关系比以前更为复杂和突显,市民社会理论也日渐成为一股世界性的理论思潮。可以说,重构国家和市民社会的关系,已成为当今世界一个带有普遍性的、根本性的问题。在我国,随着改革开放的深入和社会主义市场经济的进一步发展,社会主义市民社会已初现端倪,市民社会理论受到了越来越多的关注,法学界也必然要引入市民社会理论进行创新性研究。应当说,市民社会与国家的关系是一个基本的法理问题,对这一问题的深入、系统研究,可以更好地认识和把握法本质、法作用、法运行及其当代发展走向和趋势等等,从而为法学研究注入坚深而丰实的理论底蕴。对法治发展的研究来说,市民社会理论则具有更重要的意义。因为,法治的根本之义在于权力制约和权利保障,把法治置于市民社会和国家的历史发展运动中去考察，就会获得更深入、更根本的认识和把握。马长山教授的新著《国家、市民社会与法治》一书，就是这方面的开山之作。

该书以市民社会理论为基点，对法治思想的内在理论路径和西方法治生成的深层动因进行了深入研究，对当代国家和社会关系的新变化、新趋向及其对法治的深刻影响进行了深入分析和把握，进而得出了国家和市民社会的互动关系构成法治的基础和界限这一重要结论，并藉此对中国法治进程进行系统的理论设计和解说，构建了市民社会理论法治观的理论体系，因而颇具学术前沿性和理论创新性，也具有很强的时代感和实践指导意义。该书注释丰富，资料翔实，理论功底扎实，这也表明了作者颇深的学术积淀和认真塌实的良好学风。这在当前具有某种“务实”和“浮躁”倾向的学术环境下，确实是难能可贵的。

我和马长山教授相识于 1998 年南京“20 世纪中国法学与法制现代化”学术研讨会上。作为一个青年学者，其谦逊勤奋、执著学术、颇具洞见的风格给我很深的印象。后来，他又就撰写该书与我多次探讨交流，有很多理论观点我们都能取得共识。通读书稿，感到该书视野开阔，体系完整，理论深邃，使命感强，因而颇具学术感染力。当然，与其他学术著作一样，该书也并不是完美的，比如关于“市民社会型塑与中国法治之路”一章，如能以市民社会理论对社会主义市场经济和人民民主专政，进行再具体些、针对性再强一些的论述，可能会更好。但是，不管怎么说，《国家、市民社会与法治》一书，都可堪称法学理论和法治研究方面的上乘之作，这也是近年来少见的学术价值含量很高，开拓性和时代感很强的理论著作之一。相信该书的出版,能对市民社会理论基点上的法学研究,尤其是市民社会与民主和法治发展的深入研究起到重要的推动作用。

我很高兴,也很欣慰地向学术界推荐此书,是为序。

吕世伦

2001年8月于中国人民大学静园寓所

目　　录

导　论

一、法学理论的当代使命

历史推动人类进入了新千年，迫使我们去面对一个色彩纷呈、震荡起伏、困窘危机而又充满希望的全球化时代，中国正以特有的民族性格和追求而跻身其中。然而，在中国以极大努力卸下传统包袱而展开以西方为范本的现代性诉求时，非中心化、平面化、多元化、不确定性、非连续性的“后现代”思潮又奔涌而来，从而使中国的现代化努力处于充满悖离与张力的解构与建构情境之中。正是在这一特殊历史境遇之下，展开了中国法治化道路的浓重欲求。

法治无疑是人类文明的共有成果，但它确实产生于西方，是在西方社会历史条件下长期孕育、内生并先发而成，因而法治在西方有其丰厚的“历史传统”。中国是一个典型的德治国家，“法律传统”则先天不足。因此，对后发外生的中国法治进程来说，绝不仅仅是简单移植西方先进、成熟的法律规则和仿制司法组织体系（尽管这是十分必要的），而更重要的则是构筑现代法治内在的深层的本土化根基。然而，这并不能等同于探寻“本土资源”。[1]应当说，挖掘“本土资源”固然具有一定的积极意义，尤其是在法治中国化方面。不过，尽管其主观意愿和出发点值得关注，但对“本土资源”的过分探寻和寄以过高企盼，客观上却有可能出现某种“返祖性”(即对传统非法治形态的复归)，而把秩序等同于法治或赋予法治以过多的“地方性知识”属性，则有可能消解法治本身。因此，深层本土化根基要比“本土资源”更为关键。有西方学者针对民主化进程这样评论到：“世界并非完全同质的，民主的辩论必须体现文化的相对性。民主必须在当地的条件下发端，并服务于当地的条件；没有一个包容一切的、普适的模型。同时，文化相对性也不该成为一个规范性的障碍，国家用它来作为屏障，否定民主或者否定基本人权。无疑，应该找到一种平衡，它既包含了社群主义者能直觉到的所有社会和文化都可以寻找自己的民主概念的观点，也包含世界主义者对人类无论在何处都渴望掌握自己命运的信念。”[2] 事实上，与民主密切相关的法治化进程同样如此。而日本、印度及非洲的法律改革和变迁，也似乎说明了这一点。[3] 这就要求我们以吸收借鉴和反思省察的理性态度，来审

---

① 有学者力倡法治“本土资源”说。参见苏力:《法治及其本土资源》,中国政法大学出版社 1996 年版;《二十世纪中国的现代化和法治》,载《法学研究》,1998 年第 1 期等。

② 〔日〕猪口孝、〔英〕爱德华·纽曼、〔美〕约翰·基恩:《引言:变动中的民主》,林猛等译,载猪口孝、纽曼、基恩编:《变动中的民主》,吉林人民出版社 1999 年版,第 11 页。

③ 参见徐立志:《中日法制近代化比较研究》,载《外国法译评》,2000 年第 1 期;王云霞:《印度社会的法律改革》,载《比较法研究》,2000 年第 2 期;龙在天:《非洲价值观的演变和展望》,载《国外理论动态》,1999 年第 8 期;夏新华:《非洲法律文化之变迁》,载《比较法研究》,1999 年第 2 期。

视西方法治及现代化中国家的法治进程，从而把握世界化的民主法治潮流，把法治精神与原则灌注到中国的政治、经济、文化及社会变革之中。即中国法治之路不是对西方法治发展道路和模式的照搬，而是对人类法治文明发展趋势的顺应，并化为现实的社会结构化、制度化要素。在一定意义上讲，这是对西方与东方、传统与现代乃至“后现代”的超越。只有这样，才能为中国法治化奠定坚实的社会基础，法治才能真正化为社会现实，而不是一种外装。在这一重大历史进程中，法学理论无疑要承担起重要的历史使命。它不仅应紧跟时代发展的步伐，而且还应赋有前瞻性的启蒙、阐释和导引功能。从而对法治实践进行积极回应、理性反思，并提供相应的理论解说和预案选择。因为理论的生命存在于现实之中，而社会现实离开理论则只能是“盲人走路”。[①] 虽然在全球化时代的任何理论都不可妄称其普适性、权威性，但是理论先导毕竟是必不可少的。[②] 从某种意义上说，法学理论的滞后已经成为中国法治进程的重要制约因素。因此，法学理论尤其是法理学，就应抛弃以往教条化、纯粹化、工具化的不良倾向，要扎根于中国法治化进程，并为其提供必要的理论支撑。

---

① 以“想好了再走”著称的、善于理性思考的欧洲大陆国家(特别是德国)自不待言，就是以“边走边想”著称的、注重经验的英美国家来说，也需要去想、去总结、去升华，而不是盲目乱撞。

② 这里主要是针对近年来我国思想界由于受教条主义和普适主义理性之苦，而过度求诸经验、轻视理论的动向而言的。

二、市民社会理论的兴起与法理学更新

时代赋予了法理学以神圣的使命，同时也要求法理学能胜任这一使命。然而，受传统教条主义的严重影响，[①] 我国法理学患有严重的“幼稚病”，政治解释学、法律注释学的倾向较为浓重，以致法学界外的学者对其理论性、科学性都产生过疑问，法理学何以担负重任？令人感到欣慰的是，近年来法理学界十分活跃，法理学更新和法学现代化的呼声愈来愈高，权利本位、契约自由、私法优先、法的时代精神、民主与法治、权力与权利等等的倡导、确认、弘扬乃至重新界定，极大地推动着法理学“脱幼”和更新。同时，我们也必须看到，法理学的更新仍是重要而紧迫的任务。作为法学教育之本的《法理学》教科书虽然版本繁多，但很难见到不同的“面孔”，本本主义和仅就法学来研究法学的“本土主义”仍很浓重，真正能运用多学科理论来阐明法理学问题的文章亦不多见。而且，简单逻辑论证、概念推演和抽象思辨研究的倾向也还存在。这无疑使得难于构筑起新的法学理论根基、体系以及形成不同的理论派别，也不能很好关注世界法治的发展趋向和中国的法治实践，并发挥其应有的作用。正因如此，法理学界的智识之士才不断地为“法学现代化”鼓与呼。

法理学更新和法学现代化是个庞大的系统工程的构筑，尤其

---

① 周永坤先生曾对法学教条主义及其对中国法学的影响进行了剖析。参见周永坤：《坚持实践标准，进一步清除法学教条主义——新中国法学 50 年及其未来》，载《法商研究》，1999 年第 3 期。

需要法学研究既要立足法学领域，又要走出法学领域，从哲学、政治学、经济学、人类学、社会学、伦理学、文化学、史学等更高更宽的多维理论视野，并对法治实践致以深切关怀来深入研究。市民社会理论的兴起及其在法学研究领域的导入，就是这样一种新的努力或尝试，它无疑会大大推进法理学更新和法学现代化进程。

首先，市民社会理论是马克思主义法律观得以确立的重要基石。如果我们不是从经典作家的个别论断出发，不是教条主义的、工具主义的政治解释学的思维方式的话，那么就不难发现，经典作家是从其市民社会理论而走向唯物史观的，是从市民社会中去寻找理解人类发展进程的锁钥的，[①] 并进而奠定了马克思主义法律观的基础。而具体阐发其基本法律观点时，也是以市民社会理论为逻辑起点的，认为法律是建筑在市民社会与政治国家的二元基础上的，立法权的双重属性反映了市民社会与政治国家的辩证关系等等。[②] 正如恩格斯指出的，“决不是国家制约和决定市民社会，而是市民社会制约和决定国家”，是马克思主义唯物史观的“基本原理”。[③] 因此，我们要进行法理学更新和法学现代化，十分重要的方面，就是要改变“附加”和“个别词句”的注释学风，到马克思主义基本原理中去“再发现”，对最新的马克思主义研究成果进行“再吸收”，实现其在当代的“再发展”，从而真正“回到马克思”，并

---

① 参见《马克思恩格斯全集》，第16卷，第409页。

② 参见马长山：《市民社会理论：法学现代化的重要基点》，载《求是学刊》，1999年第1期；《从市民社会理论出发对法本质的再认识》，载《法学研究》，1995年第1期。

③ 参见《马克思恩格斯选集》，第4卷(上)，人民出版社1972年版，第192页。

运用于法学研究之中。因此,马克思市民社会理论的导入,就成为法理学更新和法学现代化的重要内容。

其次,市民社会理论在世界范围内的兴起,给法学研究带来了新的活力。市民社会理论自 80 年代以来再度流行,并成为当代世界一股重要的社会思潮。它反映了 80 年代以来世界各国国家和社会关系的深刻变化及理论诉求。① 这一思潮不仅对政治学、哲学、经济学和社会学界产生了重要影响,法学界也深为其所吸引。运用这一理论进行法学问题尤其是法治研究,已成为一个颇引人注目的动向。1995 年 8 月在日本东京召开的法社会学国际协会第 31 届学术大会,以"法文化——机遇与变迁"为主题,中国学者江平就做了《国家与社会——当今中国的法律概念以及变化》的基调讲演。三年后,在韩国汉城——济州召开的第二次法哲学社会哲学亚洲大会,以"在亚细亚多元社会中法的本质与功能"为主题,突出研究了亚洲国家的国家与社会关系对法治的作用和影响。中国学者宣讲了《以社会权力制衡国家权力》和《中国市民社会私法的地位与作用》两篇重要论文,产生了较大反响。② 1999 年又召开了中澳"市民社会与法治"研讨会。此外,由俄罗斯自然科学院院士 B. B. 拉扎列夫等著名学者编写,由俄罗斯国家高等教育委员会推荐的、具有一定典型性和权威性的新版大学教材《法与国家的一

---

① 中国学者曾对这一思潮的复兴、内在动因及其发展趋向作了详尽分析和介绍。参见俞可平主编:《全球化时代的"社会主义"》,中央编译出版社,1998 年版,第 160—198 页。

② 郭道晖:《多元社会中法的本质与功能——第二次亚洲法哲学大会述评》,载《中外法学》,1999 年第 3 期。

般理论》,充分体现了传统俄罗斯思想和当代西方法学流派的观点,并从市民社会与政治国家视野来探讨国家和法的起源及其相互关系。[①] 这也反映了俄罗斯把市民社会理论引入法学的新动向。国内近年也发表了诸多以市民社会理论为基点的法学论文。[②] 尽管有些理论尚需要周全和深化,但它无疑给法学研究注入了新生力量。

再次,从市民社会理论出发变革更新法学,是社会主义市场经济发展的需要。按照马克思市民社会理论,市民社会与政治国家并列存在是现代国家的基本特征。只要有私有制和社会分工的存在,市民社会与国家的分离及其矛盾关系就不会消失。但在剥削阶级社会,市民社会与政治国家具有离心性和对抗性质,而在社会主义社会,国家与市民社会则形成了有机的统一体。过去,我们忽视了这一规律,人为"冒进",力图通过"一大二公"来消灭市民社会,形成纵向隶属、政治社会化的同质社会结构,造成了生产力的停滞,法律也几近泯灭。改革开放后,商品经济获得迅速恢复和发展,使市民社会从以往高度集权的政治经济体制框架中解放出来,特别是社会主义市场经济目标模式的确立,构造着"小政府、大社会"的发展格局。具言之,政府不断地简政放权,国家权力与社会权利的关系逐步得到理顺,民间社会组织大量涌现,社会利益日益

---

① 参见〔俄〕B. B. 拉扎列夫等:《法与国家的一般理论》,王哲等译,法律出版社1999年版。

② 江平、吕世伦与贺小荣、公丕祥、徐国栋、郭道晖、马长山、郑戈、刘武俊、徐忠明、范忠信、刘楠、吴家清、杜万华、朱国斌与余凌云、郑强、刘旺洪、陈林林等诸多学者,都发表过此类文章。

多元化，社会主体的自主活动权利得到充分尊重、确认和保护，横向权利和利益关系得到独立、广泛地发展，即与国家政治生活相对应的“世俗化”的市民社会生活领域正在形成和扩展。就是说，市民社会与国家正在发生分离并构成了有机互动的二元社会结构，而这一社会结构又为市场经济的进一步发展奠定着必要的基础，也对法律供给提出了强烈需求。作为人们行为和社会活动基本规则的法律，在建立法治国家的历史进程中，就必须扎根于这一基础和现实，必须反映这种二元社会结构基础上的复杂多变的利益关系和需要；而这一生动的社会生活现实，也要求法学从市民社会与国家的宏观广角，来解决其发展中出现的新的理论和实践问题。因此说，把法学研究和法学现代化纳入市民社会理论视野，是社会客观现实的需要。

最后，市民社会理论能为法学提供有效的分析工具和系统而丰富的理论基础。我国法学幼稚的突出表现，就是以阶级分析为轴心的单一线性的理论模式，而实际上，法是一个具有多面因素的复合现象，特别在社会经济飞速发展，社会生活剧烈变动的当代法治社会，法学理论和实践问题更加复杂多变。尽管阶级分析不能抛弃，但阶级分析的“单打一”乃至静态线性的阶级分析难免力不从心，而能够弥补这一缺陷的一个重要方面，就是市民社会理论在法学领域的导入。市民社会理论以国家和市民社会的相互关系为轴心，确立起历史的和分析的范畴。它不仅包括阶级分析，还确立了系统而深刻的利益分析，具有独特的深广度。不仅有“条块”的不同阶级利益分析，也有透过“条块”，对社会利益主体的全面细致分析，还有从国家和社会宏观角度的整体把握，形成多元立体的分析格局。当然,由于利益关系终归为阶级关系,而阶级关系又是由一定历史阶段上社会物质生活条件,即一定发展阶段上的市民社会及其与政治国家的关系来决定的,因此,我们可以说阶级分析是利益分析的核心和根本,但"点"的分析不能代替"面"的分析,阶级分析也不能代替利益分析。恰恰相反,只有确立市民社会理论的利益分析,才使阶级分析具有更坚实的基础,才更生动、更全面、更有说服力和更体现马克思主义唯物史观。这也正是社会主义市场经济条件下利益多元化对传统阶级分析方法提出的变革要求,法学"脱幼"也才赋有更大的驱动力。另一方面,市民社会理论也确立了哲学分析(经济结构、社会关系结构与意识形态结构;主体自由和类生活等)、政治分析(政治结构、政治过程、政治模式等)、历史分析(国家起源、国家向社会的回归等)和社会分析(社会发展、社会结构、现代化、后现代、全球化等),从而架起了法学与相关学科的有机桥梁,使法学研究能够充分运用这些相关学科的成果来丰富法学理论,提高法学理论质量,为法学更新变革提供更广阔、更深厚的理论基础。

更为重要的是:第一,尽管市民社会与政治国家关系已不再是简单对立的传统模式,出现所谓"国家社会化"和"社会国家化"的趋向,但两大领域的分野仍是现代社会结构的基本图式,而且可以预见,只要国家尚未消亡,国家与市民社会就不可能真正融合和统一。因此,法学研究必须立足于国家与市民社会分立并互动发展这一生动的社会现实;第二,市民社会与政治国家的矛盾发展,既是普遍利益与特殊利益冲突与整合的复杂历程,也是一个市民社会获得"政治解放"而展现人的自由理性精神的伟大进程，因而从市民社会与政治国家视角出发，就确立了普遍利益与特殊利益的冲突与整合和人的自由理性发展这两个人类社会发展的最基本、最本质化的角度，来研究法律现象尤其是法治进程；第三，权利和义务曾被认为是法学的基石范畴，并力倡权利义务法理学或“权利本位”，[①] 现在又有学者提出以权利和权力为核心和基本范畴，来扬弃并更新权利义务法理学。[②] 这些理论研究无疑是开创性的、深入的和富有成效的。但是，要获得对权利、权力和义务范畴的更深入、更本质的认识和把握，就应把权利、权力、义务放到市民社会与国家视野中去研究，使其立足于个性生活和类生活的历史发展、普遍利益与特殊利益的矛盾关系、市民社会“政治解放”和人由自在自发走向自由自觉的价值诉求框架之中，这样，才能更好地揭示其深层历史底蕴，构筑深厚的理论基础，也才能从更为丰富生动的社会现象中去研究法理念、法制度、法运作和法现实，避免简单的逻辑论证和概念推演，把握时代的发展脉搏，并为法学研究奠定坚实而深厚的理论根基，从而，有效提升法学理论品格和现实主义精神，以实现法学现代化并充分发挥其导引和前瞻功能。

---

① 参见张文显：《法学基本范畴研究》，中国政法大学出版社 1993 年版；郑成良：《权利本位说》，载《政治与法律》，1989 年第 4 期。

② 参见童之伟：《论法理学的更新》，载《法学研究》，1998 年第 6 期；《再论法理学的更新》，载《法学研究》，1999 年第 2 期等。

三、中国法治之路的理论构建及其得失

“依法治国，建设社会主义法治国家”的治国方略及其伟大实践，得到了法学界广泛、热切而深入的理论回应。学者们从法治的界定和法治与法制的区分入手，深入分析、论证了法治的构成要件和价值原则，认为民主政治、市场经济、理性文化是现代法治的前提和基础。继而又出现了经验理性与建构理性两种法治理论倾向，并在中国法治进程的驱动问题上，提出了政府推进型、自然演进型及政府推进与自然演进结合型的不同主张。[①] 这标志着中国法治理论由宏观理论设计向具体操作层面的推进。从总体上看，学术界关于法治的理论研究，能够立足古今中外的“历时性”和“共时性”视野，关注世界法治发展趋向和最新理论动态，把握中国法治进程的特殊性，因而具有较高的理论品格、较强的反思能力和现实主义精神。但是，中国法治理论构建的不足也是明显的，即在某种意义上说，尚缺乏对法治深层历史底蕴、终极价值关怀及法治发展趋向的总体把握能力，从而导致了对中国法治进程的理论解说的有限性，而这一问题应到市民社会理论框架中去寻求解决。也即经验理性法治观和建构理性法治观的矛盾与冲突，在市民社会理论视野中就可以获得协调。因为从这一更深层历史发展背景来审视，就会发现法治的产生、运行和发展，既有市民社会经验性变

① 参见苏力:《法治及其本土资源》和《二十世纪中国的现代化和法治》;蒋立山:《中国法治道路初探》,载《中外法学》,1998 年第 3—4 期;郭道晖:《建立法治国家必须推进政制与法制改革》,载《法商研究》,1999 年第 2 期等。

革和创新的成分，也有市民社会理性革命和创制的成分，二者是法律发展和法治进程中既相互矛盾又互为补充的两个方面。作为经验理性典型的英国，其法律传统的形成固然有相当程度的遵从先例、注重经验和强调稳步变革的因素，但是，其理性设计、建构新秩序及革命的要求和行动，同样是英国法律发展中的重要因素（尤其是1600—1800年间）。而作为建构理性典型的法国，其法律发展固然有理性建构的重要作用和影响，但同样也有对历史经验与传统的尊重和继承，尤其是商业惯例和罗马法、地方习惯作为法的一个渊源并未完全抛弃。为此，法律史家才断言，把英国法律特色说成是《大宪章》，甚至1066年以来无间断地逐渐和平发展而成，或把法国法律史看作是1789年前后两个不相连续（由法国革命摧毁过去，一切都重新建立）的阶段，都是十分错误的神话，"事实上在英、法两国，都是由一个获得胜利的阶级，用武力强制实行了一种新的法律意识形态，而且正因为两国资产阶级的利益实际相同，两国的私法体系才终于有了值得注意的相似之处。""从英国和法国革命，以及早期遍及欧洲各地的市民起义，产生了我们今日生活于其中的法律体制。"① 伯尔曼也认为，法律不仅渊源于立法者的意志，也包括公众的理性、良心、习俗和惯例。因为西方每个国家的政府和法律体制，都源于周期性地以非法暴力形式来推翻既定秩序的革命。同时，法律有时也就是被改造了的习惯，而不仅仅是立法者的意志和理性，因此"法律既是从整个社会的结构和习惯自下

① 〔美〕泰格、利维：《法律与资本主义的兴起》，纪琨译，学林出版社1996年版，第263—264页。

而上发展而来,又是从社会中的统治者们的政策和价值中自上而下移动。法律有助于对这两者的整合。”[①] 可见,法律的发展既要立足于市民社会的经验性变革之上,又离不开理性设计,市民社会的理性革命及市民社会与政治国家的矛盾发展(这里当然包括“政治解放”过程中人不断地由自在自发走向自由自觉所展现出来的经验进化和理性升华的要求)。因此,不能把经验理性和建构理性简单地对立起来。即便是极力主张经验进化法律观的哈耶克也自称,“我们所提倡的并不是摒弃理性,而是对理性能被恰当控制的领域做一番理性的审视”,因为“理性无疑是人类最宝贵的财富。而我们只是想说明:理性不是万能的,假如相信理性能够成为它自己的主人,并且能够控制它自己的发展,便有可能摧毁理性。”[②] 与此相关的是,法律既是一种“地方性知识”,也具有一定的“普适性”,因为“各国历史发展状况、社会结构、文化传统、民族性格等有诸多不同,从而导致其具有独特性而呈“地方性知识”,但是,“所有西方的法律体系——英国的、法国的、德国的、意大利的、波兰的、匈牙利的和其他国家的(包括 19 世纪以来俄国的)——都有共同的历史根源,从这种共同的根源中它们不仅获得了共同的术语和共同的技术,而且获得了共同的概念、共同的原则和共同的价值。”[③] 因此,它又具有共性而呈“普适性知识”,因而对各国法律

---

① 〔美〕伯尔曼:《法律与革命——西方法律传统的形成》,贺卫方等译,中国大百科全书出版社 1993 年版,第 665 页。

② 〔英〕弗雷德里希·奥古斯特·哈耶克:《自由宪章》,杨玉生等译,中国社会科学出版社 1999 年版,第 105 页。

③ 伯尔曼:《法律与革命》,第 643 页。

体系、法律秩序等的异同对比研究，便成为现代比较法学的基础和核心。而且，在分析差异的基础上，探求各国法律秩序的共同基础、价值原则而关注共同的发展趋向，促进各国法律发展的协调与一致，便成为比较法的一个远大抱负。① 尽管这是一种理想，但确实是对法律发展趋向的把握。在某种意义上，也是对市民社会与国家矛盾发展基础上法律生长、变迁及走向的总体性认识和欲求。由此反观我国法治进程，就不可对经验理性和建构理性偏执一端，而应在市民社会发育、成长及其与国家互动关系的基点上，探求二者在法治理论和实践中的有机协调。②

再比如，权力制约和权利保障（或以权利制约权力）是法治的根本和核心，这已为学术界所认同。然而，仅直观地从权利和权力关系层面、或其政治运作、物质利益基础及思想源流等出发，来经验地分析、历史审视、逻辑论证或思辨研究，无论在理论解说还是实践操作上，都略显单薄乏力。而事实上，权利与权力现象同样根植于市民社会与政治国家矛盾发展的历史脉动之中。特别是近现代，市民社会与国家的分化、对立和互动发展，造就了私人领域和公共领域、特殊利益和普遍利益、个体权利和公共权力、多元社会权利和国家合法性、市民文化和公共理性等等的分野、冲突与整合，正是这一复杂生动的历史进程，产生了社会成员对自由和权利

---

① 参见〔德〕K. 茨威格特、H. 克茨：《比较法总论》，潘汉典等译，贵州人民出版社1992年版，第25—47页；〔法〕勒内·达维德：《当代主要法律体系》，漆竹生译，上海译文出版社1984年版，第7—32页；〔日〕大木雅夫：《比较法》，范愉译，法律出版社1999年版，第59—80页；〔美〕格伦顿、戈登、奥萨魁：《比较法律传统》，米健等译，中国政法大学出版社1993年版，第1—5页。

② 这是一个重要而关键的大问题，笔者将会另文专论。

的浓重价值关怀、对权利制约权力的热切诉求和权利、权力与义务的法律规制构架,促动了法治的生成和发展。还有,关于中国法治驱动上的自然演进型、政府推进型和政府推进与自然演进结合型的讨论,固然有其一定的理论洞见和现实感。但是,如果不上升到市民社会与国家的理论视野层面,是难以克服其理论局限或困惑而更好地促动中国法治进程的。① 而从市民社会与国家的互动发展及其与法治的内在相关性来看,法治进程既是演进的也是推进的,既有权利的伸张也需权力的运作,既是经验的也是建构的,因此在某种程度上可以说是二者的有机结合。但是,寻求政府推进和自然演进的结合绝不是简单化处理的"和泥"或"煮粥",而是要通过培育中国的市民社会,合理界定国家活动的范围,并建立二者的良性互动、权利与权力的制约及功能耦合关系,② 从而形成国家与市民社会的合力推动。只有这样,才能为中国法治进程提供更积极而现实的选择,奠定法治的坚实基础,从而推动社会主义法治国家的早日建立。

---

① 政府推进型固然充分强调了国家权力在法治进程中的设计、引导、创制、促动及保障作用。但其理论难题在于,如何解决法治进程中起推动作用的权力制约问题,以使权力推行法治的主导性并不致于演化为其合法扩张性而最终摧毁法治,而且过度的理性建构极易导致极权主义。自然演进型固然充分关注了社会自主性、积极性和民众实践创造性对法治的积极推动作用。但其理论难题在于,如何避免法治进程中国家权力的消极无为和反对理性建构而只重经验传统的情况下,法治自发演进的盲目性、迟缓性、无序性和返祖性。特别像中国这样一个缺少民主法治传统,而具有浓重专制主义文化传统的国家,自然演进的法治进程更是如此。郭道晖先生在广西、湖南所做的乡规民约调查就显示了这一点。(参见郭道晖:《建立法治国家必须依法推进政制与法制改革》)而政府推进和自然演进结合型虽然前进了一步,但并未确立坚实的理论根基和提出有效的现实操作方案。

② 在本书第四章,我们将展开讨论。

第一章　市民社会与政治国家：法治思想和理论的深层历史脉动

在西方，法治思想和理论可谓源远流长，但直到近代以降，才开始伴随自由、平等和人权等民主思想而广泛传播。法治思想与理论的形成和发展，无疑反映了一定社会生活条件下人的民主精神和自由平等权利要求，反映了人类对个人与国家、自由与强制、权利与权力关系的理性思考和制度设计。如果我们不仅仅满足于各个理论家的思想表述，而力图从总体上把握贯穿他们理论的中轴线的话，那么就不难发现，市民社会与政治国家乃是法治思想和理论由始而来的内在根基和浓重关怀。

一、国家和市民社会的复合、正义与法治

法治思想和理论可以上溯至古希腊先哲柏拉图和亚里士多德，尤其是亚里士多德的法治观奠定了西方法治思想的理论框架。

古希腊社会的组织形式是自治、自给和主权在民的城邦国家。就是说，古希腊城邦各具特色，其政治制度也千差万别，但自治、自

给、主权在民、直接民主等则是其大体上共同的特点。实行贵族政体的斯巴达是古希腊史中的一个变例,即使这一变例,在政制上大体仍和一般希腊城邦相一致。[①] 城市的社会构成是奴隶、自由人和公民三大身份集团,但城邦政治生活却是公民的专利,奴隶和自由人被排除在政治生活之外。同时,大多数希腊城邦都是移民城邦,这导致"原始社会萎缩"并使其政体赋有了"契约"基础和人为构建的性质。[②] 因此,城邦在本质上是自由公民的自治团体。城邦一般都实行直接民主制,公民通过公民大会或陪审法庭等机构,直接参与城邦重大事务的讨论和决策,甚至通过"轮番为治"和实行公职津贴制,来确保极高的政治参与,进而使得希腊人的城邦观念更多的是一种政治——伦理观念,其城邦生活也更多的是一种公民政治——伦理生活。[③] 而且,人们的事业和爱好都集中于城邦,甚至连他取得个人的生活资料,也远比现代生活中的人们要更多地依靠国家。polis 原意即为"公民之家",希腊人的日常生活与其他公民是时时发生关系的,而没有现代人那种各自分离的家庭生活。他们的日常生活中心——市场就犹如一个大家庭。[④] 因此"对全体希腊人来说,城邦就是一种共同生活","城邦的宪法是一种'生活的模式'而不是一种法律结构。"[⑤] 所以伯里克利才讲,

---

① 参见顾准:《顾准文集》,贵州人民出版社 1994 年版,第 81—82 页。

② 参见顾准:《顾准文集》,第 115—117 页。

③ 参见何增科:《市民社会概念的历史演变》,载《中国社会科学》,1994 年第 5 期;肖岁寒:《"市民社会"的历史考察》,载《天津社会科学》,1999 年第 3 期。

④ 参见于海:《西方社会思想史》,复旦大学出版社 1993 年版,第 45—46 页。

⑤ 〔美〕乔治·霍兰·萨拜因:《政治学说史》(上),盛葵阳等译,商务印书馆 1986 年版,第 33 页。

“在我们这里,每一个人所关心的,不仅是他自己的事务,而且也关心国家事务;就是那些最忙于自己事务的人,对于一般政治也是很熟悉的——这是我们的特点:一个不关心政治的人,我们不说他是一个注意自己事务的人,而说他根本没有事务。”[①] 可见,在古希腊城邦,个人的生活和价值都依存于城邦共同体,而且个人生活与政治生活及公民间的日常生活,都是紧密关联并最终获得伦理意义的。也就是说,在这里,国家与市民社会是复合的,其复合的基础和纽带是城邦正义和善业。正如查尔斯·泰勒所言,“爱国之德性乃是古代共和制中维护社会处于自由状态的驱动力,因为它引导人们誓死捍卫法律,使之免受来自内外的威胁。”[②] 正因为如此,亚里士多德在《政治学》中最早使用的“市民社会”概念,也具有“政治社会”、“公民社会”或“文明社会”的蕴含。当然,古希腊城邦的自由人和奴隶也有其自己的社会生活。在黄金时代的雅典,自由人除不能享有政治权利和占有土地外,在从事职业、参加社会和文化活动等方面,则与公民有同等机会,他们多为从事工商经济活动的商人和工匠等。虽然婚姻因具有调整政治和经济要求的性质而使妇女地位低下和家庭衰落,但作为女伴或艺妓的异邦妇女,则能够参加多种形式的社会、文化活动。城市奴隶也得到较好待遇,可以拿工资从事劳动并占有财产,甚至偶尔担任小官吏或银行经

① 修昔底德:《伯罗奔尼撒战争史》,转引自徐大同:《西方政治思想史》,天津教育出版社 2000 年版,第 20—21 页。

② 查尔斯·泰勒:《市民社会的模式》,冯青虎译,载邓正来、〔英〕J. C. 亚历山大编:《国家与市民社会——一种社会理论的研究路径》,中央编译出版社 1999 年版,第 17 页。

理人(矿工奴隶则待遇悲惨)。[①] 因此，在严格意义上，希腊城邦时代的市民社会日常生活，尤其是自由人和奴隶的日常生活是有一定独立性和存在空间的，尽管这种独立性和空间是极为有限的，并最终屈从于政治共同体化的城邦制度，不过，其市民社会毕竟不与国家完全等同。然而，自由人和奴隶并不是城邦国家的主人，而由公民团体左右着城邦的政治、经济和文化生活，并且只有公民才被视为有德性的、完整的人。这种有德性、完整的人天生就是政治动物，其私人生活与政治生活是一致的，并融于普遍性的共同生活之中。正是从这一意义上讲，其市民社会与国家是复合的，公民把"对自己私事的关心同参与公共生活结合起来"了。[②] 正是这种城邦共同体的背景，这种城邦政治生活与社区生活紧密融合的社会状况，"竟使得大多数希腊思想家不知区分国家和社会，亦不能想象不同于城邦生活的其他生活样式。"[③] 对希腊人和罗马人而言，对市民社会和国家作出界分是难以理解的。[④] 柏拉图和亚里士多德就是在城邦"末世"来构筑城邦"理想国"和"城邦政治学"，并为城邦制度进行辩护的，其法治思想也自然寓于这种思维范式之中。

在柏拉图的"理想国"中，正义或善的理念构成了国家和法律

---

① 参见〔美〕爱德华·麦克诺尔·伯恩斯、菲利普·李·拉尔夫：《世界文明史》，第一卷，罗经国等译，商务印书馆 1995 年版，第 253—257 页；〔美〕威尔·杜兰：《世界文明史——希腊的生活》上册，幼狮文化公司译，东方出版社 1999 年版，第 359—364 页；〔英〕基托：《希腊人》，徐卫翔等译，上海人民出版社 1998 年版，第 266—331 页。

② 萨拜因：《政治学说史》上册，第 34 页。

③ 于海：《西方社会思想史》，第 46 页。

④ 参见泰勒：《市民社会的模式》，载邓正来、亚历山大编：《国家与市民社会》，第 16 页。

的最高原则，而美德即知识。因此，应由哲学家做国王，使政治权力与聪明才智合而为一，从而以智慧指导城邦国家来求知、求真和向善，[①] 以建立统治者、辅助者和生产者各司其职、各尽其责、分工互助的"正义"秩序。但柏拉图最终还是看到了权力与智慧结合的罕见性和人性的自私面，为此，在晚年他开始寻求较为现实的次优国家——从"哲学王"的人治步向"法律的仆人"的法治，注意到了"金质的法律纽带"的重大作用。通过建立混合政体，按照善德制定法律并在家庭和国家方面获得服从，来实现完善的城邦共同生活。[②] 同时，柏拉图还阐述了以遵奉法律为核心的"国家契约观"和"统治权划分"原则，[③] 从而以自我克制或节制为主要美德来建立国家，"它是依靠培养服从法律的精神试图达到和谐的。"[④] 这在一定意义上表明了柏拉图对法治的必要性和重要性的明确关注。

亚里士多德是以柏拉图的《政治家篇》和《法律篇》为起点来阐发其政治和法律思想的，然而，他更注重对城邦国家进行历史和经验的描述与分析。虽然亚氏把人看成是天生的政治动物，并且城邦先于个人和家庭，是至善的团体和社会团体发展的终点。[⑤] 但

---

① 参见〔古希腊〕柏拉图：《理想国》，郭斌和等译，商务印书馆 1986 年版，第 214—215 页。

② 柏拉图：《法律篇》，参见《西方法律思想史资料选编》，北京大学出版社 1983 年版，第 20—23 页。

③ 王彩波：《西方政治思想史——从柏拉图到约翰·密尔》，吉林大学出版社 1997 年版，第 19—32 页。

④ 萨拜因：《政治学说史》（上），第 105 页。

⑤ 〔古希腊〕亚里士多德：《政治学》，吴寿彭译，商务印书馆 1997 年版，第 7 页。

是,他注意到了人们关怀着自己的所有而忽视公共事物的本性,并视政治家所执掌的为"平等的自由人之间所付托的权威"。因此,城邦制度是"全城邦居民由以分配政治权利的体系。"[①] 为了保证城邦稳定、和谐和共同善业,应确立中产阶级的共和统治,并以对议事机能、行政机能和审判(司法)机能进行良好组织为基础,确立起优良政体。而政体原来就是公民团体和个人生活的规范,同时,由于任何公民阶级都没有要求取得权力的绝对权利,就导致法律至上原则的确立,法律具有的非个人权威,比人们自称能达到的更加不受情感的支配。[②] 因此,城邦应该实行体现神祇和理智的法治而不是混入兽性的人治,只有法律才是最优良的统治者。"法律必然是根据政体(宪法)制定的",它体现正义和理性并实现"中道的权衡。""任何真实的政体必须以通则即法律为基础。"[③] 进而强调,法治不仅意味着法律获得普遍的服从,而且法律本身必须是"良法",即"良法之治"。这样,亚里士多德就框定了西方法治思想的大致走向。[④]

其实,赫拉克利特早就宣称:"人民应该为维护法律而战,正如为维护安全而战一样。"[⑤] 而在智者学派那里,就有了自然法与人定法的区分,认为法律只是"人们不侵害对方权利的〔临时〕保证。"[⑥] 正是为了保证"个人权利",人们才缔结契约建立国家,使

---

① 亚里士多德:《政治学》,第19页、第109页。

② 参见萨拜因:《政治学说史》(上),第135—136页。

③ 亚里士多德:《政治学》,第148页、第169页、第192页。

④ 参见谷春德:《西方法律思想史》,中国人民大学出版社2000年版,第38页。

⑤ 〔美〕梯利:《西方哲学史》,葛力译,商务印书馆1995年版,第23页。

⑥ 诡辩派吕哥弗隆语,参见亚里士多德:《政治学》,第138页。

自然法成为人们"保证正义的一种约定,"强调国家依法治理和对法律的服从。苏格拉底则确信"凡合乎法律的就是正义",自然法要高于人定法,并且服从城邦和法律是公民的天职。[①] 他最后也真的于公元前399年拒绝逃亡而饮鸩殉法。在萨拜因看来,柏拉图《法律篇》的写作,就是为了恢复法律在希腊人的道德观念中所占有的这种地位。从《理想国》到《法律篇》发生了统治权的一切基本原则的剧烈改变,"比柏拉图成功地得出合理的结论所作的改变更为剧烈。"[②] 这一改变便为亚里士多德所承继和弘扬。因此,在某种程度上说,柏拉图和亚里士多德的法治思想是对古希腊重法尊法思想传统的恢复和弘扬。但是,他们关于国家和法律的论证,包含着美好的生活必须通过参与国家的生活才能实现这一道德假定,"这个假定使他们两人把参与国家生活看成是一个在道德上比义务和权利都更重要的概念,并认为公民资格就是对共同生活的一种分享。"[③] 而他们所偏爱的城邦国家是先于国家和社会的区别的,就是说,古典政治哲学中并没有与社会相区别的国家概念,而只关注城邦。但这并不表明他们不了解其他形式的一般社会以及其他形式的政治社会,如部落(民族)及波斯帝国之类的结构,而是他们相信部落不能达到高度文明,而大规模的社会又不可能是自由的社会。[④] 可见,他们是在国家与市民社会相复合的情境和

---

① 〔苏〕涅尔谢相茨:《古希腊政治学说》,蔡拓译,商务印书馆1991年版,第110页、第117页。

② 萨拜因:《政治学说史》上册,第97页。

③ 萨拜因:《政治学说史》上册,第161页。

④ 〔美〕列奥·施特劳斯、约瑟夫·克罗波西:《政治哲学史》(上),李天然等译,河北人民出版社1993年版,第6页。罗素也强调,亚里士多德对非希腊化国家里的政府方法是不大留心的。参见〔英〕罗素:《西方哲学史》(上),何兆武等译,商务印书馆1996年版,第239页。

整体主义思维范式中,来阐发其法治思想的。

首先,柏拉图和亚里士多德都强调法律的至上权威及其优良性。柏拉图在《法律篇》中称"官吏是法律的仆人或法律的执行官,"并且法律是否具有权威地位是决定国家兴衰的因素。而法律应按照全部善德来制定,以实现理性和正义。① 亚里士多德则进一步提出,"凡不能维持法律威信的城邦都不能说它已经建立了任何政体,法律应在任何方面受到尊重而保持无上的权威,执政人员和公民团体只应在法律(通则)所不及的'个别'事例上有所抉择,两者都不该侵犯法律。"但获得至上地位的法律必须是制定得良好的法律,而不是"恶法"。② 但是,在他们那里,法律的意义、价值和功能都在于"促成全邦人民都能进于正义和善德的〔永久〕制度,"并不只是"人们互不侵害对方权利的〔临时〕保证。"③ 而城邦正义和善德则是以公民共同体和共同利益为依归的,即"城邦的一般含

① 参见《西方法律思想史资料选编》,第23—25页。

② 亚里士多德:《政治学》,第191—192页、第199页。

③ 亚里士多德:《政治学》,第138页。需要注意的是,法律只是"人们互不侵害对方权利的〔临时〕保证"是亚氏引用诡辩派吕哥茀隆的一句话,有学者认为亚氏赞同这一说法而加以引用,(参见谷春德:《西方法律思想史》,第36页;刘全德:《西方法律思想史》,中国政法大学出版社1997年版,第17页。)这似乎有误。因为其一,吕哥茀隆认为,"法律是个人权利的简单保证,它不能使公民行善或主持正义",为此自然法才是人们保证正义的一种约定。(参见涅尔谢相茨:《古希腊政治学说》,第110页。)这与亚里士多德所称的"法律的实际意义却应该是促成全邦人民都能进于正义和善德的〔永久〕制度"相悖;其二,《政治学》中此语引用的上、下文是,亚氏认为真正无愧一城邦者必须以促进善德为目的,"不然的话……如果不是这样,法律也无异于一些临时的合同——或引用智者(诡辩派)吕哥茀隆的话语,法律只是'人们不侵害对方权利的〔临时〕保证'而已——而法律的实际意义却应该是促成全邦人民都能进于正义和善德的〔永久〕制度。"亚氏上下文的逻辑表述表明,他也是反对吕哥茀隆此语的。

义就是为了要维持自给生活而具有足够人数的一个公民集团”，城邦必须以促进善德为目的，政治学上的善就是正义，“正义以利益为依归”，它是某些事物的平等（均等）观念，如果要说平等的公正，“这就得以城邦整个利益以及全体公民的共同善业为依据。”① 因此，他们的良法至上思想仍致力于国家与社会复合状态下的城邦道德理想。

其次，他们都主张混合政体并提出中庸和均衡原则。萨拜因指出，柏拉图在《法律篇》“混合制国家”中提出了均衡原则——权利和利益的相互调节——作为建立法治国家的适当手段，并使财产代表的利益能够同以人数代表的民主利益相调和，而亚里士多德正是从《法律篇》中开篇的理论起步的。② 但是，这种中庸和均衡原则仅对应于公民的权利和利益，而公民的权利和利益又在相当程度上复合于城邦国家利益之中。

再次，他们都确立了国家权力的组织划分和权力限制思想。但无论是柏拉图的议事院——执政院——元老院，还是亚里士多德的议事机能——行政机能——审判（司法）机能，都不是权力机关的分立制约，而是权力的组织分工及职能划分，③ 它仍依托于公民共同体的城邦政治。

最后，他们都倡导守法精神的培养。柏拉图称“人类必须有法

---

① 亚里士多德：《政治学》，第113页、第148页。

② 萨拜因：《政治学说史》（上），第116页。

③ 有学者指出了亚里士多德“三职能”与“三权分立”的区别。参见张桂林：《西方政治哲学》，中国政法大学出版社1999年版，第33页。

律并且遵守法律。否则他们的生活将像最野蛮的兽类一样。”[①]亚里士多德则强调对法律的普遍服从,“应该培养公民的言行,使他们在其中生活的政体,都能因为这类言行的普及于全邦而收到长治久安的效果。”但是,这种公民守法精神的培养却具有城邦道德教化色彩,使公民们的情操“经习俗和教化陶冶而符合于政体的基本精神(宗旨)”。[②] 其实,柏拉图在《理想国》中所关注的就已不是城邦法律了,而是公民教育。[③] 亚里士多德则是对这一城邦教育思想的继承和发展。[④]

由上可见,柏拉图和亚里士多德的法治思想,难免囿于古希腊城邦的国家与市民社会相复合的情境之中而有其局限性。虽然亚里士多德在推进政治与伦理从体系上的分离迈出了一大步,但是,亚里士多德的“国家”概念或含义是,“国家的真正目的应当包括提高其公民的道德,因为国家应当是一个人们生活在一起以实现可能达到的最美好的生活的共同体”,即只有国家才是“自足”的。因而其政治理想“同柏拉图树立一个道德目的作为国家的主要目标是一致的”,他们的基本思想是“求得这种共同生活的和谐。”[⑤] 当然,柏拉图和亚里士多德的法治思想对后来的权力分立制约、良法

---

① 参见《西方法律思想史资料选编》,第 27 页。

② 亚里士多德:《政治学》,第 275 页。

③ 参见浦兴祖等:《西方政治学说史》,第 69 页。

④ 参见亚里士多德:《政治学》,卷七、卷八。

⑤ 萨拜因:《政治学说史》(上),第 128 页、第 33 页。霍利还认为,“在柏拉图的规范概念中,市民社会似乎被排除在外”。〔奥〕霍利:《全球化和社会失范——走向世界新秩序途中的问题和机遇》,马讯译,载《现代外国哲学社会科学文摘》,1998 年第 11 期。

至上等民主法治思想的形成和发展,产生了重要影响,诸如公道、自由、立宪政体和尊重法律等很多近代政治观念,都可溯及于希腊思想家对城邦制度的看法。亚里士多德"确认国家应当是道义上平等的自由公民之间的一种关系,国家是按照法律行事的,而且依靠的是辩论和同意而不是强制,这一理论一直在欧洲的政治哲学中流传而从未消失。这些颠扑不破的论断足以说明为什么后世甚至直到现代的思想家还一直不断地要追溯到柏拉图和亚里士多德。"①

二、国家和市民社会的二元分立与法律至上

从希腊化时期开始,西方社会就开始了由城邦时代迈向帝国时代的进程,个人与国家、政府与社会开始发生疏离,"作为政治动物,作为城邦国家或自治国家一分子的人已经与亚里士多德一道完结了:作为一个个人的人则是同亚历山大一道开始的。"② 人们不得不学会过他们从未经历过的单独生活,而且"还不得不学会以一种新的社会联合体的形式生活在一起。"③ 于是,以伊壁鸠鲁学派为代表,出现了从公共生活退隐到个人生活、从政治崇高回归到世俗追求的思想倾向,并确立了个人先于国家的契约观。而随后在征服基础上建立起来的罗马国家,其市民社会在国家的支持下

① 萨拜因:《政治学说史》(上),第159页。

② 塔恩:《希腊文明》,转引自徐大同:《西方政治思想史》,第48页。

③ 萨拜因:《政治学说史》(上),第179页。

获得了一定程度的发展。反映在法律观念上,则是把个人与国家分开,国家被假定为法律的产物并尊重个人权利,甚至“把私人权利看成国家权利的最高准则。”[①] 为此,西塞罗把国家定义为人民的事业,而且是“基于法的一致和利益的共同而结合起来的集合体。”主张共和与法治,并宣称:“官员是说话的法律,法律是不说话的官员。”[②] 即使有保皇倾向的罗马法学家也承认权力来源于人民,[③] 而罗马法也完成了“绝对财产”的观念——民法所有权这一伟大发明。[④]但是,市民社会是难以在帝国监护下很好成长起来的,个人权利和自由的确认与保护也必然有其局限,法治精神和要求被逐渐消解,在“具有把自然法嵌入罗马法的哲学结构的效果”的法学倾向,和“法律和政府都出自神意指导人类生活的计划”的神学倾向之间,[⑤] 后者日益占据上风,并随罗马帝国的覆灭而开始黑暗统治的中世纪。虽然西欧封建制度有破坏国家权力并以私人关系来代替它的倾向,[⑥] 但等级身份的政治特性和神学原则仍主导着一切。而且,中世纪不存在“个人”这个词,[⑦] 因而从根本上

---

① 《马克思恩格斯全集》,第1卷,第379页。

② 〔古罗马〕西塞罗:《论共和国　论法律》,王焕生译,中国政法大学出版社1997年版,第39页、第255页。

③ 参见王人博、程燎原:《法治论》,山东人民出版社1998年版,第17—18页。他们还认为,希腊人强调政治生活的道德特性,而罗马人强调政治生活的法律特性。

④ H. F. Jolowicz, *Historical Introduction to the Study of Roman Law*, Cambridge University Press, 1952, P. 142—143, 426.

⑤ 萨拜因:《政治学说史》(上),第200—201页。

⑥ 参见萨拜因:《政治学说史》(上),第264页。

⑦ 安东尼·布莱克:《1250—1450年欧洲的政治思想》,转引自陈弘毅:《法治、启蒙与现代法的精神》,中国政法大学出版社1998年版,第133页。

讲,市民社会被神圣的国家所吞没,法治思想则被教父学和神法思想所吞没。当然也应该看到,文艺复兴之后,中世纪学者们开始对适用法律或其他规则来限制权力及权力的有限性进行了探讨论证,出现了“法治意识”。[①] 在某种程度上说,这是与当时国家吞并市民社会状态的松动密切相关的。由于中世纪社会观念认为政治权力机构只是社会中众多机构之一,而且教会是一个独立社会,这推动了社会与政治组织的分化;采邑关系的准契约观念构成了西方主体性权利观念的渊源,并在某种程度上根据权利义务来界定社会;相对独立的自治市的存在形成标准的政治结构,使君主统治是在得到社会各阶层断断续续的、不确定的支持下展开的,构成了纯粹的世俗二元论,从而将政治结构同社会大致勾连起来。[②] 这样与希腊人和罗马人以政治来界定社会的观念不同,中世纪出现了社会与政治组织的分化,一定程度的以权利义务界定社会及政治结构与社会的大致勾连。这为中世纪中后期城市市民社会的兴起及市民社会与国家的二元化奠定了基础。到了启蒙时代,出现了宗教权威江河日下、王权增长扩张、商业快速发展和城市市民社会向近代市民社会的转型,[③] “3R”运动带来了巨大思想解放、个人权利追求和法律意识的显著增强,新贵族及君王和市民阶级则由同盟转为对立,致使市民社会与国家日益发生分离并相抗衡,近代

---

① 吴玉章:《西方的法治理论》,载郑永流主编:《法哲学与法社会学论丛》(3),中国政法大学出版社 2000 年版,第 188—190 页。

② 参见查尔斯·泰勒:《市民社会的模式》,载邓正来、亚历山大编:《国家与市民社会》,第 11—12 页。

③ 此历史进程请参见本书第二章。

法治诉求,就在对这一历史进程的回应中由洛克为始而展开了。[①]

在《政府论》(下篇)中,洛克论证了由自然状态到政治社会或公民社会的国家生成过程,即"政治社会都起源于自愿结合和人们自由地选择他们的统治者和政府形式的相互协议。"[②] 在他的契约论中,政治社会或公民社会仍与国家紧密关联,并没有明确指称市民社会与国家相区分。[③] 但是,洛克的契约论与霍布斯契约论的重大不同,就是对自然权利的部分让与、财产权的保留及君王的契约主体身份,因而内含着生命、自由和财产权利对国家权力的独立与制约。它不仅意味着社会先在于国家,而且决定着国家,"在此一图景中,许多有价值的东西都被视为来自一个前政治的或非政治的领域,它们至多是得到政治权力的保护,但绝不受其督导。"[④] 因此,在由自然权利转让而形成政治权力时,附以明确的

---

① 当然,在洛克之前,哈林顿是不可忽视的法治倡导者。他在《大洋国》中宣称:"一个共和国的自由便存在于法律的王国之中,缺乏法律便会使它遭受暴君的恶政。"但他更多的是遵从亚里士多德和李维"共和国是法律的王国而不是人的王国"的教导,认为"国家或城邦的美德就必然是法律。"(参见〔英〕詹姆士·哈林顿:《大洋国》,何新译,商务印书馆1996年版,第20页。)因而也在更大程度上是对古代法治思想和中世纪尊法重法传统的承继和弘扬,而洛克才被誉为近代法治的奠基人。

② 〔英〕洛克:《政府论》(下篇),叶启芳等译,商务印书馆1996年版,第63页。

③ 在古典市民社会理论中,"市民社会"(Civil Society)、"公民社会"、"政治社会"和"文明社会"之间并没有明确的区分。在洛克、卢梭、康德等契约论思想家那里,市民社会与政治社会乃同义语,以对应"自然状态"或"自然社会"。(参见何增科:《市民社会概念的历史演变》;方朝晖:《市民社会的两个传统及其在现代的汇合》,载《中国社会科学》,1994年第5期。)正因如此,我们常常见到在这些思想家的著作译本或涉及这些思想家市民社会思想的译著中,有的译作"市民社会",有的译作"政治社会"或"公民社会"。

④ 查尔斯·泰勒:《市民社会的模式》,载邓正来、亚历山大编:《国家与市民社会》,第15页。

或默示的委托，以规定这种权力“除了保护社会成员的生命、权利和财产以外，就不能再有别的目的或尺度。”并保留取消委托而使权力回归社会和重新委托的最高权力。[①] 这一政治契约是建立在法律基础之上的，是“立法和行政权力的原始权利和这两者之所以产生的缘由，政府和社会本身的起源也在于此。”[②] 于是，公民社会就呈法治社会状态：其一，法律要高于并限制权力，正因“法律一停止，暴政就开始了，”所以，政府所有的一切权力都“不应该是专断的和凭一时高兴的，而是应根据既定的和公布的法律来行使；”[③] 其二，“法律的目的不是废除和限制自由，而是保护和扩大自由，”[④] 保护公民的生命、自由和财产权利；其三，实行立法权、执行权和对外权的权力分立；其四，法律必须得到普遍执行并实现法律面前人人平等，“不论贫富、不论权贵和庄稼人都一视同仁，并不因特殊情况而有出入。”[⑤] 可见，洛克的法治理论立足于个人自由和权利与国家权力、社会与国家的深切关怀上，它不同于霍布斯的“安全国家”而确立了“立宪国家”，因而“它与其先前的从治安考虑出发的国家类型截然不同——依赖于社会和国家的实质性区

① 洛克：《政府论》（下篇），第105页、第91—92页。

② 洛克：《政府论》（下篇），第78页。他还指出：“在一切场合，只要政府存在，立法权是最高的权力，因为谁能够对另一个人订立法律就必须是在他之上。”（洛克：《政府论》下篇，第92页。）对此，萨拜因指出，洛克为了保卫自由和财产，确立了“立法机关支配行政机关，社会支配政府”的学说。萨拜因：《政治学说史》下册，第603页。

③ 洛克：《政府论》（下篇），第123页、第86页。

④ 洛克：《政府论》（下篇），第36页。

⑤ 洛克：《政府论》（下篇），第88—91页。

分。”[①] 因而在洛克那里，“政府有别于社会，既可因立法权的易手而解体，也可因背离人民寄予的信任而被撤消。”[②]

对孟德斯鸠而言，虽然属于自然法学派思想家，但却不是社会契约论者。而是以“根本理性”为基础，力图揭示存在于法律和各种事物所可能有的种种关系之中的“法的精神”。[③] 他继承了洛克的权力分立理论，达致由两权分立到三权分立，并以权力制约权力的新境界。孟德斯鸠指出，人类在不同人民之间，在一切公民之间及在治者和被治者的关系上都是有法律的，其目的在于维护自由。而政治自由只有在国家权力不被滥用的时候才能够存在，“而从事物的性质来说，要防止滥用权力，就必须以权力约束权力。我们可以有一种政制，不强迫任何人去做法律所不强制他做的事，也不禁止任何人去做法律所许可的事。”[④] 这就需要对立法、行政和司法三权进行分立与均势制衡。只有这样，才能保障社会权利和自由，防止国王或议会制定暴虐的法律并暴虐地执行这些法律，避免压迫和暴政。[⑤] 同时，也要进行守法精神的教育和培养，“在共和国里建立对法律与国家的爱，”[⑥] 从而确立法律的统治。可以看出，与洛克对社会权利与国家权力的合理准则及自然法理念的关注不

---

① 约翰·基恩：《市民社会与国家权力型态》，邓正来等译，载邓正来、亚历山大编：《国家与市民社会》，第108页。

② 萨拜因：《政治学说史》（下），第601页。

③ 参见张乃根：《西方法哲学史纲》，中国政法大学出版社1997年版，第127页。

④ 〔法〕孟德斯鸠：《论法的精神》（上），张雁深译，商务印书馆1995年版，第154页。

⑤ 孟德斯鸠：《论法的精神》（上），第156页。

⑥ 孟德斯鸠：《论法的精神》（上），第34页。

同，孟德斯鸠则是专心于实现自由的制度结构和法律机制的设计。[①] 它不在于洛克式的非政治向度，而在于构成了政治体系中权力分立及多样化的基础，即通过瓦解国家的一体化权力，使之分立和均衡牵制而避免专权，并藉此来维护市民社会权利和实现法治。因此，"尽管孟德斯鸠一如古人仍然是完全根据政治界定社会，但他却为古人十分陌生的关于市民社会与国家相分离的观念奠定了基础。他是通过把社会视为中央权力与一系列根深蒂固的权利间的均衡状态而完成其使命的。"[②]

卢梭则缔造了一种更为激进的社会契约论，其核心价值是自由和平等。"人类由于社会契约而丧失的，乃是他的天然的自由以及对于他所企图和所能得到的一切东西的无限的权利；而他所获得的，乃是社会的自由以及对于他所享有的一切东西的所有权。"[③] 国家权力的合法性根植于社会契约，每个人都有参加决定社会一切事务的权利，并形成"公意"——不可分割、转让、代表和至高无上的人民主权。人民主权创制政府（主权者和臣民的中间体）和法律，而"创制政府的行为绝不是一项契约，而是一项法律"，并且政府必须"负责执行法律并维持社会的以及政治的自由。"[④] 同时，由于法律结合了意志的普遍性和对象的普遍性而呈公意行为，因此，任何人都必须忠诚地服从法律，从而建立公共利益统治

---

① 参见王人博、程燎原：《法治论》，山东人民出版社 1999 年版，第 41 页。

② 查尔斯·泰勒：《市民社会的模式》，载邓正来、亚历山大编：《国家与市民社会》，第 17 页。

③ 〔法〕卢梭：《社会契约论》，何兆武译，商务印书馆 1996 年版，第 30 页。

④ 卢梭：《社会契约论》，第 132 页、第 76 页。

着的法治共和国。[①] 我们不难看出,在卢梭这里,有与洛克相同的社会先于并决定国家的理论逻辑,但他比洛克走得更远,他反对孟德斯鸠的分权制约和均衡观念,把国家权力(政府)降为人民主权和臣民的中间环节,并推崇法律至上,以维护平等和自由。然而,极至的人民主权不仅是无限制的,而且是抽象的和普遍的,其本意是企图以市民社会来绝对控制国家,但却走向了反面,既可能使国家权力假借主权者名义,践踏公民的个人自由和权利,也可能导向多数人暴政的绝对民主。对此,罗素曾指出,卢梭强调普遍意志和人们共享的自身利益,"一个把这些方针奉为圭臬的国家,势必不管什么私人组织,尤其那些抱有政治和经济目的的,一概予以禁止。这样我们就具备了一种极权主义制度的全部要素;虽然卢梭看来对此不是毫无察觉,他却没有表明,这种后果如何才能避免。"[②] 博登海默也写道:"卢梭的理论极易导向绝对民主。在这种民主中,多数人的意志不受任何限制。除了多数人的明智和自我抑制外,他没有提供任何预防主权者无限权力的措施,也没有提供任何保护自然法的措施。""建立在公意的无限权力基础上的社会制度,包含着产生一种专制主义的危险,托克维尔(Tocqueville)将这种专制主义称为'多数人的专制'。"[③] 也即或者由市民社会权利全部转让集中起来的绝对主权被国家所窃取,为专权披上华

① 卢梭:《社会契约论》,第 51 页。

② 〔英〕伯特兰·罗素:《西方的智慧》,马家驹等译,世界知识出版社 1992 年版,第 315 页。

③ 〔美〕E. 博登海默:《法理学——法哲学及其方法》,邓正来等译,华夏出版社 1987 年版,第 64 页。

丽的嫁衣;或者失控的市民社会权力凌驾于国家之上,形成民主利维坦,二者都会摧毁法治。[①] 也正因如此,托克维尔才对其进行修正。他告之人们,当一个高于其他一切权力的社会权力面前“没有任何障碍可以阻止它前进或使它延迟前进时,自由就要遭到破坏,”[②] 就会产生多数暴政对民主的威胁。因而,“无论是在国家的领域还是在市民社会的领域都必须强化防止权力垄断的机制。”[③] 尤其是发展民间社会团体,在国家权力分立制约之外,以社会权利来制约国家权力,推进民主和法治。

无论如何,洛克、孟德斯鸠和卢梭等启蒙思想家所阐发的自然法、天赋人权、契约论、分权与制衡、人民主权、法律至上等思想,奠定了西方政治法律制度的理论基础,后经戴雪、潘恩、杰斐逊、汉密尔顿等思想家加以弘扬,并注入立足于市民社会权利和国家权力合理界分原则上的民主宪政和法治机制的构筑之中。尤其是潘恩,他“通过明确区分国家和市民社会,在拓深有关国家行为限度的早期现代理论方面起了决定性的作用。”[④] 需要指出的是,在德国,以黑格尔为代表开辟了另一条路径。他承继了康德、费希特以来德国哲学思辨传统和伦理国家思想,[⑤] 一反启蒙思想家社会先

① 前者如“国家社会主义”的法西斯德国,后者如后期的法国大革命。

② 〔法〕托克维尔:《论美国的民主》,董果良译,商务印书馆 1991 年版,第 290 页。

③ 约翰·基恩:《市民社会与国家权力型态》,载邓正来、亚历山大编:《国家与市民社会》,第 118 页。

④ 约翰·基恩:《市民社会与国家权力型态》,载邓正来、亚历山大编:《国家与市民社会》,第 112 页。

⑤ 德国这一思想传统,大概既与当时德国落伍于英美法等国家的现代化进程,封建因素浓重及国家处于艰难的统一诉求之中相关,又与德国思想家看到自由资本主义时期市民社会力量的过度膨胀,尤其是受卢梭思想所鼓舞的法国大革命的负面后果相关。

在于并决定国家的理论向度,把个人与社会、普遍利益与特殊利益统一于伦理性的国家理念之中。认为"国家的力量在于它的普遍的最终目的和个人的特殊利益的统一","在国家中,一切系于普遍性和特殊性的统一。"家庭要向市民社会过渡,市民社会要向国家过渡,因为"国家是达到特殊目的和福利的惟一条件。"① 这样,市民社会就成了家庭和国家之间的差别阶段,并最终归依于国家"具体自由的现实",② 君主立宪制就成了最完善的国家形式。其中虽然也包含着限制国家权力、保障公民权利的法治思想,③ 但这种"普遍国家"极易成为专权滋生的土壤。黑格尔的理论最后被马克思所颠覆,并阐发了马克思主义市民社会理论基点上的法律观。④

---

① 参见〔德〕黑格尔:《法哲学原理》,范扬等译,商务印书馆 1996 年版,第 261 页、第 263 页。

② 黑格尔:《法哲学原理》,第 260 页。

③ 黑格尔亦主张三权分立,即王权、行政权和立法权,并且赋予王权以主权者身份。但同时还指出,"主权却正是在立宪的情况下,即在法制的统治下,构成特殊的领域和职能的理想性环节,""把主权当作赤裸裸的权力和空虚的任性,"就会"把它同专制相混淆。"而"专制就是无法无天。"(黑格尔:《法哲学原理》,第 295 页。)对此马克思评论到,在黑格尔那里,"主权被理解为君主(立宪君主)的权力,那么王权就不会超出国家制度和法律的普遍性。"(《马克思恩格斯全集》,第 1 卷,第 268 页。)黑格尔还认为,"法与自由有关,是对人最神圣可贵的东西。"国家可以通过行政官吏对特殊权利的照料和管理,来"维护国家的普遍利益和法制",并认为手工业、工业及商业等产业等级是建立法治国家的基础。因为"自由和秩序的感觉主要是在城市中发生的。"(黑格尔:《法哲学原理》,第 224 页、第 309 页、第 214 页。)对康德、黑格尔的法治思想,有学者进行了概括。(参见张文显:《二十世纪西方法哲学思潮研究》,法律出版社 1996 年版,第 611 页。)但是,黑格尔在市民社会与政治国家相互关系基础上阐发的法治思想,是统摄于伦理性的国家理念之下的,即国家权力和市民社会权利相互关系的法律原则,要以国家伦理生活和理念为归依,而这本身无疑会对法治产生消解。

④ 参见马长山:《从市民社会理论出发对法本质的再认识》、《市民社会理论:法学现代化的重要基点》。

三、当代法治思想中的国家权力与社会权利流变

在当代西方，新自然法学、新分析实证主义法学和社会学法学三足鼎立又相互靠拢，而“法治”一直是它们广为关注、争论不休的重大理论问题，并往往与“法治政府而非人治政府”这一提法连用。① 这无疑是对根植于国家与社会、权力与权利的法治理论传统的继承。也就是说，在西方法治理论传统中，虽然洛克、孟德斯鸠、卢梭等启蒙思想家创立了社会先于并决定国家的法治观，但他们并未明确区分市民社会与政治国家，亦未明确区分“市民社会”、“公民社会”和“政治社会”。而从19世纪开始，理论家们明确意识到西方国家与市民社会发生分离的历史运动，“也就是一方面是政府、政治、集体利益等‘公共’领域与作为另一方面的包括个人利益，反映这些利益的社会关系以及基于私人财产、合同等观念产生的私人交易的‘私人’领域之间的分离。只有在承认‘公众’和‘私人’社会生活范围已明确分开，同时国家的权力也已延伸到能控制社会生活的每一个角落的程度时，法律才能独立于社会之外而存在。”② 于是开始明确提出市民社会与政治国家范畴，并藉此展开其相应的法律理论研究，权力制约和权利保障也成为取得基本共

① 参见沈宗灵：《现代西方法理学》，北京大学出版社1996年版，第33页。

② 〔英〕罗杰·科特威尔：《法律社会学导论》，潘大松等译，华夏出版社1989年版，第53—54页。

识的法治内涵。[①] 有学者甚至宣称,“法律在本质上是对专制权力行使的一种限制,因此它同无政府状态以及专制政府是敌对的。为了防止具有为数众多而又相互抵触的意志的无政府状态,法律限制了私人的权力。为了防止一个专制政府的暴政,法律控制了统治当局的权力。”[②]

然而,进入 20 世纪以来,垄断资本主义的发展使西方国家的政治、经济和文化都发生了巨大变化。尤其是二战后,福利国家的发展趋向日强,加之信息社会的来临和全球化进程的加快,出现了国家与社会界限的模糊、国家与社会的合作、国家职能扩大等迹象,这就给法治思想和理论带来了一定的冲击。因此,福利国家政策与法治、自由裁量权与法治、团体本位权利观与法治、平等权利与法治等等成为法治理论需要解决的重大问题。一些西方学者深感国家干预、集体主义倾向及自由裁量权扩大等对传统自由和权利的威胁,大呼“法律传统的危机”或“法律的衰落。”伯尔曼就指出,福利国家及权力扩张,使“各种各样的司法管辖权和法律体系淹没在一个中央的立法和行政规章的方案之中,”出现了趋向于集体主义、强调国家和社会财产权、为社会利益而限定契约自由等倾向,“构成了对传统西方的法律制度、诉讼程序、法律价值、观念和规则以及思想方式的严峻挑战。”[③] 批判法学运动的代表人物昂

---

① 1955 年海牙国际法官委员会雅典会议所宣告的“雅典法案”,核心就是国家要服从法律及法律统治下的个人权利保护。(哈耶克:《自由宪章》,第 392 页。)而 1959 年《德里宣言》同样如此。参见张文显:《二十世纪西方法哲学思潮研究》,第 622—623 页。

② 博登海默:《法理学——法哲学及其方法》,第 224 页。

③ 伯尔曼:《法律与革命》,第 45 页、第 42 页。

格尔也认为,福利国家、合作国家等构成了对法律的冲击,它打破了传统的国家与社会、公共生活与私人生活、公法与私法的界限。“展现在法律发展中的福利、合作主义及公有公社的趋向结合在一起修改了自由主义社会的每一个根本因素,”造成了后自由主义社会中法治的解体,因而,可采取“循环式”或“螺旋式”两种可能的法律发展,来“超越现代社会的法律。”① 而哈耶克则详尽分析了英美及欧陆国家权力扩张对个人权利和自由的侵蚀所导致的法律衰落,指出“如果民主不坚持法治,它将不能长久存在。”由于应受谴责的法学家“在半个世纪里削弱了个人权利概念,并没有意识到他们在把这些权利交付给政治国家的无限权力,”使公民受控于专权的行政决定,严重削弱了法治,因而需要重新确认法治的重要性和恢复法治传统。②

与这些捍卫传统自由和权利的倾向不同,一些西方学者则“顺应”这一社会发展趋向,认为这些变化意味着新时代的法治精神和带来了法治新模式。科特利尔就认为,当代西方法律制度的变化反映了从法律统治到官僚主义行政管理的变迁过程,“如果国家要维护现行的社会、经济和政治秩序,必须要求政府摆脱法治原则所框死的规则的束缚,采用在作用上更有针对性,在运用上更富有灵活性的规则。”③ 弗里特曼也肯定福利国家权力干预的合法性,批驳反对福利国家者“企图回到纯粹的自由放任政策,使国家缩减到

① 〔美〕昂格尔:《现代社会中的法律》,吴玉章等译,中国政法大学出版社 1994 年版,第 205 页、第 221—222 页。

② 哈耶克:《自由宪章》,第 390—391 页。

③ 参见朱景文:《对西方法律传统的挑战》,第 383 页。

仅执行收税员、警察和披戴甲胄的护卫之类的老的最小限度职能,实际上是拒绝整个现代文明的趋势,"而与传统"法治"概念相应的"守夜人"国家也"太脱离现代民主社会的现实了。"① 他认为,混合经济条件下,为了保护个人自由和权利,国家可以通过价格控制、反托拉斯法或实行企业国有化等方式,帮助个人反对私人权力,也可通过司法来限制行政专横等形式,帮助个人反对政府行使的公共权力,从而主持社会正义,并"使法治通过更充分地发展行政司法,使其发展到给予个人以安全和平等感的程度。"② 与此同时,与承认政治自由不可缺少最低限度的"强有力政府"的思想相回应,分权学说也与混合政体理论(制衡理论)合为一体,"要在关于政府性质的不同观点间保持平衡,控制职能是与协调职能同等重要的。"③ 在自由裁量权问题上,它会损害民主法治还是构成了对"机械法学"的补正,亦或是利弊兼具,也一直颇具争议。④

自20世纪80年代以来,基于全球化进程中的福利国家危机、凯恩斯主义失灵、公共行政运动的扩张、承认的政治和民权运动的发展,以及前苏东社会主义国家的历史经验教训,市民社会理论开始复兴,并成为当代世界一股重要的社会政治思潮。这一思潮在倡导法治的过程中,则直截了当地强调从法律上保障市民社会与国家的分离,其目的在于"划定国家行动的界限,反对国家随意干

---

① 参见沈宗灵:《现代西方法理学》,第480—481页。

② 参见沈宗灵:《现代西方法理学》,第482页。

③ 〔英〕M. J. C. 维尔:《宪政与分权》,苏力译,生活·读书·新知三联书店1997年版,第335页。

④ 参见张文显:《二十世纪西方法哲学思潮研究》,第625—629页。

预市民社会内部事务，从而保证市民社会成为一个真正自主的领域。”[①] 而1998年在韩国召开的第二次法哲学社会哲学亚洲大会，就以亚洲的国家与社会的关系及其对法治的作用和影响为主题，[②] 这反映了当代法学家对法治思考时赋有的市民社会理论的内在关怀。可以看出，相对于启蒙思想家的法治思想和理论而言，当代法治思想的重心不在构建而在调整，即在权力制约和权利保障的框架要求下，致力于国家与市民社会发生重大复杂变化现实中权力和权利的合理界分与调适，以重新确立法治精神与原则。

综上可见，无论是柏拉图和亚里士多德的“复合社会”法治观，还是启蒙思想家的“社会先于并决定国家”的法治观，抑或是当代西方“福利国家”或“自由主义”法治观，都集中在权力制约和权利保护这一核心问题上，[③] 而权力和权利的复杂关系，则根植于国家和市民社会矛盾发展的历史脉动之中，法治理论家们在阐发其法治观时，也正是或隐或显地立足于这一深层理论框架之中。就是说，国家与市民社会、普遍利益与特殊利益、权力与权利、个性与共性、公域和私域等是法治思想和理论不得不面对的深层关怀。在一定意义上讲，市民社会与政治国家是贯穿于法治思想和理论发展史的一根红线。

---

① 俞可平主编:《全球化时代的“社会主义”》，第182页。

② 参见郭道晖:《多元社会中法的本质和功能——第二次亚洲法哲学大会述评》。

③ 有学者认为，“法治国”思想线索是权力和权利的配置，(参见孙笑侠:《法治国家及其政治构造》)应该说这只能是一个初步的解说。因为权力和权利的关系及其配置的深层根基，则在于国家和市民社会的历史发展，这才是关键所在。

四、传统中国"法治"思想中的御用精神

中国没有城邦国家(城邦经济、平民与贵族力量对比、城邦权力结构)的历史,国家的形成也并不是具有二权制或三权制特征的氏族模式,而是基于个人性质权力结构和等级分层的酋邦模式。[①]它作为东方社会政治形态的表现形式,使专制主义和集权主义获得了同时发展,[②] 并靠国家与氏族组织相渗透而形成的自上而下的控制系统,来维持社会的稳定。[③] 这就决定了古代中国与古希腊古罗马截然不同的文明走向。也即与古希腊古罗马着力于民主、共和及法治制度构建这一取向不同,古中国逐步走上了宗法专制主义的发展道路。如果说古希腊古罗马力图使公民个人权利和自由融于国家政治生活来获得和谐和保证,从而形成国家与社会的"复合"的话,那么,古中国则是通过侵吞个人权利和自由来使君主专权获得威力和保障,从而形成国家吞噬社会的"同一"景象。[④]因此,中国古代思想家们的理论阐发,必然像古希腊思想家难以超越其城邦视野那样,而难以超越宗法专制主义生活图式。纵观前近代的中国思想史,民主与法治思想明显阙如,只是在春秋战国时

---

① 参见谢维扬:《中国早期国家》,浙江人民出版社 1995 年版,第 132 页、第 190—191 页、第 472 页。另见顾准:《顾准文集》,第 282—287 页。

② 刘学灵:《东方社会政治形态史论》,上海远东出版社 1995 年版,第 5 页。

③ 参见张光直:《中国青铜时代》,生活·读书·新知三联书店 1983 年版,第 53 页、第 18 页。

④ 古希腊古罗马和古中国的国家与社会关系走向及各自对其后来历史发展和法律发展的影响,将在本书第二章中作进一步的分析和研究。

期的儒法之争中,出现过"法治"主张。而这一主张,根本上乃是为封建专制主义张目。

众所周知,从管仲到韩非的先秦法家们,竭力主张以法为治,反对"礼治"和"人治",即所谓"以法治国"、"垂法而治"或"缘法而治",① 但同时,他们又主张"法生于君"直至与"术"、"势"相结合,② 即便是"法不阿贵",也在更大程度是"刑过不避大臣赏善不遗匹夫",③ 君王是凌驾于法律之上的,④ 从而使法律真正成为"帝王之具。"⑤ 可见,其"法治"思想没有丝毫民主蕴含及权力制约的内容,法律只是"遵行王的愿望的产物,而不是约束王的手段,这与古希腊、古罗马不同,是古东方另一种类型的暴君专制。"⑥ 在古中国的"法治"思想中,我们见不到"良法"与"恶法"、法律的优良"统治",法律的"仆从"、"混合政体"及中庸均衡原则等古希腊古罗马的那种法治理论倾向,⑦ 却不难发现其中渗透着浓重的御用精神。古希腊古罗马的法治思想,旨在市民与贵族冲突之解决及

---

① 参见《管子·任法》、《韩非子·有度》、《商君书·壹言》及《商君书·君臣》。

② 参见《管子·任法》、《韩非子·奸劫弑臣》、《韩非子·定法》、《韩非子·难三》。

③ 参见《韩非子·有度》。

④ 传统中国有所谓"王子犯法,与庶民同罪"之说。但这里最多也只是"王子"而非"君王"。虽然管子亦有"君臣上下贵贱皆从法"的主张,但同时又强调"生法者,君也;守法者,臣也;法于法者,民也。"(《管子·任法》)从而使"君据法而出令,有司奉命而行事,百姓顺上而成俗。"(《管子·君臣》)。

⑤ 《韩非子·定法》。.

⑥ 张晋藩:《中国法律的传统与近代转型》,法律出版社 1997 年版,第 87 页。

⑦ 在古希腊早期的七贤与智者那里,就出现了法治及自然法思想,对古希腊古罗马法治思想和理论产生了重要影响。而夏商周时期,则是由"天罚"走向"礼治",旨在维护君王统治,法家反对"礼治"和"人治"的"法治"思想,只是这种维护君王统治手段的转换。

权利和利益之协调，而古中国的“法治”思想，则意在面对“礼乐崩坏”的“末世”局势予以定分止争，企图以“帝王之具”恢复帝王之序。因此，古中国的“法治”与古希腊古罗马的法治思想相去甚远，[①] 而只能归依于君主专制，“君主高居于封建统治金字塔之巅，傲然俯视着地面上正在向自己下拜的臣民。臣民只有对君主顶礼膜拜，而不能对他的统治构成任何威胁，这就是法家学派的理想与企盼。”[②] 可见，古中国的“法治”思想尽管也有其积极的因素，[③] 但其关注的核心却是权力和秩序，没有“社会”观念而只有“国家”观念，权利和自由淹没于权力秩序之中，是一种自上而下的权力单行线设计，因而法律不能不成为附庸，其“法治”精神也不能不御用。这在更深的层面和意义上，则是国家吞并市民社会并形成政治一体化生活现实的反映和关照，也是“东方专制主义”的副产品。

---

① 已有不少学者指出法家的“法治”与西方法治观念不可同日而语。法家的“法治”中的人治成分并不亚于儒家，甚至“礼治”要比“法治”多一份民主和法治意味，这可能是历史对人的嘲弄。（参见《法治与人治问题讨论集》，群众出版社 1980 年版；武树臣：《中国传统法律文化》，北京大学出版社 1994 年版，第 288 页等。）也有现代西方人士认为，那些视法家思想包含很多现代法制国家观念的思想是一种误解，但也不能把法家思想与马基雅维里的理论相提并论，因为法家的目的服务于和平与秩序，他们并不是要求建立一个权力无限的国家，而是建立一个法制国家。“一直过了很长时间，西方研究国家理论的专家们在法制国家问题上才达到这一水平。”（〔德〕罗曼·赫尔佐克：《古代的国家——起源和统治形式》，赵蓉恒译，北京大学出版 1998 年版，第 278 页。）我们认为，这仅对西方国家形成和专制主义成长期间的法学理论来说是合适的。

② 姜建设：《周秦时代理想国探索》，中州古籍出版社 1998 年版，第 250 页。

③ 法家在反对“礼治”和要求废除宗法等级制，注重法律作用，主张国家统一和保障封建经济发展等方面发挥了重要作用。参见张国华：《略论春秋战国时期的“法治”与“人治”》，载《法治与人治问题讨论集》。

第二章　市民社会和政治国家的互动发展与近代法治的生成

法治既是一种理想，也是一种现实。[①] 因此，在后发外生型现代化进程中的中国推行法治，法治理想设计固然不可或缺，但其实证构建则更为重要。

近年来，法学界已开始注重对法治前提和基础的研究，但是仅仅对一般意义上的政治、经济和文化基础的关注，难免受到很大局限。为此，法学界开始转向对权力与权利、国家与社会关系的诉求，从而大大推进和深化了法治研究，[②]也与当代世界的市民

---

① 说法治是一种理想，在于它始终是法制化社会控制模式外在的高级的价值原则和标准。因而才使得"法治是一个令人不断追求但尚未达到的终极目标。"(〔美〕劳伦斯·M.弗里德曼：《法治、现代化和司法制度》，载宋冰编：《程序、正义与现代化》，中国政法大学出版社 1998 年版，第 109 页。)说法治是一种现实，在于它总是以法律制度在社会生活中的实际运行来表现自己。因而"最好是把法治理解为一种独特的机构体系而非一种抽象的理想。"〔美〕诺内特·塞尔兹尼克：《转变中的法律与社会》，张志铭译，中国政法大学出版社 1994 年版，第 59 页。

② 法学界曾认为法治的政治基础是民主政治，经济基础是市场经济，文化基础是理性文化。很显然，这是与马克思主义关于社会基本结构(政治结构、经济结构、观念结构)的理论，以及经济基础决定上层建筑的基本原理相一致的，这确有其精到之处。但进一步分析就会看到，这种过于抽象、宏观及机械的定性分析，尚不能解决和回答一些重大问题，比如：①为何建立民主政治、发展市场经济几乎成为全球共识，但却未带来全球化的法治，也即绝大多数国家都致力于建立市场经济，确立民主政治和构建理

社会理论思潮及有关国际法哲学研究的新动向相回应。①然而，仅设定这一立足点和分析视角是不够的，只有深入研究市民社会与政治国家二元结构和法治的内在相关性及其发展变化中的互动性，才能对法治及其实际运行有更全面、更系统、更本质的认识和把握。

一、西欧法治产生的历史根源

虽然近代法治诞生于17—18世纪的西欧，但此前却经历了中世纪漫长的蛹化过程。研究西方法律传统形成和发展的两部名著《法律与革命——西方法律传统的形成》和《法律与资本主义的兴起》，尽管一个注重教皇革命的力量，另一个注重资产阶级兴起的作用，但二者均以11世纪的史实为起点。②而作为开近代法治之先河的英国，其"之所以能够开创自由的现代发展进程，恰恰是因为那里仍然保存着更多的中世纪人关于法律具有最高权威的一般

性文化，但确立起真正意义上法治的国家却并不多；②西方民主政治危机、凯恩斯主义失灵、福利国家困境及西方社会的人文反思，使得政治、经济和文化基础与法治的关系更加复杂化、多样化、动态化，单纯的政治、经济和文化视角难以廓清法治的基础、局限和走向；③西方资本主义世界基本上都建立起民主政治、市场经济和资本主义文化，但其法治模式却差别很大，等等。可见，仅从政治、经济和文化基础与条件出发，尚不足以有效地说明法治的产生和发展变化趋向，而必须探寻法治赖以存在和发展的更深层的社会基础，这就是市民社会与政治国家的二元化发展进程。故此，法学界开始致力于这方面的研究，并取得了不少成果(参见本书所附参考文献)。

① 参见俞可平主编：《全球时代的社会主义》，第5章；郭道晖：《多元社会中法的本质与功能——第二次亚洲法哲学大会述评》。

② 参见伯尔曼：《法律与革命》；泰格、利维：《法律与资本主义的兴起》。

理想。"① 从一定意义上讲,近代法治的历史根源在于中世纪西欧的独特性。

(一) 多元权力土壤中的城市市民社会权利

以"全球文明"研究著称的美国历史学家斯塔夫里阿诺斯指出,欧陆其他地区的文明或免遭侵略,或击退侵略而幸存下来,惟独西方古典文明被砸得粉碎。然而,正因为如此,它不是旧生命的延续,而是获得了新生,"恰恰是这一独特性,使西方在近代跑到了世界的前列。"② 尽管这一结论可能有失偏颇,但是,中世纪西欧确乎是人类文明发展的一种变异,它带来的不仅是野蛮、愚昧和滞后的"黑暗时期",同时也意味着承继、创造和新生。诚如美国历史学家伯恩斯和拉尔夫指出的,只有从公元 400 年到公元 1000 年才是真正的黑暗时期,而 11—13 世纪的欧洲,"人类精神跃升到相当高的高度。结果是又一个标志理智进步和高度繁荣与自由的世界伟大文化",因而更接近于近代文化。③ 其最主要的成就,就是突

---

① 哈耶克:《自由宪章》,第 233 页。

② 〔美〕斯塔夫里阿诺斯:《全球通史——1500 年以前的世界》,吴象婴等译,上海社会科学院出版社 1988 年版,第 323 页。

③ 参见〔美〕爱德华·麦克诺尔·伯恩斯、菲利普·李·拉尔夫:《世界文明史》,第一卷,罗经国等译,商务印书馆 1995 年版,第 392 页。一些西方历史学家认为,地理环境和封建割据导致了市场经济、国际贸易和近代欧洲的产生,从而创造了欧洲的奇迹;而中国学者则致力于把欧洲兴起,与封建制度受到新兴社会阶层和革命力量的打击联系起来,也有人认为"近代欧洲兴起的真正革命意义,实际上是一种更加有效、理性和合理的制度对旧的、低效的制度的取代。"(参见朱孝远:《近代欧洲的兴起》,学林出版社 1997 年版,第 410 页。)历史事实表明,过分夸大西欧封建制度的意义和作用是不科学的,但过分轻视其意义和作用也是不客观的。

破了大多数古代文明的显著单一性,呈现出无数程度不等的自由、财产、势力及思想的多样性和斗争。[①]

1、多元权力均势、张力及其对专权的抑制

中世纪西欧是以蛮族入侵并彻底砸碎西罗马帝国高度文明为开端的,它造成了具有巨大落差的两种文明之间的冲突与融合,从而奠定西欧"独特性"的基础,进而形成王权、神权、贵族权等多元权力并存、斗争与妥协的格局。

(1)基督教的中介地位和作用使其能够有效地扩张势力，并建立起基督教会"政府"。蛮族入侵给罗马人带来了极大灾难，以致一位目睹这一切的神学家慨叹"世界濒于灭亡了"。[②] 然而，蛮族人在征服西罗马帝国的同时，却被基督教所征服了，基督教成为"罗马世界与蛮族世界之间的纽带、媒介和文明的原则。"[③] 教会不仅在开化异族、促进社会正义的理想以及保存和传播古代知识方面发挥了重要作用，而且，蛮族政权无力接管的庞大罗马世界的行政管理，也自然落到了基督教会身上。"如果说从废墟中拯救出什么东西来的话，这很大程度上要归功于有组织的教会所起的稳定性作用。"[④] 这使基督教会获得了绝好的发展机会。其次，由于日耳曼人毁灭了罗马帝国，也就斩断了基督教会与皇权

---

① 参见〔法〕基佐:《欧洲文明史——自罗马帝国败落起到法国革命》,程洪逵等译,商务印书馆 1998 年版,第 22—23 页。

② 参见陈曦文:《基督教与中世纪西欧社会》,中国青年出版社 1999 年版,第 89 页。

③ 基佐:《欧洲文明史》,第 32 页。

④ 伯恩斯、拉尔夫:《世界文明史》,第一卷,第 399 页。

的依附纽带，[①] 又由于基督教具有普世性并覆盖原罗马帝国版图，因而使其势力范围能够超越各个新建的蛮族王国；再次，由于新建蛮族王国的王权式微，其政权稳定和正名需要基督教的支持，于是便将掠夺来的土地大量赏赐给教会，提高了教会的经济地位。因而，基督教会便获得了独立地位，建立起庞大的政府式教会组织，它"不仅是宗教的机构，也是一个经济、政治和军事的机构，"[②]使欧洲变成一个"精神的整体"，[③]并日益由精神世界向世俗世界扩张其权力，直到与王权相抗衡，乃至有时凌驾于王权之上。[④]

(2)独特的封君封臣与封土制，强化了贵族权力及其对王权的离心力。蛮族征服不仅摧毁了西罗马帝国的奴隶制，继而也使其马尔克公社解体，正是罗马因素与日耳曼因素的结合，产生了独特的欧洲封建制。[⑤] 从法兰克人进入高卢到墨洛温王朝，再到加洛林王朝，始终是靠赠送征服的土地方式，来维持亲兵贵族对王室的忠诚和服务。从6世纪起，"豁免权"又由纳税权发展到司法权，从教会贵族扩展到世俗贵族，加之数百年战乱，公共权威衰微，自由

---

① 东罗马帝国(拜占庭帝国)的政权没有中断，因此，东正教始终处于皇权控制之下，未能获得独立地位。

② 〔美〕威尔·杜兰：《世界文明史——信仰的时代》(中)，幼狮文化公司译，东方出版社1999年版，第788页。

③ Hendrik Brugmans, *Europe*: *Dream-Adventure-Reality*, Brussels, 1987, P. 40.

④ 基佐甚至认为，"一种精神力量的出现，对神的法规的维护，世俗势力与宗教势力之分离，是5世纪时基督教教会赐予欧洲世界的三大恩典。"基佐：《欧洲文明史》，第36页。

⑤ 西方学术界对西欧封建制度的看法有"罗马派"和"日耳曼派"的分歧。(参见朱寰：《世界上古中古史》下册，高等教育出版社1997年版，第3—4页。)实际上，正是蛮族征战奖赏惯例与罗马土地私有制的影响和作用，才在相当程度上奠定了采邑分封制的基础。

小农不得不以契约形式委身投靠大封建贵族以寻求保护，这使其从一开始就培植并不断强化了一批具有经济实力和社会势力的贵族集团。从自主地到采邑，再到土地分封制的最终形成，一直是国王旨在强化王权与贵族的联系并对其进行控制，但始终未能走出私人关系的纽带而形成真正国家式的君臣关系，贵族对王权的离心力仍未获得解决。也就是说，其结果仍然是分权而不是集权。[①]因而，必然导致贵族本人成为行使公共权威的真正独立的领主，他只在名义上服从国王的统治。[②] 建立起以相互权利义务的契约为基础的领主与附庸的金字塔结构，在这一结构中，"王座只保留了一个空洞的宗主地位，只是一个名义上的权力，而国王被缩成为一个阴影而已。"[③] 这样，就奠定了西欧贵族权分割王权的基础，使其成为与王权相抗衡的重要力量。

(3)由于先天根基不良，致使王权难以尽情伸张。日耳曼人是带着浓重的原始军事民主制色彩，[④]来征服西罗马帝国而建立国家的。它缺少建立强大国家机器的土壤和能力，逐渐扩张的王权也仍须受部落民主习惯及习惯法的限制，因此，"法兰克政治制度

---

① 尽管查理曼帝国时期曾建立起较"强大"的王权，但其未能改变以往领主与附庸的封建性私人关系纽带，缺乏常备军、职业官僚队伍和机构等真正王权的社会基础，因而终因其皇族继承纷争而崩溃。

② 拉尔夫等著：《世界文明史》，第二卷，第8页。

③ 〔美〕詹姆斯·W. 汤普逊：《中世纪经济社会史》（上），耿淡如译，商务印书馆1961年版，第302页。

④ 日耳曼早有推举国王和国王尊重民众权利的原始民主传统。参见R.C. Van. Caeneghem, *A Historical Introduction to Western Constitutional Law*, Cambridge University Press, 1995, P. 36.

可以称为建立在部落法(folk law)基础上的个人君主制。”[①] 国王只能靠赏赐亲兵贵族来获得忠诚,靠皈依基督教而获得正名,[②] 并时刻面对教会权力扩张的野心和贵族坐大甚至反叛的威胁。这样,国王就无力集中起强大的统治权力,也不能肆意妄为,他在稳保其宗主地位之前,是不敢有过多奢望的。当然,国王毕竟是国家的象征,他享有处理外交事务、最高司法权威、独享涂油礼等特权,在封建关系中居于宗主地位,因此,“王就是特权,”[③] 王就是威严,但其封建王权的确是有限的。

中世纪开始后的这种多元权力景观,造成了特有的权力均势与张力。首先,王权需要教权的支持和正名,教权则需要王权的封赐和保护,同时,王权和教权又在为争夺社会统治权而斗争。尤其是教权窥伺王权,以致后来以“双剑论”和教权至上思想,凌驾于王权之上,并在 11 世纪格里高利七世和德王亨利四世之间的“主教授职权之争”中达到高峰。其次,以契约为基础的封君封臣制,相互有忠诚和保护的权利义务,但同时,封君总是凭其优势地位,想方设法巩固和扩大其王权,并加强对封臣贵族的控制。而封臣贵族总是竭力维护自己的传统权力和契约权利。这种斗争是中世纪一幕重头戏,并促进了代议制的产生和发展,[④]进而成

---

① H.米提斯:《中世纪的国家》,转引自丛日云:《西方政治文化传统》,大连出版社 1996 年版,第 399 页。

② 公元 496 年克洛维率亲兵接受洗礼、751 年教皇为丕平加冕、800 年教皇为查理曼加冕、962 年教皇为奥托一世加冕等,这些君主借教会的神圣色彩,来获得巩固政权、平定局势及对外扩张的合法性。

③ 参见黄春高:《西欧封建社会》,中国青年出版社 1999 年版,第 162 页。

④ 参见施治生、郭方:《古代民主与共和制度》,中国社会科学出版社 1998 年版,第 438 页。

为限制王权的重要力量。再次，教权与贵族权在利益冲突和权力分割中，既有合作也有对立，即有时二者联合起来反对王权，有时其中一方与王权联合来反对另一方。[①] 可见，这种多元权力的斗争与妥协造成了一种特有的均势与张力，普遍争取特权的斗争不仅使特权本身受到了消解，[②]而且导致"一切政府都是建立在契约基础上的"，并"反对绝对权威"，[③] 从而抑制了专权的滋长。因而，"既然谁也不能消灭谁，那就必须让各色各样的原则一起存在——他们应该在他们之间订立某种协定。大家都同意各自去进行可以属于自己的那部分发展。在别处，当某一个原则占优势产生了暴政时，在欧洲，自由已成为文明因素多样性的结果，已成为它们经常所处的斗争状态的结果。"[④] 正是这一特有的多元权力土壤，为城市兴起及城市自治权的发展创造了优越条件，从而提供了城市市民社会生长的良好空间，并加剧了多元权力斗争的复杂化。

---

① 在1075—1084年的"主教授职权"这一典型冲突中，教皇格里高利七世先期获胜，迫使德王亨利四世披毡赤脚向其请求宽恕，而后期亨利四世率军挺进意大利，废黜格里高利七世而选举克莱蒙斯二世为新教皇；他们在斗争中的优势与主动，在很大程度上都得益于获得了教俗大贵族及中小贵族的支持。(参见王亚平：《权力之争——中世纪西欧的君权与教权》，第四章，东方出版社1995年版。)中世纪的这种复杂权力斗争并不少见。

② De Ruggiero, *The History of European Liberalism*, Oxford University Press, 1927, P.4.

③ 拉尔夫等著：《世界文明史》，第二卷，第10页。

④ 基佐：《欧洲文明史》，第24页。

2、城市市民社会的生长及其权利伸张

蛮族入侵毁灭了西罗马帝国的政权和社会结构，使西欧处于“征服、分裂、再度野蛮化的混乱中。”[①] 封君——封臣、领主——附庸的封建契约权利义务纽带，最终在8世纪才逐步稳定下来，但它却使委身依附由家庭扩大到国家和社会，形成了国家生活与社会生活的严重同化，并呈现政治等级性，市民社会被吞噬了，直到11世纪以后，随城市的兴起才出现新气象。

（1）城市的兴起与市民社会的生长。真正的市民社会成熟于17—18世纪的资产阶级革命时期，但它的前身却是中世纪西欧的城市市民社会。[②] 蛮族征服战争结束后，统治者和教会都倡导拓殖活动，[③] 社会生产在相对稳定的秩序中获得了很大进步，促进了农业和手工业的分离，加之长途贸易的快速发展，导致了西方史学界通称的“商业革命”。“人们可以亲眼目睹城市的兴起和成长。他们也可以观察到商业和行政管理方面的新生事物。”[④] 虽然我们不能否认中世纪西欧城市具有一定的封建性，但与古中国和拜占庭帝国的城市不同，它确实是在封建社会结构内生长并不断发

① 威尔·杜兰：《世界文明史——信仰的时代》（中），第636页。

② 如果把17—18世纪的市民社会称作近代市民社会的话，那么，我们就可以把中世纪西欧城市市民社会称为“前近代市民社会”。

③ 蛮族国家统治者号召“憎恨刀剑”、“转向犁头”，教会则号召以劳动来驱逐懒怠这个“灵魂的敌人”。布瓦松纳：《中世纪欧洲生活和劳动》，转引自朱寰：《世界上古中古史》（下），第39—40页。

④ 〔美〕帕尔默、科尔顿：《近现代世界史》（上），孙福生等译，商务印书馆1998年版，第29页。

展的变异因素，[①] 也就是说，其中种种经济关系和法律关系结构均不同于庄园时期的"飞地"，它是"作为现代文明的一个重要因素登场的，"[②] 因而"城市的兴起，论过程，是演进的，但论结果，是革命的，"[③] 它导致了市民社会的生长。

首先，市民阶级逐渐形成。新兴城市既有复活的旧城，也有新建城镇，其居民为商人、逃出庄园的工匠、手艺人以及律师等。城市居民皆为自由民，他们是"作为个人进入市民阶层的，"[④] 因而打破了封建等级依附关系的纽带，确立起了在城市中全新的个人法律地位，包括逃亡农奴在城里住满 101 天都可获得自由。这就使得中世纪在"打仗的贵族"、"祈祷的教士"和"工作的农夫"之外，又添了一个新的阶级。[⑤] 到 15 世纪时，议会中的市镇代表已享有了与封建贵族同等的地位。[⑥] 这一阶级以特有的斗志和信念，展现了商业经济中的个体活动和追求，并发展成后来的"第三等级"，

---

① 以上问题有两种主要观点，一是认为中世纪西欧城市并不是封建社会的体外因素，它乃是封建社会的重要组成部分，因而不是近代性的前哨。(参见朱寰：《世界上古中古史》下册，第 37 页。)另有人认为中世纪西欧城市从一开始，就是与旧的封建结构相对立的东西，它并不属于旧的封建结构和主流体制，是封建海洋中的岛屿，因而才与古希腊古罗马、封建中国及拜占庭帝国的城市命运不同，从而孕育了资本主义。参见金观涛、唐若昕等：《西方社会结构的演变》，四川人民出版社 1985 年版，第 172—175 页。

② 泰格、利维：《法律与资本主义的兴起》，第 45 页；基佐：《欧洲文明史》，第 116 页。

③ 汤普逊：《中世纪经济社会史》(下)，第 424 页。

④ 〔德〕马克斯·韦伯：《经济与社会》(下)，林荣远译，商务印书馆 1998 年版，第 602 页。

⑤ 威尔·杜兰：《世界文明史——信仰的时代》(中)，第 896 页。

⑥ 泰格、利维：《法律与资本主义的兴起》，第 45 页。

构成近代市民社会的主体。

其次,民主参与、自治管理制度逐步确立。经过一系列艰苦的斗争,中世纪西欧城市均在相当程度上摆脱了封建束缚,“逐渐被公认为新的社会成分。”[①] 它们相继获得特许状,或建立城市公社、或建立城市共和国、或宣称为自由城市,享有行政、司法、财政和军事大权,制订自己特有的城市法律,宣布城市公民在法律面前享有平等权利,依法选举代议机关——市议会这一最高权力机构,来讨论决定一切重大事项,并组建行会来进行行业自治管理,从而拥有了特别的政治和行政管理的机构,实现了“一种伟大的、本质上是革命的革新。”[②] 历史表明,不仅城市特许状及此基础上的集体誓约,是“近代政府契约理论产生的主要历史渊源之一,”[③] 而且,自由民阶级为欧洲生活增添了十分活跃和更有抗争精神的新成分,“市镇代表开始正式被召唤去和领主、教士一起参加国王的大会晤时,就可认为议会已形成了。”[④] 虽然这些城市的管理机构一般由商人寡头统治所操纵,但某些情况下民主形式也很普遍,甚至有的城市政府完全由民众所统治。[⑤] 这样,以市民阶级为主体的市民社会力量开始跨上历史政治舞台,并逐渐成为议会控制王权斗争中的主要角色,促进了民主代议制的形成及市民社会民主参与和自律管理精神的确立。诚如威尔·杜兰所言,“无论如何,自

---

① 斯塔夫里阿诺斯:《全球通史——1500 年以前的世界》,第 464 页。

② 马克斯·韦伯:《经济与社会》(下),第 776 页、第 594 页。

③ 伯尔曼:《法律与革命》,第 476 页。

④ 帕尔默、科尔顿:《近现代世界史》(上),第 40 页。

⑤ 参见拉尔夫等著:《世界文明史》,第二卷,第 31 页。

治市是人类自由的再次肯定，意义深远。”“市政大会乃是自提比略以来的第一个代议政府；实在是他们，而非《大宪章》开今日民主政治的先河。”[①]

再次，市民社会日常生活日益拓展。从11—15世纪有5000个左右城市和市镇诞生，一些地区有一半以上人口从农业转向商业。[②] 虽然城市仍以特许状形式接受着封建领主的控制，但它已获得了相当大的自由权和自治权，建立了自己的政府，成立了自己的议会，制定了自己的法律，出现了同业公会和手工业者协会，为市民“指明了成为一个经济人的道路，”并且其“特权地位从一开始也被视为他们之间同第三者交往时个人的权利。”[③] 这不仅推进了经济生活摆脱封建伦理、宗教和政治束缚而独立地发展，致使城市居民的世界“是在市场上，不在教堂，也不在城堡和庄园，”[④] 也使城市公共生活与私人生活获得了分离。作为城市心脏的广场，成为人们节日欢庆、集市、消闲及吟唱、集会讨论、关注市政发展情形，甚至看犯人上绞架的场所。[⑤] 人身自由和私有财产受到尊重和保护。可见，作为世界上的一种新东西，城市成为了“表达近代生活的一种最早形式，”[⑥] 到中世纪末叶，“城市居民有充分自由

---

① 威尔·杜兰：《世界文明史——信仰的时代》(中)，第889页。

② 伯尔曼：《法律与革命》，第438页；拉尔夫等著：《世界文明史》，第二卷，第30页。

③ 马克斯·韦伯：《经济与社会》(下)，第605页、第703页。

④ 〔美〕马文·佩里：《西方文明史》(上)，胡万里等译，商务印书馆1993年版，第291页。

⑤ 参见黄春高：《西欧封建社会》，第281页。

⑥ 汤普逊：《中世纪经济社会史》(下)，第407—408页。

任意处理他们的财产、和他们所爱的人结婚，自由地离开和来到城市。”[①] 这就使市民社会生活以城市为中心和基地，并不断地向社会传播和扩散。

最后，市民精神得以确立。追求阶级平等和消除不自由是中世纪城市发展的主导倾向。[②] 在新兴城市，受自由贸易、平等交换、互惠互利、尊重规则和惯例等市场精神的重要影响，[③] “其内部组织几乎全部依据管理市场的‘特别法’而建立。”而商人阶级的经营活动和商业诉讼则“促进了城市居民中共同的市民精神的发展和新的市政保障的形成。”[④] 特别是各新兴城市贯彻着“城市的空气使人自由”这一著名原则，解除了市民的封建人身依附关系，使不自由之身得到自由，托庇于城市的公共权利之下[⑤]，确立了独立自治的政治地位和民主代议制政府机构。因而人身财产自由、契约自由及平等观念广为传播；产生了较强的共同体自我意识和民主参与精神，并形成法律上的联合；[⑥] 城市居民开始追求世俗

---

① 拉尔夫等著：《世界文明史》，第二卷，第 30 页。

② 〔德〕马克斯·韦伯：《文明的历史脚步——韦伯文集》，黄宪起等译，生活·读书·新知三联书店 1988 年版，第 179 页。

③ 新经济史学的代表，美国著名经济学家和经济史学家诺思和托马斯总结到：“不管谁掌管金钱，都要靠安全、受到秩序和法律保护的贸易路线、市场位置和契约协议来增值利润。”（〔美〕道格拉斯·诺思、罗伯特·托马斯：《西方世界的兴起》，厉以平等译，华夏出版社 1989 年版，第 63 页。）应当说，这是市场交易的必然要求和反映。

④ 〔美〕詹姆斯·W.汤普逊：《中世纪晚期欧洲经济社会史》，徐家玲等译，商务印书馆 1996 年版，第 173 页。

⑤ H.米泰斯：《论“城市的空气使人自由”的法律根据》，转引自王亚平：《权力之争》，第 310 页。

⑥ 参见伯尔曼：《法律与革命》，第 440 页。

生活,以致宣称“这里没有凯撒,只有金钱,”[①] 通行商业法则、贯彻司法权独立及追求同等公民裁判等理性法律程序等等,[②] 形成了与封建社会有很大反差的市民文化,孕育了崇尚民主参与和自由平等、强调私有和尊重法律、注重契约和权利、关注世俗利益等的精神取向和品格。另外,虽然争取城市自由的困难重重、朝夕不保之感的环境,造就了市民固守本分、适可而止、自惭谦逊的性格,但是另一方面,在狭窄舞台上展开争取和保卫当地利益的斗争,也使平民们“在一定程度上获得并显示了后人也未能超过精力、忠诚、坚韧和耐心,”他们总是身穿铠甲,手握长矛,培养了刚健和顽强的气质。所有这些种子就已播在市镇的原始状态中、在获得自治权的方式中、以及市民从此在社会占有的地位中,[③] 进而构成近代市民社会的重要价值源泉。当然,我们并不是着意夸大市民精神的地位和作用。事实上,处于封建海洋中的这些“岛屿”仍会受到封建思想的严重影响和束缚,典型的例子就是第二、三代市民经商致富以后,往往放弃手工业和创业家的活动而移居乡间,要按封建标准获得封建秩序中的正统地位。[④] 其民主参与、自由平等、契约和权利、尊重法律等观念,也必然具有局限性和初级性,而与近现代市民社会精神不可同日而语。但随着城市市民社会的进一步发展,市民意识形态就逐渐冲破封建束缚,形成新的独立价值观念和原则,并不断发展、升华而形成近现代市民社会精神。

---

① 参见朱孝远:《近代欧洲的兴起》,第 186 页。

② 参见伯尔曼:《法律与革命》,第 480 页。

③ 基佐:《欧洲文明史》,第 128—129 页。

④ 参见泰格、利维:《法律与资本主义的兴起》,第 138 页。

由上可见,中世纪西欧城市兴起的革命意义,在于它孕育了一种新生。“作为一个自由的、自治的市民社会的城市,是中世纪欧洲的一个新的政治和社会有机体。”①

(2)城市市民社会的权利斗争及伸张。城市的重要性不仅是经济上的,而其关键则“在于取得了政治权利。”② 因此,中世纪欧洲城市发展的历史是一部权利斗争史,也是一部城市文明的扩张史。它“作为特殊的权力中心加入到中央政权、地方领导与居民之间政治力量的角逐之中,”“正是这种角逐推动着新兴的封建国家的向前发展。”③

首先,城市市民社会在多元权力斗争中不断地争取其生存发展空间。尽管从11世纪起城市的兴起和发展成为欧洲的普遍景象,但其自由、自治权的取得途径却是多样化的,它们“经常通过购买,有时通过武力,有时利用贵族的弱点或者他们之间的一心只顾争吵的机会”来获取的。④ 与其他地方的城市不同,欧洲城市之所以能在封建海洋之中立足并逐渐扩展,关键在于西欧封建制度不断向人们“展示个人意志的充分发挥”和权力多元化及其斗争。⑤虽然教会、国王及贵族对城市的力量、财富多有垂涎,并曾控制、剥夺乃至以武力镇压城市自治运动,但是,城市的坚决斗争还是争得了妥协与让步,并成为复杂权力斗争中的一个重要砝码。教会不

---

① 汤普逊:《中世纪经济社会史》(下),第427页。

② 帕尔默、科尔顿:《近现代世界史》(上),第35页。

③ 〔德〕弗兰茨·奥本海:《论国家》,沈蕴芳等译,商务印书馆1999年版,第106页。

④ 拉尔夫等著:《世界文明史》,第二卷,第30—31页。

⑤ 基佐:《欧洲文明史》,第123页。

仅对商人背离教义颇为仁慈，而且还要支持他们，以对付君主或者封建领主和获取经济上的好处。同时，教会法系统的形成，对疏离封建关系的城市市民社会的形成也起了一定的作用。[①] 而君权与商人的关系则多为亲近，国王可为商人提供长期、坚定的保护，商人则成为国王的“重要筹款工具，以及国际收支结算能有黄金盈余的保证。”[②] “如果贵族想反对王权，他们就被迫要从城市获得经济上的援助，尽管城市依赖于贵族的军事支持。”[③] 因而，他们也利用其领地上的城市，丰其羽翼来增强各自的割据力量。有时在众多的对抗中，国王还应一方或双方要求而实施干预。[④] 这种复杂斗争环境是其他地方的城市所没有的，正是这种多元均势的斗争空间，使自治城市获得了有利的发展机会，争得了城市共同体的自由和自治特权，城市市民社会权利才得以滋长和获得有效保障，从而决定了其特殊的历史命运。

其次，城市市民社会不断进行权利的扩展和伸张。虽然几乎所有的城市都有城墙，但中世纪欧洲城市的城墙石环不仅具有抵御的功能，更为重要的，它是“争取独立和自由的自觉努力的外部象征。”[⑤] 基于冲破领主权力的革命性，它从开始的城市公社、城市共和国到城市同盟，从争取和保卫自治权利到组织舰队垄断贸

---

① 施治生、郭方：《古代民主与共和制度》，第373页。

② 参见泰格、利维：《法律与资本主义的兴起》，第35—42页。

③ 马克斯·韦伯：《文明的历史脚步——韦伯文集》，第183页。

④ 基佐：《欧洲文明史》，第126页。

⑤ 〔法〕费尔南·布罗代尔：《15至18世纪的物质文明、经济和资本主义》，第一卷，顾良等译，生活·读书·新知三联书店1992年版，第586页。

易或争取贸易特权,[①] 竭力在“封建海洋”中不断扩张其权利。而且,“阶级的平等和消除不自由成为中世纪城市发展中的主导倾向,”[②] 它侵蚀周围乡村而使其不断附属于城市和日渐城市化,[③] 并不断为自己取得新的特权,庇护或恢复旧的特权,使城市周围“很快就不再有国家存在。”[④] 从而将一种新的价值观念、新的生活方式和新的权利要求传播给乡村。到 18—19 世纪,城市化已使“乡村成分超过 3/4 的旧制度正在退隐,慢慢地、确实地解体。”[⑤] 诚如韦伯指出的,“城市本身的市场经济对领主的团体和间接地也对封建团体可能发挥瓦解作用,而且实际上也发挥了瓦解作用。”[⑥] 城市发展虽然在一定程度上牺牲了农村利益,并在多方面使农民的利益从属于自己,但对农村仍具有解放性质。[⑦] 这样,随着这种城市市民社会的权利扩展伸张,市民社会的精神与原则也不断向全社会扩展伸张和辐射而日益获得“普遍性”、“代表性”,近代市民社会也就逐渐形成了,并开始与国家相对立。

---

① 参见黄春高:《西欧封建社会》,第 311—312 页。

② 韦伯:《文明的历史脚步——韦伯文集》,第 179 页。

③ 按马克斯·韦伯的分析,中世纪城市的公民是商人和工匠,而古代的公民是土地占有者;中世纪城市市民是不靠自己的农田来满足自己的粮食需求的人,而古代有充分权利的市民则是农业市民。在东方的中国、印度以及俄国,也都缺乏一种城市团体的性质和与乡下人相对立的城市市民的概念。(参见韦伯:《文明的历史脚步——韦伯文集》,第 179 页;《经济与社会》,下卷,第 572 页、第 584 页。)因此,尽管城市与农村仍保持着一种相依关系,但是,中世纪城市与农村已形成鲜明对照的两个领域,并使后者从属于前者。

④ 布罗代尔:《15 至 18 世纪的物质文明、经济和资本主义》,第一卷,第 607 页。

⑤ 布罗代尔:《15 至 18 世纪的物质文明、经济和资本主义》,第一卷,第 664 页。

⑥ 韦伯:《经济与社会》下卷,第 683 页。

⑦ 参见帕尔默、科尔顿:《近现代世界史》(上),第 38 页。

历史表明,正是中世纪西欧的多元权力均势,使任何一种旨在强化同一性和摧毁新生对抗力量的专断权力,都难以确立和发展,因而,使新兴的市民社会权利获得了有效的生长空间。作为一种新的权利和力量固然要受到旧有势力的一定扼制,但在多元互竞的权力土壤上,它不仅有助于混乱与争战中的封建制度趋向法制化和秩序性,[①] 而且,能够借助其智慧、财富和力量来巧妙周旋,获得一定的支持、帮助以对抗封建权力和捍卫及扩展自己的权利,以至民族国家的形成都"不能离开城市居心叵测的帮助。"[②] 经过由自治城市向近代城市的转型,它不仅使古典西方文化传统"以近世市民文明的形式再获新生,"[③] 也以其权利对抗权力的斗争,推动了近代市民社会及民族国家的形成。更为重要的是,它造就了"没有一个集团在社会生活中永恒地占据支配地位,也没有一个集团被认为具有一种与生俱来的统治权利,"[④] 其优势地位要求及权利主张,也只能诉诸超验的上帝,以获得合理性与合法性。面对这种多元权力的均势制衡及市民社会权利的伸张扩展,教会要维持它在教皇领导下新的、可见的和共同的法律统一,便需要一种法律体系以寻找合法性源泉和控制手段,各种各样世俗权威为了能使它们新发展起来的中央控制手段合法化和行为有效,并在诸政治体新的竞争中维持自己的地位,也需要相对自治的和合理的法

---

① 参见施治生、郭方:《古代民主与共和制度》,第 377 页。

② 布罗代尔:《15 至 18 世纪的物质文明、经济和资本主义》,第一卷,第 605 页。

③ 〔德〕马克斯·韦伯:《民族国家与经济政策》,甘阳等译,生活·读书·新知三联书店 1997 年版,第 33 页。

④ 昂格尔:《现代社会中的法律》,第 59 页。

律体系，“人们逐渐把法律看作是信仰的精髓。”[①] 这在相当程度上弘扬并发展了尊法传统、权力制约、自由精神、权利意识等，并促进了法律发展，从而奠定了近代法治的基础。

（二）国家重建、市民社会自主化运动与近代法律秩序的生成

在近代法律秩序形成的问题上，伯尔曼十分看重 11—12 世纪“教皇革命”的功绩，认为它不仅构想了一个新天堂，而且也展示了一个新的尘世，“正是这次全面的剧变产生了西方的法律传统。”[②] 泰格、利维立足于资产阶级的崛起，以资产阶级法律意识形态与封建法律意识形态的斗争为基点，认为正是从 11 世纪城市商人开始的不断造反到英法革命，以及早期遍及欧洲各地的市民起义，“产生了我们今日生活于其中的法律体制。”[③] 而昂格尔则认为法律秩序的形成得益于多元利益集团与更高形态自然法的结合。[④] 这些研究结论，都是建立在翔实的史料基础上并有其精到之处，然而却又都有偏狭之嫌。虽然我们不能忽视其宗教因素、封建因素、重法传统等等的重要作用，但它们都不是最终决定性的。诚如有学者指出的：“宗教与经济，教皇与商人，对近代西方法律体制的形成有同样的重要性和塑造力，我们不可能从任何单一的角度来真正

① 伯尔曼：《法律与革命》，第 627—628 页。
② 伯尔曼：《法律与革命》，第 627 页。
③ 泰格、利维：《法律与资本主义的兴起》，第 4 页、第 264 页。
④ 昂格尔：《现代社会中的法律》，第 59 页。

理解这一漫长、曲折而又复杂的革命过程。”① 昂格尔从法律秩序的深层社会结构来立论，显得较为深刻有力，但其仅仅把法律秩序的形成归结于多元集团和自然法的结合，这又未免存有简单处理的倾向，而忽略了其更复杂、更深广的社会基础背景。② 事实上，正如我们下面所看到的，西方近代法律秩序的形成，在根本上乃是多元权力均势和市民社会权利生长背景下，国家重建和市民社会自主化运动的结果。它使得欧洲“起初是多种多样的社会因素减少到了两个：一方面是政府，另一方面是人民。”③ 于是，走出中世纪私人政治等级状态而开始形成公共权力与私人权利、普遍利益与特殊利益——国家和市民社会的分离、对立及整合，以制约权力和保障权利为主导的法治也便应运确立。

1、从个人君主制到民族君主国

在5—12世纪，“我们所遇到的仅是众多的独特力量，各种特殊的事实和地方性的制度，不具有广泛性和公共性，没有严格意义上的政策，没有真正的民族性，”它盛行的是个人君主制，因而在某种意义上说“既没有政府，也没有国家。”④ 然而，这一状况从13

① 陈方正：《法律的革命与革命的法律(代序)》，参见泰格、利维：《法律与资本主义的兴起》，第6页。另外，也有学者对伯尔曼提出了批评。参见梁治平：《重新解说西方法律史》，载《中国书评》(香港)1995年5月号，总第5期。

② 美国汉学家安守廉对昂格尔运用中国历史反证法律秩序的可靠性提出了批评。参见安守廉：《不可思议的西方？昂格尔运用与误用中国历史的含义》，高鸿钧译，载高道蕴等编：《美国学者论中国法律传统》，中国政法大学出版社1996年版。

③ 基佐：《欧洲文明史》，第147页。

④ 基佐：《欧洲文明史》，第135页。

世纪开始转变，并出现了以民族君主国为取向的国家重建运动。作为一种历史现象，国家重建具有复杂的社会背景和动因。

首先，城市的兴起及随之而来的“商业革命”，不仅增加了新的政治力量，也改变了传统社会结构。市民阶级的形成、发展和城市市民社会权利的增长伸张，成为多元权力斗争的重要调节器。然而，城市商业经济发展所产生的清除市场壁垒、建立统一规划、维护社会安全、保障贸易自由及国际贸易保护等必然要求，只能通过王权的强化而消除封建割据，并建立世俗国家主权来完成。王权也只有依靠市民阶级的支持才能扩大其统治权力，以凌驾于教权和封建领主之上，并可获得经济上的巨大实惠。这就导致了市民阶级与王权而不是与教会或封建领主的较长期、较稳定的合作，“国王与市民阶层——在英国、法兰西以及其他国家——的这种结合，井然有序地促进了贸易，而且双方互利，”[①] 历史表明，欧洲君主新权力的获得，极大程度上取决于同新兴的商人阶层的非正式联盟。[②] 使得“大部分欧洲政权逐渐地、不平衡地与市场经济形成了一种共生关系，为市场经济提供了国内秩序和非独断专行的法律制度（甚至也对外国人提供），并以税收形式得到日益增长的商业利润的一部分。”[③] 这样，王权迅速增长并朝着民族君主国迈进。另一方面，以城市为中心的地域性经济区的形成，把社会经济和政治中心移到城市，加剧了中小贵族阶层的扩大和土地所有关

① 泰格、利维：《法律与资本主义的兴起》，第 135 页。

② 斯塔夫里阿诺斯：《全球通史——1500 年以前的世界》，第 467 页。

③ 〔美〕保罗·肯尼迪：《大国的兴衰》，王保存等译，求实出版社 1988 年版，第 24—25 页。

系及经营方式的变化。法国王室从12世纪起就已通过合并封建领主的领地，收复英王在法国的封地再分封给骑士和中小贵族的办法，来强化其王权，而12世纪英王与大贵族的斗争中，双方都为争取支持而将土地再分封，这就无形中使领地分散了，扩大了中小贵族阶层。同时，人口增长和大规模拓荒带动了人口流动和殖民活动，这些新居民区和殖民区的全部土地，以份地的形式分给农民耕种，获得了自由劳动的形式，造成人身依附关系的松弛。[①] 城市兴起后，城市经济动摇了庄园经济，进一步加速和强化了贵族分化和自由农耕劳动的趋势。这就改变了王权与封建领主的力量对比，削弱了封建领主的经济地位，有利于王权集中并战胜封建割据势力。

其次，教会的普世统治的衰落，出现了教会民族化倾向。在主教授职权之争以后，教权仍未放弃其建立“大一统基督教社会”的理想，于是发动了历时近200年的八次十字军东征。虽然其间罗马教皇迅速跃居欧洲领导地位，[②] 但“十字军东征主要的影响，是基督教信仰的衰微，其次是因习得回教国家工商业，而刺激欧洲世俗生活。”[③] 后者无疑又反过来对教权产生严重的冲击，导致了“贵族阶级的削弱，市民阶级和王权的加强以及农奴解放的开始。”[④]

---

① 参见王亚平：《权力之争》，第302—303页。

② 教皇英诺森三世使教权达到巅峰，他操纵法国皇帝选举，开除英王约翰教籍，干预法王菲利普二世的婚姻，充当第四次十字军侵略联盟盟主等，并在罗马召开“普世性”的第四次拉特朗宗教会议，可谓如日中天。参见陈曦文：《基督教与中世纪西欧社会》，第151—154页。

③ 威尔·杜兰：《世界文明史——信仰的时代》(中)，第851页。

④ 恩格斯：《封建时代的法国——马丁路德“法国史”一书摘要》，转引自朱寰：《世界上古中古史》(下)，第55页。

于是,王权借助市民阶级力量逐渐消除了封建割据,并努力把教权赶出世俗世界。14 世纪初开始了法王菲利普四世因征税而与教皇卜尼法斯八世的斗争,但这次已与主教授职权之争明显不同,法王从一开始就得到“三级会议”的支持,并一直占据上风。后来卜尼法斯教皇被掳并受辱而亡,开始了长达 70 年之久的“阿威农之囚,”教皇完全受控于国王。虽然 1377 年教廷重又迁回罗马,但出现了“天主教会大分裂,”标志着“大一统基督教世界帝国”普世梦的破灭,教会民族化的潮流已不可阻挡。① 教会权力开始退缩到精神世界,并受世俗君主的控制,再也无法与王权相对抗,从而加速了王权的增长。

再次,人们对和平及公共权威的渴求,奠定了国家重建的心理基础。动荡不安是中世纪欧洲的常态,人们惧怕、厌倦长期的战争、叛乱、冲突及盗匪活动所带来的灾难。渴望和平与安宁,确立公共权威以克服地方主义成为人们的普遍心理。但这时已不能再寄希望于威信江河日下的教会,承担此任的只能是君王。于是,人们开始赞美国家、民族与国王,菲利普五世就曾被赞颂为“一位牧羊人,而不是一只狼。”② 思想界的君权学说也开始抬头,③ 同时,“新兴的法律学家和皇室亲近,借着罗马法的复活来加强中央政府

---

① 参见陈曦文:《基督教与中世纪西欧社会》,第 155—163 页。

② 参见黄春高:《西欧封建社会》,第 189 页。

③ 在 13—14 世纪西欧思想界,法国的约翰著《王权与法权》、意大利的但丁著《论君权》、意大利的马西格里奥著《和平的保卫者》等,均表达了君权独立、否认教皇在君权神授中的中介地位、权力来源于人民、国家高于教会等君权学说,反映了市民的政治要求,成为王权加强的理论根据。参见陈曦文:《基督教与中世纪西欧社会》,第 155—156 页。

的影响力。”[①] 于是,“国王作为公共秩序的维护者,作为匡时济世的仲裁者干预其事。附属于国王头衔的道义权威逐步为他赢得了这种权力。”[②]

这样,君王就摧毁了教权和贵族权两大障碍,并获得了合法性认同而日益走向集权。接下来就是,地方性观念和地方主义,被民族性观念和公共权威所取代;建立在地方领主割据基础上的宗主权,被建立在中央统一控制基础上的君主权所取代;教会超越灵界的普世权,被世俗王权所取代。民族君主国开始出现在欧洲的历史舞台上,王权披上了公共权力的合法外衣:国家就“从一个大社会离开并上升到它自己的层次,在那里,尤其是政治班底和功能都集中化了。与此同时,国家被授权将其行动作用于社会。”[③] 同时也开始接受市民社会的政治挑战。

2、从城市市民社会到近代市民社会

与古希腊古罗马及亚洲不同,欧洲“中世纪的城市从它存在的开始,就是一个城市‘社区’。”[④] “每个城市都是一个自治的市民社会,”[⑤] 并使其权利在多元权力土壤中得以伸张。然而,它毕竟不是近代城市而只是其前身,毕竟是封建海洋中的岛屿,因而其一

---

① 威尔·杜兰:《世界文明史——信仰的时代》(中),第790页。

② 基佐:《欧洲文明史》,第159页。

③ 〔美〕贾恩弗兰科·波齐:《近代国家的发展》,沈汉译,商务印书馆1997年版,第78页。

④ 马克斯·韦伯:《经济与社会》(下),第599页。他认为,只有西方才有过在完整意义上的城市社区作为大规模的现象。参见韦伯:《经济与社会》(下),第583页。

⑤ 汤普逊:《中世纪晚期欧洲经济社会史》,第174页。

定的封建性终要表露出来并限制其自身发展。[①] 具有封建契约性质的城市特许状,使城市仍受领主的一定控制;小作坊式的,由行会控制生产规模、质量、原料等的手工业生产仍具有封建色彩;城市统治者相当部分是封建的土地贵族,甚至市镇曾是具有法人宗主性质的"中层领主"。诚如英国历史学家希尔顿所言:"在生产以家庭为单位的中世纪城市,其社会、经济和政治结构是从属于那些城市精英的,而无论他是贵族还是商人,都与封建王权和土地贵族有千丝万缕的联系。"[②] 到14—15世纪,城市间的剧烈竞争和分化使许多城市失去了自治的特性,而那些维持自治的城市也开始走向贵族专制统治。[③] 其城市市民社会也自然受到贵族专制统治的侵蚀。因此,中世纪城市及其市民社会要想获得进一步发展,就必须克服其封建性,打破"城墙围起来的自由"的保守方式,实现"以城镇为中心的经济体系向以国家为中心的经济体系的过渡,"[④] 而这一过程主要是借助于与君主政府的结合来完成的。"'新兴的资本主义'用新的商业贵族的权力取代了'封建主和行会市民'的权力时,固然挣脱了中世纪城市的狭小范围的束缚,但是最终又把自己绑在国家身上;国家战胜了城市,但是继承了城市的各项体制和精神面貌,它完全不能脱离城市而生存,""国家的命运与城市的命运不可分。"[⑤] 基于这一过程,实现了由中世纪城市向

① 参见泰格、利维:《法律与资本主义的兴起》,第134页。
② 转引自黄春高:《西欧封建社会》,第317页。
③ 参见朱孝远:《近代欧洲的兴起》,第197页。
④ 帕尔默、科尔顿:《近现代世界史》(上),第142页。
⑤ 布罗代尔:《15至18世纪的物质文明、经济和资本主义》,第一卷,第610页。

近代城市、由城市市民社会向近代市民社会的转型。

(1)由市民阶级转向资产阶级。“布尔亚乔”(城市居民)是中世纪市镇中的自由民组成的整个社会阶级。但到16世纪以后,商人法由特别法上升为“本土法律”,企业也开始在传统城镇以外生长,而不再依仗当地市民的特权。[①] 经不断吸收、同化的“布尔亚乔”已改变其原有成分,使其阵营日益扩大,[②] 因而它已超出城市的地域及政治范围而呈社会化趋势,成为扮演重要角色的社会“中等阶级”——形成中的资产阶级。贵族也开始大量介入商业生活,在经济上与中等阶级相似,只是农民和工人这一下层阶级处于贫困境地。[③] 但随着资本主义的发展,他们一起卷入市场经济体系之中,奠定了近代市民社会的阶级结构基础。

(2)契约原则的普遍化和私有产权的扩展。作为一种政治制度,西欧封建主义包含以下一些观念:统治者属于任何一个采邑拥有者的特权;一切政府都是建立在契约基础上的;有限君主权。因而,“不管谁是统治者,封建主义反对绝对权威。封建政府被认为是法律统治的政府,不是人统治的政府。”[④] 尽管这体现着契约观念,但其本质上乃是一种封建契约。近代意义上的商业契约观念,则是随城市兴起而产生的。11世纪末12世纪初,“售让契约作为

---

① 参见泰格、利维:《法律与资本主义的兴起》,第262页。

② 帕尔默、科尔顿:《近现代世界史》(上),第151页。

③ 在14—16世纪,农民和城市无产阶级曾为争取其生存条件进行了多次大规模的斗争,其“革命精神到处洋溢。”参见拉尔夫等著:《世界文明史》,第二卷,第245—246页。

④ 参见拉尔夫等著:《世界文明史》,第二卷,第10页。

权利来源，而不仅仅是所有物的偶然属性，已变得很重要。”① 15世纪以后，自由贸易的扩大和货币经济的发展，使新契约关系网络迅速增长，城市内部建立起来的社会关系体制也不断向外扩散，这就推动了契约原则的普遍化，即用城市经济实力来“消解城乡之间的传统关系，代之以被认为无偏的契约法所造成的约束，使不论男女，都被迫将本身自愿行为化约为书面文契。”② 另一方面，要把私有产权和契约自由原则推广到全社会，就必须摧毁作为权力根基的土地制度，新兴资产阶级借助于王权，以收购农村贵族的土地、没收教会的土地重新分配、确立新的土地制度等方式，使土地关系“仅存在于个人（persona）和物（res）之间，除了保有和为谋取个人利益而使用之外不附任何义务。”③ 这不仅清除了“个人”与“物”之间私有产权关系的发展障碍，也使得其能够扩展为整个经济和社会生活的基本关系准则。④

(3)城市市民社会生活规则秩序的转换。为保障其在封建海洋中的自由自治权利和商业生活，中世纪城市从一开始就是一个法律共同体，“如果没有城市法律意识和一种城市法律体系，那就根本无法想象欧洲城市和城镇的产生。”⑤ 也就是说，城市法律体系不仅确认了城市相对独立于领主的自治特权，而且也界定了城

① 泰格、利维：《法律与资本主义的兴起》，第63页。

② 泰格、利维：《法律与资本主义的兴起》，第162页。

③ 泰格、利维：《法律与资本主义的兴起》，第197—198页。

④ 16世纪时期英国拥有地产的人数大大增加，大部分土地都转移到了乡绅或小贵族和市民手中。到17世纪初，上议院即高级贵族的家产比下议院的贵族要差一大截。（参见基佐：《欧洲文明史》，第205页。）这也有力地说明了这一进程。

⑤ 伯尔曼：《法律与革命》，第441页。

市政府和市民、市民与市民之间的权力、权利和义务，其共有性、世俗性、宪法性、客观性及发展能力意味着革命性要素的诞生，尤其在公民权利和自由领域，从而成为西方宪政的重要源泉。① 同时，"整个商业法使欧洲生活产生新的秩序。"② 然而，城市法和商法毕竟是与城市(镇)的社会和经济关系相联系而具有一定的狭隘性和局限性。③ 它是经过一系列的变革才演变为近代法律的，并通过与王室法的融合来获得普遍性和权威性，从而与民族国家的统一市场和经济生活相适应并提供规约，④ 使城市市民社会生活规则秩序逐渐转换为近代市民社会生活规则秩序。在罗马法复兴和世俗国家的形成过程中，"无论国王或市民，都从成长着的法学家等级中找到了强大支持，"而三级会议的立法活动和法庭的法官判案，也是由世俗法学家集团来支撑的，这批新的法学家"实质上是属于市民阶级。"⑤ 后来经过资产阶级"市民社会革命，"确立起资

---

① 参见伯尔曼：《法律与革命》，第475—482页，第637—638页。

② 威尔·杜兰：《世界文明史——信仰的时代》(中)，第889页。

③ 比如特许状的封建性及习惯法作为法律渊源的重要性，对土地和私人房屋私人利用所作的较多限制等等。参见伯尔曼：《法律与革命》，第476页。

④ 国内一些学者从城市市民社会来探讨法治的发生和本源，这无疑是正确的。(参见徐忠明：《西方市民社会与现代法制建设及启示》；范忠信：《公民社会决定法治社会》；公丕祥：《法制现代化的理论逻辑》等)但中世纪城市法律体系并不是近代法律，其规则秩序也不是近代法治，前者向后者的转化是一个漫长而复杂的演变过程，这是不容忽视的。为此泰格、利维写道，无论是英国法律历史特色的持续性的神话，还是法国法律史摧毁过去的不连续性的断言，都是十分错误的。虽然有英国"老田生新谷"和法国"旧偶像倒塌"的隐喻，但二者却都既离不开传统又不断变革，并与新兴资产阶级的斗争和意识形态传播紧密相关。参见泰格、利维：《法律与资本主义的兴起》，第263页。

⑤ 《马克思恩格斯全集》，第21卷，第454页。

本主义法律制度和体系。在“市民社会革命”最彻底的法国，市民阶层就“通过革命的颠覆清除了旧王朝过了时的各种社会制度，从而在市民的法律权利平等原则基础上建立了国家，并基此特定情况最终完成一部法典编纂，它反映了自由与平等的革命需求。”这就是1804年《法国民法典》，它“适应了19世纪市民社会的需求和利益。”[①] 这一著名的法典成为大陆法系私法的典范。

(4)由护卫私权利到染指公权力。自治城市最初是通过武力、购买或利用贵族王公之间矛盾而获得特许权的，其主要精力在于在封建多元权力空间中维护城墙内市民共同体的自治特权，保障城市市民社会的私权利免受封建权力的侵袭。就是说，中世纪欧洲每座城市都自成天地，自由发展。几乎所有城市都有城墙，“城墙把城市关在一个界限分明的几何图形里，与周围环境截然分开。”这首先是出于安全的需要，也是“争取独立和自由的自觉努力的外部象征。”[②] 他们除了向国王或封建领主交纳税金之外，不关心更多的事。同时，尽管有时行动坚决，但不热衷于轰轰烈烈的事业，不喜欢承担责任，只愿固守本分，处世讲究适可而止等，也是当时市民的另一面性格表征，因而在政治领域缺少雄心壮志和坚定思想。[③] 即便城市经常组成联盟或同盟，也是旨在“联合各种力量镇压土匪和海盗，或者对付野心勃勃的君主和掠夺成性的贵

---

① 茨威格特、克茨：《比较法总论》，第162页、第184页。

② 参见布罗代尔：《15至18世纪的物质文明、经济和资本主义》，第一卷，第584—586页。

③ 参见基佐：《欧洲文明史》，第128—129页。

族。"[①] 然而，随着国家商品经济体系的形成和城市市民社会规则制度的确立、生活方式和价值观念的广泛传播、市民阶级的日益发展壮大，他们就不再满足于消极的权利保护，而开始进入国家政治生活并扮演举足轻重的角色。它首先与君主进行非正式联盟，支持王权以对抗封建权力。"作为回报，君主向自由民提供保护，以反对封建领主和主教的频繁战争和苛捐杂税，"并"为商人利益服务。"[②] 通过这种关系，"市民接近了政权的中心，于是与国家治理总的方面挂上了钩。"[③] 继之而来的发展表明，"国家扩大了城市的版图，但却往往冲淡了城市的特色，"而"城市势力之大，竟能左右整个国家。"[④] 随着城市市民社会向近代市民社会的推进，市民阶级针对地方性和个人性封建权力的斗争，也转化为新兴资产阶级通过议会针对专制主义"公共权力"的斗争。到16世纪末，英国下议院"开始掌握大权，那就是代议制政府赖以存在的权力。"[⑤] 市民阶级也就由"第三等级"跃上前台，"因为有了这个等级，王权的原则（独断专行）就受到了约束。"[⑥] 而17—18世纪资产阶级"市民社会革命"则夺得了国家权力，并使之服从服务于其市民社会发展的需要。

至此，城市市民社会已由最初的自卫走向对外的扩张和同化，它借助王权的力量，摧毁了封建社会结构并确立了商品经济体系，

---

① 帕尔默、科尔顿：《近现代世界史》（上），第36页。
② 斯塔夫里阿诺斯：《全球通史——1500年以前的世界》，第467页。
③ 基佐：《欧洲文明史》，第126页。
④ 布罗代尔：《15至18世纪的物质文明、经济和资本主义》，第一卷，第605页。
⑤ 基佐：《欧洲文明史》，第206页。
⑥ 《马克思恩格斯全集》，第1卷，第330页。

私人利益和个体权利开始在全社会孕育生根,市民社会已不再局限于城市而日益获得“普世性”,也即近代市民社会逐渐形成并成为历史发展的重大推动力量。随之而来的,是国家与市民社会的分离与斗争,它们似乎忘却了最初共同面对封建权力和宗教势力时的彼此互助与妥协之情。虽然国家凭其公共权力而树立于市民社会之上,但很快,自主化、权利化要求日益高涨的市民社会,就把国家权力的合法性握于自己手中,并力图藉此来控制国家权力,置之于普遍的法律规则之下。

3、法律秩序:权力与权利的界分和冲突

随着国家重建而兴起的民族君主国,虽然在市民阶级的支持下击败了教会和封建领主而获得了抽象的公共特权,国王随即成为公共人物,专员也不再是一个官员,而是一个代表了新型国家臣仆的公务员。但是,这种君主制不可能带来真正的权力公共性,它只能是导致专制主义,并把法律从等级制国家的传统权利和特权的事实和追求框架,转变为一种真正的统治工具。[①] 这样,属于欧洲旧社会的一切因素和特点就转化为两大事实:自由探索和中央集权。“一个表示精神领域里推翻了绝对权力,另一个却是绝对权力在世俗社会中的胜利。”[②] 然而,这种中央集权的胜利是比较脆弱的,因为一旦以新兴资产阶级为主角的、日益自主化的近代市民社会,发觉王国悖离公共秩序、普遍公道和共同利益护卫的承诺,

---

① 参见贾恩弗兰科·波齐:《近代国家的发展》,第73—74页。

② 基佐:《欧洲文明史》,第203页。

就会起来反抗甚至摧毁它，何况王权集权化进程是与市民社会自由追求进程为伍的。因此，这就展开了两个取向共生共进的历史运动，即一个是市民社会力图使国家权力复归其公共权力的本来面目，一个是面对公共权力的滥用和扩张而维护和保障其自由权利。正是在这种权力与权利的界分与冲突中，确立了近代法治精神与原则。

(1)人民主权对公共权力的契约性复归和统治合法性的确立。在西欧的政治传统结构中，议会与王权占据十分重要的地位。虽然二者是分立的，而且前者是在对后者的制约中成长并正规化、制度化的，①但是，议会总体上仍是受控于王权的，尤其是16—17世纪的专制主义时代。然而，从12世纪起，就已经有"对于践踏法律的人，法律应当拿起武器反对他，对于努力使公共权力形同虚设的人，公共权力将狂猛地反对他"的理论主张。② 在等级会议不断制度化并向议会转化的过程中，"等级之间及等级与王权的竞争鼓励人们制定一种更为明确、更为公开的法律，以此规定各个等级的权利和义务。对各方来说，日益重要的是，确认王室权威终止的领域及超政治的基本法开始发挥约束力的领域。如果国家尚无规定这些限定，各方就应制定一个社会契约，用以确定全国性政府的结构及其限度。"③ 随着近代商品经济的迅速发展，市民社会力量日益

---

① 从13世纪时起，英国议会就曾在征税权、立法权等问题上取得重大成就，法国三级会议也曾在百年战争爆发时，一度迫使查理全面改组政府，并在1356—1357年左右了法国国政。(参见应克复等：《西方民主史》，中国社会科学出版社1997年版，第235—236页、第282页。)

② 伯尔曼：《法律与革命》，第343页。

③ 昂格尔：《现代社会中的法律》，第153页。

增长并成为议会的主角，它通过持续的议会斗争来争取其自由民主权利，最终在启蒙运动的推动下，爆发了开辟新纪元的资产阶级市民社会革命。在英国，它颠倒了王权与议会的关系，确立了使王权屈从于议会的君主立宪制；在法国，它打碎了旧制度，建立了宪法政治的共和国；在美国，则是确立了推行三权分立的宪法主治，建构了从邦联到联邦的"民有、民治、民享"政府。人们热情洋溢地宣称，政府不是人们为谋利而开设的店铺，而是一种"信托"，"政府本身并不拥有权利，只负有义务。"① 这样，在民主契约的价值原则下确立了人民主权，使国家权力在形式上恢复其公共属性，并服从和服务于市民社会的需要，国家权力合法性也由上帝神谕而移至民众手中。这就"结束了人类分成统治者和被统治者是由神注定的这种观念。人们不再认为政治高于人民，也不再认为人民在政府之下，"而把参与政治"看作是自己固有的权利。"② 而代表市民社会要求的议会，则"从主要为发现法律而存在的机构发展为创制法律的机构，"③ 而且，"人民应受法律的统治；判决只有凭借对滥用权力负有责任的这样一些法律来实施，在此，这些被进一步解释成，一切涉及到这个国家所有自由人们的生活、自由和财产的诉讼，均应以该国家的法律为依据；议会不应该干涉正常的行政管理或是法律的执行，因为法律只是权力的原则部分，正如以往的议会一样，议会的职能是规定人民的自由以反对政府的专断。"④ 因

① 〔美〕潘恩：《潘恩选集》，马清槐等译，商务印书馆 1981 年版，第 254 页。
② 斯塔夫里阿诺斯：《全球通史——1500 年以后的世界》，第 322 页。
③ 哈耶克：《自由宪章》，第 236 页。
④ 哈耶克：《自由宪章》，第 253 页。

此,这就要求国家权力要服从法律,依法行事,以确保其来源和运行的合法性,使"国王和人民都受为人所知的法律的管制。"[①] 这样,法律就由上帝理性转化为对自由、平等、人权和正义的追求,并具有了普遍有效性,法的统治、法律至上的治国精神与原则也就得以逐步确立。

(2)市民社会权利主张、公权力分立制约对良法之治的诉求。恢复公权力的本来面目,只是市民社会要求国家权力服从服务于市民社会权利的基础和前提,它只解决了公权力的性质问题。要有效控制权力的扩张性和腐化性,还必须以社会权利对公权力的范围进行厘定,并对公权力进行分立和规制。因此,近代西欧议会斗争与革命的另一向度,则是市民社会的多元权利主张、保障和公权力的分立制约。早在 15 世纪的文艺复兴城市,人们就已经能够通过教堂、市政厅及集市广场等建筑布局,"分辨出司法行政权、宗教和经济权的存在。"[②] 随着城市和商业的进一步发展,新贵族和市民阶级逐渐成为议会中举足轻重的力量,他们"在保持和获得其摆脱君主及其官僚助手的独立性方面的成功",对法律秩序的问世具有"决定性意义。"[③] 在议会与王权的斗争中,他们主张和捍卫其自由及财产权利。尤其在英国,"每当问题涉及捍卫私人权益、家庭或公民的利益时,也就是说个人的自由权时,下

① 〔英〕M. J. C. 维尔:《宪政与分权》,苏力译,生活·读书·新知三联书店 1997 年版,第 30 页。

② 〔意〕萨尔沃·马斯泰罗内:《欧洲政治思想史——从十五世纪到二十世纪》,黄华光译,社会科学文献出版社 1992 年版,第 2 页。

③ 昂格尔:《现代社会中的法律》,第 63 页。

议院就坚忍不拔地去完成职责，从而建立起许多构成英国宪法基础的原则。”[①] 1610年下议院著名的请愿就郑重宣称：在英国臣民的所有传统权利中，“没有一项权利比这项权利赋予他们更宝贵及更有价值的东西，〔即〕以确定无疑的法律统治为指南，并由被其支配、而不是受那种不确定的、专断的统治形式支配。因为，前者给予下议院领袖及其议员们以本该属于他们的权利。……正是从这一根据中产生了这个王国的人民无可置疑的权利，除了由这个国家的普通法或是议员们共同投票赞成的规章规定的惩罚之外，他们不受任何扩大到他们的生活、他们的土地、他们的身体或他们的财产上的其他任何惩罚。”[②] 同时，律师与新兴资产阶级结盟，开始对英国法律意识形态加以改造，“其目的是在于剥夺君主特权、限制政府职权使之充当经济自由和政治自由的保护者。”[③] 随之而来的，受洛克、孟德斯鸠、卢梭、潘恩等人思想理论所鼓舞的17—18世纪英美法资产阶级市民社会革命，确立了议会主权地位，颁布了一系列重要的权利法案，[④] 并进一步在使所有世俗权力当局服从人民意志之后，又在人民意志周围设下了一些限制，使议会立法权力旨在“颁布法律和确定规则，作为保护社会全体成员财产的壁垒，以便节制权力与缓和对这个社会的每一个阶层和每

---

① 基佐：《欧洲文明史》，第206页。下议院从产生时起，就以中小贵族和市民为主体，后来逐渐为新兴资产阶级所控制，成为近代市民社会权利和利益要求的代表。

② 哈耶克：《自由宪章》，第249页。着重号为笔者所加。

③ 泰格、利维：《法律与资本主义的兴起》，第249页。

④ 西方史家指出，英国光荣革命“维护了议会政府的原则，维护了法治，乃至维护了反对暴政的造反权利。”（帕尔默、科尔顿：《近现代世界史》，上册，第230页。）它成为了资产阶级市民社会革命中权利要求和权利斗争的先锋与布道者。

一位成员的统治。”[1] 以防止议会与国王一样专断，保障自由和权利，并为自由起见，要求“政府大可放下一切职能，只须保留国防，维护国内外交通体系和维护治安等功能就够了。”[2] 从而使“国家向它的具有完全不同私人利益的公民提供追求框架。”[3]

另一方面，随着有限政府观念在 17 世纪英国政治斗争中的诞生，它开始成为探索新问题的一个新出发点。人们逐渐认识到，“有权制定法律是一回事，解释法律是另一回事，而治理人民与这两者都不同。”[4] 从 1641 年废除以独断和不公著称的星室法院开始，法官独立、法无规定不可惩罚、法不溯及既往、严格限制自由裁量权等原则得到充分强调。而且，要求公权力在管理市民社会的过程中，为协调其行为而制订法律的权力和执行法律的权力之间，也要明显区分开来。到《1701 年王位继承法》，则最终确认了法官独立性，此后 1706 年议会又通过了剥夺公民权利的最后法案，“这不仅导致了彻底重新阐述反对立法机关那种独断行为的所有理由，而且也导致了对权限分立原则的重新确认，”[5] 并开始缓慢和稳定地传播。孟德斯鸠继承了前人的分权思想，建构了“要防止滥用权力，就必须以权力约束权力”的完整的三权分立与制衡理论。[6] 这一理论在美国革命进程中付诸实践并获得了进一步发展。立法机构受到司法审查的限制，从而使法院成为一道通不过

① 哈耶克：《自由宪章》，第 269 页、第 256 页。
② 泰格、利维：《法律与资本主义的兴起》，第 256 页。
③ 贾恩弗兰科·波齐：《近代国家的发展》，第 96 页。
④ 维尔：《宪政与分权》，第 30 页。
⑤ 哈耶克：《自由宪章》，第 257 页。
⑥ 孟德斯鸠：《论法的精神》（上），第 154 页。

的防波堤,“防止立法机关或行政机关的任何揽权行为对于任何宪法中由权利宣言规定了的权利的侵犯,它们会自然而然地加以抵抗。”[①] 受启蒙思想家的分权学说及英美革命的影响,法、德等大陆国家在经过议会斗争和革命后,也相继建立起权力分立的政治体制,并倡导“法治”或力图建立“法治国家”。虽然受卢梭“人民主权”思想和法、德社会状况及历史传统的影响,[②] 其行政权力的地位十分突出甚至有扩张之势,但应运而生的行政法院,对制约行政权力和保护公民权利则产生了重要作用。以致一些西方学者不无夸张地指出,“它现在给予公民的保护,使他不受行政当局酌情裁量行为的侵犯,其保护之周到,比当代英国所能做到的更有过之而无不及。”[③]

这样,通过议会斗争及资产阶级革命中的市民社会权利主张、保障和对公权力的分立制约,使公权力服从服务于市民社会权利的要求,并只能在必要的、为权利实现所需要的、十分有限的范围内行使。从而以市民社会权利来勘定、制约国家权力,以权力分立原则制衡国家权力,进而确保市民社会权利免受国家权力的肆意侵犯,保障多元广泛的市民社会权利和自由。这一进程始终以且只能以对宪法和法律的诉求而获得制度化、规范化和现实保障的,

---

① 哈耶克:《自由宪章》,第 287 页。

② 在民族国家形成的过程中,法德等大陆国家的专制主义远较英国浓重。而且在法国,卢梭“公意”及“人民主权”的至上性、绝对性受到推崇,大革命中的高度意识形态化和理性主义及过于浓重的暴力倾向等等,助长了行政权力的强化;在德国,革命和宪政运动是与国家统一进程紧密联系在一起的,加之康德理性观和“绝对命令”论的影响,也使之行政权力占据优势。

③ 哈耶克:《自由宪章》,第 304 页。

"正是法律的普遍性确立了公民在形式上的平等,从而保护他们使其免受政府的任意监护之害。为了确保普遍性,行政必须与立法相分离;而为了确保一致性,审判必然与行政相分离。实际上,这两个分离恰恰是法治理想的核心。由于它们,法律制度应该成为社会组织的平衡器。"[①] 同时,以分权为基础的宪法制度有一个前提,即对"真正意义上的法律"和"立法机关颁布的、并非普遍性规则的东西"加以明确区分,[②] 从而要求普遍有效性的良法之治,诚如哈林顿所言,一个市民社会得以在共同权利或共同利益基础上建立和维持的方式,是法治而非人治。[③]

(3)市民社会权利保护与法律程序的理性化。有西方学者指出,欧洲人的习惯两次演化为理性的法律制度——罗马法和普通法。[④] 虽然有柯克关于英国"老田生新谷"和狄德罗关于法国"旧偶像倒塌"的法律发展隐喻,[⑤] 但是,他们忽略了英法法律发展都离不开资产阶级市民社会历史演进这一极为重要的历史事实。而中世纪中后期开始的市民社会自主化和权利保护运动,则有力地推进了西方法律程序的理性化。在英国,虽然有强大的中央集权,但地方法院曾掌握在领主手中,它们无力解决镇压叛乱、执行判决甚至土地所有权纠纷,诉讼程序和证据法也是简朴而非理性的,于

---

① 昂格尔:《现代社会中的法律》,第 47 页。

② 哈耶克:《自由宪章》,第 289 页。

③ 参见〔英〕詹姆士·哈林顿:《大洋国》,何新译,商务印书馆 1996 年版,第 6 页。另见哈耶克:《自由宪章》,第 244 页。

④ 〔英〕S. F. C. 密尔松:《普通法的历史基础》,李显冬等译,中国大百科全书出版社 1999 年版,(绪论)第 1 页。

⑤ 泰格、利维:《法律与资本主义的兴起》,第 262—263 页。

是,“人们把获得强有力和迅速的救济希望寄托于皇室法院,”[①] 这就促进了程序优先于权利的令状制度和统一的普通法的形成。渐渐地,“在同专制王权的斗争中,普通法成为议会政党手中的强大武器,因为普通法在长期的历史发展中,形成了某种韧性,它的繁琐的和形式主义的技术,使得它能够顽强地抵制住来自上级的进攻。自那时起,英国人便把普通法看作基本自由的保障,用它保护公民的权利,对抗专制权力的肆虐。”[②] 普通法遂成为理性的体现,并需保持其连续性。[③] 而衡平法最初是基于弥补普通法的机械令状制而出现的,同时也是“从神明裁判向具有理性的人的裁判进行转变的结果。”[④] 但衡平法院随后却发展成了王室特权法院,遂与普通法院发生冲突。普通法对衡平法的胜利,在一定意义上乃是权利对权力的胜利。另一方面,商人曾支持利用王室权力创设特别法庭,来将基于民法的理性化法规推行于经商和海运,以致“都铎王朝制度曾被用作资产阶级打退封建势力顽抗的铁锤,但契约性经济关系的广泛扩展,以及产权关系在宗教改革的解决中获得的保护,意味着 1600 年以后已不再需要都铎式制度了。”[⑤] 于是普通法律师与商人联盟展开了限制王权特权,保护贸易、财产及

---

① 大木雅夫:《比较法》,第 243 页。

② 茨威格特、克茨:《比较法总论》,第 355 页。

③ 英国御座法院首席法官柯克曾撰著《英国法总论》(1628—1641),力图使普通法现代化并适应 16—17 世纪英国社会生活,倡导议会和普通法至上,并强调法律的生命在于理性。普通法是理性的体现,它应不断改变但又要保持其连续性。参见沈宗灵:《比较法研究》,北京大学出版社 1998 年版,第 216—217 页。

④ 密尔松:《普通法的历史基础》,(绪论)第 6 页。

⑤ 泰格、利维:《法律与资本主义的兴起》,第 256 页。

自由权利的司法改革斗争，并发动了一场不仅反对高级调查团和星室法院，而且也反对普通法法庭之外一切司法机构的运动，宣布普通法法庭有权制止教会和特权法庭的诉讼程序，并随即使君权法庭被取消。这样，“建立新刑事诉讼程序的道路打通了，民众对起诉和定罪过程的监督因此可以成为制度，作证方式也将更合理化。确立大陪审团制度、重申小陪审团的独立性、严格尊重与证人对质的权利，这些乃是三项重要改革。”同时，“传闻证据否定法”作为一项制度也“成为了一种新的、合理的法庭诉讼程序基础。”① 这些新的、合理化的诉讼程序不仅能有效地限制封建权力和保障社会权利，而且也为市民社会权利之间的平等保护、法律的公平适用提供了必要和可能。1688 年光荣革命后，英国对其法律又进行了重大改革，私法得到快速发展，种种诉讼程序得到革新、重申和保护。尽管还存在着中世纪的传统遗迹，但是，它已成为名副其实的资本主义法律，满足了当时市民社会权利平等保护和社会安全与秩序对法律程序理性化的需要。

在大陆国家，法律程序的理性化则是与罗马法的复兴紧密联系在一起的。而罗马法复兴正是对当时商品经济发展、新兴资本主义成长、市民阶级权利和利益要求、以及君主权力扩张的反应。为保护市民平等权利，在城市首先开始了废除决斗等非理性的取证手段、确立理性法和建立一种特殊的城市诉讼程序的运动。② 而接着受罗马法复兴思潮的影响，教会法开始强调理性和良心。

① 泰格、利维：《法律与资本主义的兴起》，第 256 页—257 页、第 260 页。

② 参见马克斯·韦伯：《经济与社会》(下)，第 610 页。

1215年第四次拉特朗主教会议，也决定禁止教士参与求助于神意裁判或上帝判决的诉讼程序，这也就排除了此前诉讼求助于超自然力量的不合理证据制度。因此，以教会法为榜样的，一种新的、较合理的、也较复杂的书面而非口头诉讼程序，在欧洲大陆各国逐渐被采用了。它不仅引起了司法组织深刻而有决定性的变革，也为社会受法律支配观念的确立和法的统治开辟了道路。[①] 在此后的罗马法复兴过程中，地方习惯法、教会法、商法与罗马法互相竞争和渗透，但最终还是导致了欧洲大陆对被视为“成文的理性”的罗马法的接受，这样，“已经被认可的罗马法发展成了获得解放的市民社会的法律。”[②] 罗马法的突出特点是重私法、重实质，也即注重确定个人间的权利和义务，但诉讼程序也十分重要。因为按罗马法观念，诉权是对权利的保障，甚至认为“先有诉权而后才能谈到权利”。[③] 欧洲大陆对罗马法接受的同时，也对其进行了“理性的过滤”和改造，[④] 出于适应贸易和经济发展的需要，满足新贵族和市民阶级的权利平等保护要求及扼制封建司法特权的滥用和非理性化的需要，公开审理、言词辩论、自由公正等诉讼原则得到了重申和发扬。正是“由世俗和宗教两方面都进行的诉讼的双重合理化，蔓延到整个西方的世界。”[⑤] 法律规则的至上性和市民社

---

① 参见勒内·达维德：《当代主要法律体系》，第46页。当然，第四次拉特朗主教会议对英国也有很大影响，它导致英国对陪审制度的倍加重视和最有效地利用。参见大木雅夫：《比较法》，第245页。

② 〔德〕哈贝马斯：《公共领域的结构转型》，曹卫东等译，学林出版社1999年版，第86页。

③ 周枏：《罗马法原论》（下），商务印书馆1996年版，第855页。

④ 格伦顿、戈登、奥萨魁：《比较法律传统》，第22页。

⑤ 马克斯·韦伯：《经济与社会》（下），第722页。

会的普遍规则秩序观念得以逐步确立。经过 17—18 世纪资产阶级革命及欧陆的法典编纂活动,最终形成了资本主义法律原则和制度,把权利和权力、权利和义务都纳入法律有效规制的框架之中,从而推动了近代法律秩序的建立。

（三）市民社会精神的张扬与法律形式化运动

法律的形式化并非仅限于法律外部的形式主义,而是立法、司法过程所体现出来的法律至上、司法独立、理性规则体系及司法程序性等的系统化要求。西方近代法律形式化运动,固然有中世纪的封建关系相互性及尊法重法传统、普遍性和体系化的教会法等因素的重大作用和影响,但其更深层、更根本的动因,则源于市民社会精神的涌动并融入近代法律体系的形成与发展之中的独特进程。

1、城市市民社会的形成,开近代法律形式化运动之先河

11 世纪开始的城市贸易和商业复兴,给幻灭后的西欧带来了新生。随着城市争取自治斗争的胜利及商品经济的发展,城市市民社会得以逐步形成。于是,“一种新的精神面貌由此形成,这大致上正是仍在彷徨中的西方早期资本主义的精神面貌,包括一整套规则,一系列可能性和计算,同时又代表一种生活和致富的艺术。”[①] 而且,西方城市好比一台机器,善于粉碎旧的联系,把所有

① 布罗代尔:《15 至 18 世纪的物质文明、经济和资本主义》,第 609 页。

人放在平等的位置上,何况移民的涌来在城市里造成了一种“美洲式”的环境,早就安顿下来的人定下调门,向后来者传授的“生活方式”。而发展起来的大城市则负有建立现代国家的艰巨使命,它把自己的搏动节奏传播到各地,打乱一切,又使一切归于平静;它们在发扬文化、推动学术以及传播革命方面起着巨大作用。[①] 可见,在相当程度上,这些城市对外是摆脱封建束缚而自主自治的,对内则是摒弃封建等级而自由平等的,从而孕育了民主参与、自由平等、权利和契约、法律和秩序等思想观念,富有了一定的自由理性精神和历史意识。这种观念、精神和意识体现在城市法上,就是其“共有特征”、“世俗特征”、“宪法特征”及“发展能力”,而为满足贸易发展和商人阶级需要而出现的商法,则是“典型的资本主义法”。[②] 尤其是城市特许状,在实际上是最早的近代成文宪法,政府权力受到了限制,对行政、立法和司法也进行了某种分立制约。城市法为保护市民权利又废除了神明裁判或决斗裁判,确立了由同等公民裁判的理性审判程序。同时,民众对城市管理的参与也扩大到司法领域,某些市民被选派(举)担任法官或进入法庭。而新商法体系则具有客观性、普遍性、权利的互惠性、整体性和发展性等,并确立了参与裁判制的商事法院,商事裁判的公共特性(商人参与解决商事纠纷)与商法体系特征一道,“被看作是一项抽象的正义原则,看作是一种法律理想。”[③] 这些法律建构了自己独特

---

① 参见布罗代尔:《15 至 18 世纪的物质文明、经济和资本主义》,第 623 页、第 627—628 页。

② 参见伯尔曼:《法律与革命》,第 475 页、第 407 页。

③ 伯尔曼:《法律与革命》,第 479—481 页、第 424 页。

的内容和体系,并确立了理性审判程序,从而开始了法律形式化运动。

2、"3R"运动与市民阶级法律意识形态的传播和发展

文艺复兴、宗教改革和罗马法复兴大大改变了西欧的历史进程,其影响是全方位的。然而,"3R"运动彼此相关联并共存了一个多世纪,它们有其更深刻的原因和复杂背景。罗马法复兴的根本原因,在于城市和商业复兴过程中新兴市民阶级的利益和需要,"当工业和商业进一步发展了私有制(起初在意大利随后在其他国家)的时候,详细拟定的罗马私法便立即得到恢复并重新取得威信。"[①] 而文艺复兴和宗教改革则根本上是"破坏了14、15世纪现存秩序的个人主义强大潮流的产物。两者有着类似的经济背景:资本主义的发展和资产阶级社会的产生。"[②] 可以说,"3R"运动的精神中枢根植于市民社会的历史发展脉动之中,并有力地推进了法律形式化运动。

其一,发端于11世纪的城市和商业复兴,不仅造就了一定程度的民主自治、自由平等、权利和契约等城市市民社会精神,也使世俗社会应以法为基础,以实现秩序、安全与进步的观念得以恢复和确立。西方学者指出,在12世纪,抛弃以仁慈为基础的基督教社会理想,回到"只有法才能保证秩序与安全,以取得进步"这一观念,是一种革命。它与"十八世纪发生的民主代替个人权

---

① 《马克思恩格斯选集》,第1卷(上),第70页。

② 拉尔夫等著:《世界文明史》,第二卷,第181页。

力统治的运动，或二十世纪发生的企图用马克思主义的社会组织秘诀代替资本主义制度的无政府状态的运动，是同样革命的。”“这些思想在十二与十三世纪成为西欧的主要思想；并从此在西欧无争议地占统治地位，直至今天。”[①] 而当时的封建习惯法、教会法、日耳曼法都不能满足贸易和经济发展的需要，城市法和商法也正在形成之中，而且适用范围有限。正在这时，以发达的私法为主，高立法技术、高水平法律文化的罗马法被重新发现了。“看到地方习惯的粗俗野蛮与五花八门，提供一部法给师生们学习与赞赏，就不会犹豫不决了。”于是，首先在大学的学术领域开始了罗马法的研究和复兴运动，其教学以罗马法为基础而辅之以教会法，专心致志地“讲授可以制定出最公正，亦即最符合道德、最有利于社会良好运行的实质性规定的方法，”[②] 并相继出现了注释法学、评论法学和人文主义法学等不同流派。而“评注学派的活动和学识对于欧洲法律、政治和社会生活所产生的决定性冲击在于，除了方法论的革新之外，建立了一种社会范畴，通过这种社会范畴，人们开始求助于一种理性的技巧来解决不同的社会问题。”而且，法学家阶层“从此在欧洲的政治和社会平衡中扮演了中心的角色”。[③] 这样，教会法和城市法受到罗马法的影响而发生了重要改变。虽然罗马法长期受到“异教世界的产物”的批评，但“天主教会曾经按照罗马法来安排自己的生活，教会法以罗马法为蓝

---

① 达维德：《当代主要法律体系》，第 38 页。

② 达维德：《当代主要法律体系》，第 39 页、第 41 页。

③ 参见〔葡〕叶士朋：《欧洲法学史导论》，吕平义等译，中国政法大学出版社 1998 年版，第 100 页。

本，几乎只作了一些修改或补编。”① 在最低限度上，教会法也是根源于“11 和 12 世纪基督教世界里复兴后的并经过改造的罗马法学家的法律。”城市法除了汇编、系统化的誓言、习惯及城市统治集团或行会制订颁布的法令、法律这类自觉发展的固有渊源外，“还时常得益于罗马法和教会法的启示。”② 而且，商人阶级也在商业习惯的基础上，吸收罗马市民法及万民法的诸多概念和原则，创造了支配贸易及运用于自身的商法体系。从 13 世纪开始，罗马法逐渐在大陆国家的司法实践中被接受。③ “它给予几乎整个欧洲以法律概念的共同库藏、法律思想的共同文法（a common grammar of legal thought），并且，在不断变化但不可轻视的范围内，提供了一批共同的法律规则。”④ 纵观罗马法复兴进程，我们无疑会看到其内在的经济和社会动因。实际上，罗马法是在被不断改造过程中而复兴和被接受的，⑤ 罗马法复兴的真谛并不在罗马法本身，而在于以它为承载而体现出来的时代要求。罗马法精神的核

---

① 达维德：《当代主要法律体系》，第 42 页。

② 伯尔曼：《法律与革命》，第 248 页、第 482 页。

③ 意大利为罗马法的发源地，而且城市和商业也较发达，因此罗马法的复兴和接受都远远早于西欧大陆的其他国家。法国南部从 13 世纪开始接受罗马法，德国 15 世纪才开始接受罗马法，罗马法也才逐渐具有“普通法”身份。

④ 〔英〕巴里·尼古拉斯：《罗马法概论》，黄风译，法律出版社 2000 年版，第 2 页。

⑤ 在罗马法复兴过程中，它并没有也不可能被全盘接受。法国的法律发展表明，土生土长的法律“得到搜集、整理、确认、理性化并按罗马法的分目加以充实丰富，以此适应变化了的时代需要。”虽然德国的许多地区“全盘地”接受罗马法的法律概念和制度，但仍有较大的法律区域实现了“罗马法与本地法的综合，”并在 18 世纪发动了旨在“让司法活动人文主义化并使立法脱离罗马法权威羁绊”的运动。（参见茨威格特、克茨：《比较法总论》，第 251—255 页。）而英国则由于诸多原因而相对受罗马法影响较小。

心是私法精神，[①] 其市民法和万民法包含着对自由民在法律面前平等、遗嘱自由、财产私有等市民社会私权利的确认、契约自由和衡平原则的肯定及法律理性化倾向，这正与中世纪城市市民社会精神相吻合，“因为在罗马法中，凡是中世纪后期的市民阶级还在不自觉地追求的东西，都已经有了现成的。”[②] 而按时代需要对罗马法精神与原则进行改造，进而构建新型理性的、形式主义的法律规则体系，恰是城市市民社会发展并突破其城墙而向全社会扩张过程中所要求的。罗马法曾经把个人从古代社会的权威中解放出来，通过以个人权利义务代替家族权利义务，不断朝着“由身份到契约”这一新社会秩序状态移动，[③] 现在，它又承担起这一神圣使命，并且是在更高层次和阶段上反映了西欧城市的历史意识，即“它的对自身历史发展的意识、对自身从过去朝向未来运动的信念以及对自身不断进化、发展的特性的感觉。”[④] 这无疑大大推动了新兴市民阶级法律意识的形成、发展和传播。

需要指出的是，虽然英国基于众所周知的原因站出来抵制接受罗马法，并在很大程度上保留了自己的普通法，[⑤]，但罗马法仍在多方面对英国产生了很大影响，在商法和海商法领域尤甚。[⑥]

---

① 江平：《罗马法精神与当代中国立法》，载《中国法学》，1995 年第 1 期。

② 《马克思恩格斯全集》，第 21 卷，第 454 页。

③ 〔英〕梅因：《古代法》，沈景一译，商务印书馆 1996 年版，第 96—97 页。

④ 伯尔曼：《法律与革命》，第 483 页。

⑤ 参见巴里·尼古拉斯：《罗马法概论》，第 2 页。

⑥ 参见茨威格特、克茨：《比较法总论》，第 353 页。孟罗·斯密则认为，英国商法大半是罗马法的产物。(〔美〕孟罗·斯密：《欧陆法律发达史》，姚梅镇译，中国政法大学出版社 1999 年版，第 289 页。)大木雅夫也认为，事实表明，“罗马法在包括英国在内的每个国家都产生了显著影响，而不足以作为大陆法与普通法的异质性及其法律思维方法上的绝对差异之证据。”大木雅夫：《比较法》，第 125 页。

而"凡是13世纪贸易热潮波及之地，当地的习惯法均已有罗马法渗入其中，尽管有时是以伪装方式渗入的。就连在从未承认罗马法为'普通一般法'的北法兰西和英格兰，罗马法也得到了不加引证的实际援用。"① 而且，英国"为了私法(特别其中关于动产的那一部分)的进一步发展，也不得不参照罗马法的诸原则。"② 因此，罗马法复兴对英国法律制度及市民阶级法律意识的形成和发展，也必然具有不可低估的积极作用。可见，虽然我们不能断言西方现代法律制度导源于罗马法复兴，③ 但它确实与罗马法复兴不可分割。也正因为西方法律体系有共同的根源，所以它们才"不仅获得了共同的术语和共同的技术，而且获得了共同的概念、共同的原则和共同的价值。"④

其二，随着商业复兴、城市发展和十字军东征失败对教会权威的冲击，人们需要扩充知识，追求新的生活方式和提高个人地位的要求日益得到确认，从而产生"刺激性的影响和城市居民对旧的生活方式的厌烦情绪。"⑤ 于是从14—15世纪开始，在城市而不是农村占优势的社会发起了横扫欧洲的文艺复兴运动。虽然起初打

---

① 泰格、利维:《法律与资本主义的兴起》，第144页。

② 《马克思恩格斯全集》，第3卷，第71页。

③ 马克斯·韦伯认为，现代资本主义整个典型的制度的很多成份，都源于中世纪而不是罗马法，罗马法一般也不是资本主义产生的原因。现代西方国家理性的法，主要是在形式上讲产生于罗马法。参见马克斯·韦伯:《经济与社会》(下)，第721—723页。

④ 伯尔曼:《法律与革命》，第643页。

⑤ 拉尔夫等著:《世界文明史》，第二卷，第121页。彼得·伯克就曾简洁地断言："没有城市，就没有文艺复兴。"参见〔英〕阿伦·布洛克:《西方人文主义传统》，董乐山译，生活·读书·新知三联书店1997年版，第16页。

着恢复古典时代希腊罗马文化的旗号,但它特别突出的是乐观主义、世俗主义和个人主义,其中最重要的是人文主义。① 声称"世俗生活也就是尊重法律和尊重生产活动的市民生活。"② 因而,其实质则是世俗城市文化的弘扬和传播,是西欧资本主义开始取代封建主义、世俗个人主义开始取代教会神圣化的整体性社会结构的先声,这一"相似的经济和社会利益促进了一种相似的文化。"③ 它"标志着一个崭新的时代,欧洲及其各种风俗归根到底都得随之变革。"④ 文艺复兴影响到罗马法研究,就是以法国居雅斯和德国察修斯等人为代表的人文主义法学思潮,主张以人和自然为研究对象并"回到罗马法原文",企图以罗马法中的理性知识的增长并注入人文主义的精髓来改革法律。⑤ 后来它汇流于 17—18 世纪的自然法学派,从而对大陆法系的形成产生了一定影响。文艺复兴对个人和社会的影响,则突出表现在对人的价值和尊严的充分肯定上,并"呈现一种新的市民意识即社会责任感,"⑥ 而对人的价值和尊严的坚持的力量是太大了,"它们一旦被恢复和重新提出,就无法加以永远的控制。"⑦ 进而成为自由理性的近代市民社会精神的重要源泉。它与罗马法复兴运动相汇流,不仅加速了罗

---

① 参见拉尔夫等著:《世界文明史》,第二卷,第 118 页;斯塔夫里阿诺斯:《全球通史——1500 年以前的世界》,第 471 页。

② 萨尔沃·马斯泰罗内:《欧洲政治思想史》,第 4 页。

③ 拉尔夫等著:《世界文明史》,第二卷,第 152 页。

④ 帕尔默、科尔顿:《近现代世界史》(上),第 65 页。

⑤ 参见沈宗灵:《比较法研究》,第 97 页;由嵘:《外国法制史》,北京大学出版社 1998 年版,第 138 页。

⑥ 帕尔默、科尔顿:《近现代世界史》(上),第 68 页。

⑦ 阿伦·布洛克:《西方人文主义传统》,第 67 页。

马法的传播和接受,也为市民阶级的法意识、法观念注入了人文精神及理性因素。

其三,宗教的力量在中世纪是无所不在的。在对市民阶层的影响上,教会曾将行商算作朝圣者一类而予以保护;它动用大量资源来研究包括商业法在内的罗马法;它掀起贸易是否合于道德的争论,并在结果上大大有利于市民阶层;它还发展了法庭和诉讼程序体制。可见,城市市民社会及其法律意识形态的发展,是与宗教息息相关的。而且,“没有教会,新兴市民阶层是不可能建立和传播正式的社会意识形态的。”① 甚至有人认为,信奉加尔文“预定论”的新教“天职观”,铸就了现代资本主义精神。新教告诫人们要通过世俗劳作而获得赎救,培养了劳动精神;禁欲主义的节俭则导致资本的积累;强调纪律与控制则有利于建立理性劳动组织方式;营利的宗教伦理性推动了对利润的合理追求等等,从而使新教伦理和资本主义精神产生内在亲合,导致了资本主义精神的产生和发展。② 事实表明,从11世纪开始的“十字架反对弯月”的十字军东征,是“西欧进行资产阶级改造的关键性事件。”其主要后果,就是基督教信仰的衰微、工商业的兴起及世俗生活的复活,因而成为“商业革命”和文艺复兴的激发因素之一。同时,“一种新的、专门运用于商人需要的法律,在十字军东征时期兴起于热那亚,并传播到地中海沿岸,又循商路传向北欧”,③ 市民意识形态也随之扩

---

① 泰格、利维:《法律与资本主义的兴起》,第56页、第54页。

② 参见〔德〕马克斯·韦伯:《新教伦理与资本主义精神》,于晓等译,生活·读书·新知三联书店1992年版。

③ 泰格、利维:《法律与资本主义的兴起》,第61页。

散。而且,在十字军东征过程中,完成了神圣使命的贵族骑士返回本国以后,留下来的就是来自法兰西、意大利、佛来芒、日耳曼和不列颠的商人们。“他们占据了小块的土地作为花园和住宅,在东方建立起‘外侨居住区’(Fondaco)或‘商站’,形成了专营贸易、不事作战、不受封建法律约束的外来市民社会。”[①] 而在16世纪城市市民社会进一步发展、君权主义抬头及文艺复兴运动深入展开基础上发生的宗教改革,则促进了个人主义和宗教自由,即“在宗教领域里坚持自我权利,其程度和政治领域以及经济领域里的情况十分相似,”也“促进了民主,至少促进了有限君主政府。”[②] 从而有力地推动了市民社会自由精神及权利观念的形成和发展,“世俗的、个人主义的和自由主义的力量,在政治、经济和知识生活方面日趋得到加强。”[③]

可见,“3R”运动的影响是巨大的,“不管这个时期该怎样称呼——文艺复兴、宗教改革、地理大发现、16世纪价格革命、人文主义时代——到1600年资产阶级私法的主要原则,即个人之间在契约、所有权等方面的法律,即使在实践中尚未完全取代,却也在理论上取代了人际封建关系。”[④] 它深刻地反映并弘扬了不断上升的市民社会精神,并推动了市民阶级法律意识形态的传播和法律形式化运动。正如西方学者所言,“早期的文艺复兴和宗教改革运动构成了西方历史的第一个重大转折点,它不仅是西方法律传统

---

① 陈乐民等:《欧洲文明扩张史》,东方出版中心1999年版,第39页。
② 拉尔夫等著:《世界文明史》,第二卷,第215页。
③ 博登海默:《法理学——法哲学及其方法》,第34页。
④ 泰格、利维:《法律与资本主义的兴起》,第175页。

的源泉，而且也是西方其他社会思想和社会行动的源泉。"①

3、市民社会公共领域的兴起与近代法律形式化运动

按哈贝马斯的观点，市民社会公共领域是与市民社会私人领域相分立，而与公共权力领域相对抗的公众舆论领域。在这里，公众通过对公共事务进行自由开放的讨论与论辩，形成公众舆论并进行理性批判，从而为公共权力提供合法性基础。市民社会公共领域是市民社会与国家发生分离并获得自主性的结果。这时，国家权力才赋有了近代意义上的"公共性"，市民社会成员的私权利也获得了确认，因而，从等级身分和血缘纽带中走出来而成为独立、平等的"单个"经济人，并形成具有批判精神的公众。就是说，作为制度范畴，公共领域作为一个和私人领域相分离的特殊领域，在中世纪中期的封建社会是不存在的。封建君主的宫庭、封建等级制度中的"公共性"等，只是一种"代表型公共领域"而不是一个社会领域，它是一种地位的标志。随着近代民族国家的形成和市民社会的勃兴，"代表型公共领域"才逐渐为市民社会公共领域所取代。② 因此，直到 18 世纪初，具有政治功能的公共领域才率先在英国出现，成为"私人聚集以迫使公共权力在公众舆论面前获得合法化的场所。"而"公共领域的政治功能从作为编纂法国革命宪法的一个构成要素很快就变成了传遍整个欧洲的口号。"③ 至此，城市市民社会走向近代市民社会过程中所涌动出来的，并日益高

---

① 伯尔曼：《法律与革命》，第 642 页。

② 参见哈贝马斯：《公共领域的结构转型》，第 5—25 页。

③ 哈贝马斯：《公共领域的结构转型》，第 24 页、第 80 页。

涨的自由理性的市民社会精神，就不仅获得了理性、人权、社会契约、法治等为核心内容的成熟的自然法理论形态，[1] 而且从边缘走进中心而赋有了新的表现形式、功能和载体，获得了更加经常、更加有力、更加自觉的批判精神和社会导向地位。这个"公共王国恐怕不只是用批评态度监督国家运行，而是启发、指导和控制它们。它这样做的合法性恐怕是由于它代表了市民社会流行的观念，此外，恐怕还由于它是作为统治者制度的赞助者而不只是它的臣民。公共王国一旦作为一个置于国家真正中心的选举的议会来构成，便可以为选民服务，并且激活国家通过制定一般的和抽象的法律的方法，以它的名义代表在选举的代表中形成的多数或少数对既定的问题所持的流行的观点的倾向。"[2]

在英国，议会特别是下议院，采取请愿、辩论直至以武力相对抗等形式与国王进行斗争，一直是中世纪中后期一道独特的风景线。尤其是英国，在内战以前激烈的辩论就已开始了。1610 年下议院反对国王关于禁止大量生产小麦的新规章的请愿、1624 年关于垄断权法的讨论、1641 年关于取消星室法院的辩论等，直至 1660 年发表了议会的威斯敏斯特会议声明。其间阐述了法律对公民应一律平等、以法律尺度而非自由裁量权来衡量事务、法官独立及制止专横权力等原则，"辩论中强调得最多的要点是，若无先已存在的法律规定，不可进行惩罚；一切法律只应对未来有效，而

① 中世纪中后期"法治"观念所依赖的超验的神与自然的正义，已为人权、民主的价值及相关的信念，即古典自然法理论所取代。参见伯尔曼：《法律与革命》，第 359 页。

② 贾恩弗兰科·波齐：《近代国家的发展》，第 85 页。着重号为笔者所加。

不应该有追溯既往的效力；应通过法律对一切行政机关的量裁权予以严格限制。”在这些广泛而持续不断的讨论中，“形成了据说从那时起决定了英国政治发展进程的各种政治思想。”① 特别是关于反对国王特权，维护权利和自由以及确立法治原则的论辩，“逐渐形成了关于如何保卫这些基本理性的两个关键性观念：成文宪法和分权原则。”这些观点在以后的500年中，以它在1688年彻底驱逐斯图亚特王朝之后所获得的概括形式，“不仅在英国，而且在美国以及欧洲大陆发挥了决定性的影响。”② 与此同时，1680—1780年摄政和革命期间，咖啡馆沙龙的繁荣使其成为公众文学批评中心和政治批评中心。它不仅向权威性圈子自由开放，也面向广泛中间层乃至手工业者和小商人，他们阅读报刊并展开批评讨论。“这里关键不在于成员之间的政治平等，而是在于他们共同反对政治领域中的专制主义”，“党派精神”也随即变成“公众精神”，形成“现代舆论的先锋”并开始影响和进入议会，以至于“国王再也不能绕过议会，也不得不在议会里争取一批坚定的追随者。”③ 从而推动英国在习惯法框架内完成司法组织、诉讼程序及实体法的改革，并且制定法的地位开始上升。18世纪中叶前后，法国的市

---

① 哈耶克：《自由宪章》，第250—251页。

② 哈耶克：《自由宪章》，第252—253页。

③ 哈贝马斯：《公共领域的结构转型》，第40页、第70—74页。18世纪初叶，伦敦已有3000多家咖啡馆，每一家都有固定的常客圈子，他们或讨论古典和现代问题，或发表小评论。哈林顿也在其中，其《大洋国》中的共和观念“显然是在这里陈述出来的。”而且，整个18世纪公共领域的发展水平，可以用政府和出版界之间的对抗程度来加以衡量，以至于咖啡馆沙龙“这样一种上千人的圈子只有靠一份报纸才能组织起来，并且可以维持下去。”哈贝马斯：《公共领域的结构转型》，第38页、第47页。

民社会公共领域也开始出现，平等、自由、人权与启蒙思想得到了广泛传播。“在已经崛起的知识分子的帮助下，在没有经济和政治职能，却有显赫的社会地位的寄生贵族的城堡中，一个属于具有政治批判意识的公众领域已经发展起来了，现在它明确地变成了市民社会通过反思亮明自身关怀的场所。”陈情书方式的公众参与导致了三级会议的召开，并通过法国革命“在一夜间就创造出英国经过一个多世纪的缓慢演进所取得的成果。”① 在德国，通过私人聚会及固定读书会等形式，于18世纪末形成具有批判意识的公众及公众舆论，它与议会斗争相结合而成为德国民主宪政进程中十分重要的驱动力量。法德等大陆国家市民社会公共领域的勃兴，有力地推动了欧洲大陆资本主义法律制度的确立和法典编纂运动，法、德、奥等国家《民法典》的产生，“不仅代表了市民社会的利益，而且动用了市民社会的特殊媒体：它们都经历了由私人组成的公众的反复公开批判。通过有奖征文和问卷调查，公众舆论对法典的制定做出了贡献，甚至在没有议会机构的地方或议会机构不起作用的地方，如拿破仑统治下的法国，基本上也是如此。”②

从上可以看出，在整个18世纪，公众舆论都被当作是那些建立在争论——理性主义概念之上的规范的潜在立法资源，它“试图为社会领域建立的‘法律’除了普遍性和抽象性的形式标准之外，还要求自身具有合理性这一客观标准。”③ 因此，作为资产阶级私法经典的1804年《法国民法典》，就“反映出从最初的城市起义开

① 哈贝马斯：《公共领域的结构转型》，第80页。
② 哈贝马斯：《公共领域的结构转型》，第86页。
③ 哈贝马斯：《公共领域的结构转型》，第58页。

始就一直推动着资产阶级的那种精神。”① 这样，自由理性的市民社会精神就以至上性的自然法为理论表现，凭借公共领域而注入法律体系之中，成为西方法律形式化运动的重要驱动力。

当然，法律的形式化运动也是与国家权力紧密相关的，也即专制君主在谋求市民阶级支持而建立国家的进程中，必然会对法律理性化给予深切的关注。这从伯尔曼关于王室法的发展、泰格和利维关于资产阶级与王权结盟对新法律秩序的创立、昂格尔关于由习惯法到官僚法再到法律秩序等等的大量论述中，可以看得十分清楚。王权与新兴资产阶级的结盟，使得专制主义国家权力也成为法律形式化运动的重要推动力量之一。诚如有西方学者所指出的，“资本主义促进了国家的建立，而国家的建立则帮助发展资本主义。”② 因而，“西方现代法律的理性化是两股同时起作用的力量的产物。一方面是资本主义的力量，它关心严格的形式法与司法程序，倾向于使法律在一种可计算的方式下运作，最好就像一台机器一样。另一方面是专制主义国家权力的官吏理性主义的力量，它所关心的是系统地制订法典和使法律趋于一致，并主张将法律交由一个力争公平、地方均等之升迁机会的、受过合理训练的官僚体系来执行。只要这两股力量缺少其中之一，便无法产生现代的法律体系。”③ 但是，从根本上讲，专制主义国家对法律形式化

---

① 泰格、利维：《法律与资本主义的兴起》，第 246 页。

② K. 巴基、S. 巴里克：《国家在非西方社会经济发展中的作用》，载《国外社会科学》，1993 年第 1 期。

③ 〔德〕马克斯·韦伯：《儒教与道教》，洪天富译，江苏人民出版社 1995 年版，第 174—175 页。公丕祥先生还认为，专制主义国家权力不仅在西方世界中成为推进法律形式化运动的重要力量，在东方世界中也是如此。参见公丕祥：《法制现代化的理论逻辑》，第 214—227 页。

运动的推动，则源于其对新兴市民阶级法权要求的回应和满足，因而可以看作是市民社会精神张扬促动法律形式化运动的另一面。

纵观西方近代法治的形成过程，我们不难看出昂格尔关于西方法治产生的论断的深刻之处。[①] 但是，更具历史底蕴意味的是，西欧独特的历史条件和遗传因素，导致了中世纪中后期市民社会的形成和扩张，进而开始了市民社会与政治国家分离和对立的发展进程，从而使市民社会权利能有效伸张并与国家权力相抗衡，最终通过"市民社会革命"使国家权力服从服务于市民社会权利，并把权力与权利、权利与义务纳入一致性、普遍性的法律规制框架之中。同时，市民社会历史发展进程中涌动出来的自由理性精神，为这一制度框架提供了必要的内在合法性支撑，秩序、公平和个人自由也就成为西方法律传统首要而基本的价值。[②] 纵然我们不能断言这是近代法治产生的全部因素，那么它也是最深层、最根本的因素。诚如西方学者所言，上帝与人之间的契约传统概念及其在人们相互间关系管理上的适用，是构造欧洲自由城市、新教改革、瑞士和荷兰共和国、17 世纪的英联邦及美利坚合众国的理论基础。依靠法治来设定政府管理的期限和条件的宪政概念，也来源于契约论。然而，最大的问题在于如何使契约能够约束那些行使统治特权的人。在专制权威结构的限度内，这一问题是不可能得到解决的。刀剑的力量太容易超越正义的范围和权利的准则。因此，

---

① 昂格尔断定法治的产生得益于多元集团和高级法（自然法）这两个条件。参见昂格尔：《现代社会中的法律》，第 59 页。

② 〔英〕彼得·斯坦、约翰·香德：《西方社会的法律价值》，王献平译，中国人民公安大学出版社 1990 年版，第 3 页、第 7 页。

"宪法问题的解决要求我们诉诸西方社会的自组织和自治特性。"[①] 那就是市民社会。

二、走向现代法治的分殊与趋同

虽然经过 17—18 世纪资产阶级"市民社会革命",相继在英美和欧洲大陆国家确立了近代法治,但是,这些国家的法治在确立、发展并走向现代法治过程中所表现出来的模式却并不相同,即以英国为代表的"法的统治"与以德国为代表的"法治国"。[②] 如果我们并不满足于这一人所共知的事实表象,那么深入的分析就使我们看到,它反映了英、美和欧洲大陆国家作为法治基础的国家与市民社会关系的潜在差异。[③]

(一) 英国"法的统治"——社会优位型法治模式

"法的统治"(Rule of law),意味着"法律主治",而国家和社会事务及人们的活动都必须接受且只接受理性、正义之法的统治,即

---

① 参见〔美〕文森特·奥斯特罗姆:《政治文明:东方与西方》,潜龙译,载刘军宁等编:《经济民主与经济自由》,生活·读书·新知三联书店 1997 年版,第 278—279 页。

② "法的统治"与"法治国"只是一种较宏观的模式概括。事实上,即便是属于同一类型的英美法治模式也有一定差别,德国、法国、日本等也是如此。但是,过于微观的类型学分析会威胁这种分析本身,因为十分细腻的描述往往会突出对事物或现象的个性认识,而流失关注共同性和具有本质意向的类型学研究旨趣。

③ 国内也有学者认为,英国式法治模式是自由资本主义发展的产物,而德国式法治模式则是垄断资本主义发展的产物。参见李龙:《法治模式论》,载《中国法学》,1991 年第 6 期。

使最高统治者也不例外。其主旨在于保障市民社会权利、个人自由和限制国家权力。作为一种"实质意义上的法治","法的统治"具有其古典文化传统的渊源,[①] 并在中世纪中后期的英国得到了弘扬,最终与"议会主权"一起成为英国宪法的重要原则。

1066 年的诺曼征服拉开了英国民族君主制度发展的帷幕。军事征服建立的国家导致了其主权的强大,使得"在所有欧洲国家中,英国是封建化最彻底的国家。"[②] 征服者威廉为巩固其统治,将没收的土地除一部分留作私人领地外,其余按诺曼底分封方式,分配给军事部下和高级教士。但与法国"我的附庸的附庸不是我的附庸"原则不同,英国实行"我的附庸的附庸也是我的附庸"原则。大大小小的封建主都要向威廉行臣服礼,并宣誓永远效忠于威廉,国王成为名符其实的全国最高领主。不像法国,随着土地的层层分封,权力也层层下放,国王被架空,成为虚有其名的最高领主。[③] 然而,历史的戏剧性发展很快就表明,在欧洲大陆国家主权日益强大并走向君主专制时代的时候,英国王权的增长却反而开始受到贵族和市民阶级力量的有效扼制。从 1215 年《大宪章》到 1258 年《牛津条例》,再到 1628 年的《权利请愿书》和 1676 年《人身保护法》,从 1258 年宫庭会议到 1265 年伦敦会议,[④] 再到 1343 年上下两院的形成,王权不断受到法律的限制和议会的制约。应

---

① 参见哈耶克:《自由宪章》,第 242—244 页。

② F.W. 梅特兰:《英国宪法史》,转引自程汉大:《英国政治制度史》,中国社会科学出版社 1995 年版,第 38 页。

③ 程汉大:《英国政治制度史》,第 37—38 页。

④ 1265 年伦敦会议被史学界视为近代议会的起源。

当说,封建贵族、教会、市民与王权之间的多元对抗与妥协,是中世纪中后期的普遍特征,但是,英国与大陆国家所不同的是,“没有一种旧因素彻底消亡,也没有一种新因素彻底胜利,或者某一种原则取得了独霸优势。各种力量总是在同时发展,多种利益和要求总是在折衷调和,”即使是在,正当纯君主制如日中天的都铎王朝时代,我们也会“看到民主的原则、公众的力量在同时兴起和壮大”,而不像大陆国家,“包括宗教界和世俗界在内的多种社会因素——君主制、贵族统治制、民主制,不是齐头并进,而是首尾相接。”①这使得中世纪英国有一种特殊的权力均衡,王权强劲有力,但要受到习惯法和议会的某种约束,王侯之间实力对比上的均势,在其中起到了关键作用。②这种更为复杂、更为活跃的社会政治局势,不仅酿成了国王、市民和封建贵族在复杂斗争中常常两两结盟,以遏制一方不占绝对优势的机制,推动了英国议会的成长和职能强化,③而且为近代市民社会的成长和扩张提供了极为有利的条件和机会,并创造了宽容和自由的社会精神,形成了英国反抗王权、维护权利的自由主义传统。这无疑加速了英国市民社会及其契约经济的发展进程,使其市民社会的力量日益强大,并逐渐能够左右国家前进的方向。到1400—1600年期间,“在法国和意大利,没有统一的本国市场,以及资产阶级利益相结合的强有力国家机器,即

---

① 基佐:《欧洲文明史》,第218页。

② 参见马克尧:《英国封建社会研究》,北京大学出版社1992年版,第85页。当然,造成英国这一种特性的因素是很复杂的,可能有征服因素、内外战争因素、王室权力斗争因素、城市和产业复兴因素、宗教因素及民族性格因素等等。

③ 参见金观涛、唐若昕:《西方社会结构的演变》,第194页。

使有一大群受过法律训练的专业人员为资产阶级服务也是无济于事的。在英国却有这些条件:资产阶级的法律意识形态已成为要求国家权力为它服务的公开理由"。这时,法国资产阶级新贵族仍用现款和永久租费买下"直接所有地",有时甚至连领主称号也一同买下,使他们可以用金钱获取他们非贵族出身不能使他们作为与生俱来的权利而获得的东西。当时法国贵族有3/4都是用这种方法获得其称号的。这反映了"阶级意识根植于封建社会关系的那些资产者的渴望。"而英国则通过土地法律变革来摧毁地方封建统治权力,使资产阶级土地法观念——关系仅存在于个人(persona)和物(res)之间,除了保有和为谋个人利益而使用之外不附任何义务——已经开始势不可挡地在实施了。同时,"法国和意大利城邦尽管有高度发展而精妙的契约法,却被在此时期开始时仅有相对落后的契约法的英国远远赶到前面去,"商人法被宣布为普通法的一部分,普通法法庭也"趋向于资产阶级契约理论",[①] 下院随即成为"资产阶级的斗争阵地。"[②] 并于1688年以"权利法案宣布了以'法的统治'为宪法原则的宪法文书。"[③] 使英国自由的传统原则得到重申、确认和进一步弘扬。事实表明,正是以新兴资产阶级为代表的市民社会力量,通过议会形式与王权进行长期斗争,并在哈林顿、洛克等人的法治思想鼓舞下,形成并发展了"英国人受法律的统治而且只受法律的统治"的法治模式。它包含着这样一种观念,即"除了代议制立法机构的权力之外,所有政府权力都

① 泰格、利维:《法律与资本主义的兴起》,第204—215页。
② 泰格、利维:《法律与资本主义的兴起》,第209、第200页。
③ 畑中和夫:《法的统治与法治国家》。

应当由适当明确的法律来分配和限定。”[①] 这样，作为市民社会代表的议会，就获得了至上的主权地位，并通过“法律的统治”把国家公共权力框定在法律规则之下，以制约国家权力来保护个人的自由和权利，使国家权力服从服务于市民社会的权利、利益的主张和要求，从而形成“自由民主”的社会优位型法治模式。当然，英国这种法治模式的发展局限性也是十分明显的，尤其是议会主权不受法律拘束，则会导致议会像国王一样专断地行动，从而有悖法治精神。也正因如此，“法的统治”模式在随后的美国宪法法治中得到了进一步发展，其突出表现，就是建立了以对立法机构加以限制为主旨的司法审查制度。“美国人曾通过保卫住宪法，从而保卫住了自由”。[②] 这反过来又对英国产生了影响。[③]

（二）德国“法治国”——国家优位型法治模式

“法治国”(Rechtsstaat)的理论在某种程度上可追溯于康德和洪堡。[④] 它主张国家依法进行统治或“依法施政”，即“依法律之方法，正确规定并确保国家作用之方向与界限，以及市民自由之领域。”[⑤] 作为一种“形式意义上的法治”，它与英国“法的统治”所强

① 〔英〕W. IVOR. 詹宁斯：《法与宪法》，龚祥瑞等译，生活·读书·新知三联书店1997年版，第34页。

② 哈耶克：《自由宪章》，第297页。

③ 詹宁斯就曾对戴雪法治的经典定义进行了检讨，进而对“法的统治”理论提出质疑和修正。参见詹宁斯：《法与宪法》，第30—43页、第211—220页。

④ 参见哈耶克：《自由宪章》，第307—308页；另参见刘军宁：《从法治国到法治》，载《经济民主与经济自由》，生活·读书·新知三联书店1997年版，第92页。

⑤ 黄国瑞：《法治国思想与法之支配理论》，载台湾《宪政时代》第15卷，第3期。

调的法大于国家不同，而是以康德和卢梭的“公意”、“人民主权”思想来使国家大于法，并且注重实证主义。法治国之所以发端于德国，乃是由于其市民社会和国家的关系促动使然。

在13—15世纪，德意志曾是欧洲“最杰出的”市民国度。它既不像法国，也不像意大利，而是“自由城市的国家。”[①] 其整体经济水平到16世纪已居欧洲首位。但是，德国从9世纪到19世纪一直处于分裂状态，长达1000年之久，王权衰微。虽然城市十分发达，但因王权十分弱小，教会力量强大和封建势力顽固而无法统一起来，未能占据社会主导地位。[②] 当16世纪西欧改革运动使西欧大部分地区市民社会快速发展，并逐渐过渡到近代资本主义文明之时，德国却处于“神圣罗马帝国”的梦想之中，“导致民族国家、主权国家的建立进程停滞，工商业和农业发展延缓，成为旧封建主义文明的殉葬品。”[③] 这样，就造成了德国市民社会发展速度放慢乃至停滞，议会也与英法不同，市民社会代表的成分很小，而成为封建贵族的表决器。使得德国“资产阶级甚至连自己的公民自由和自己的统治所必需的起码的生存条件都没有来得及取得就卑贱地做了君主专制制度和封建制度的尾巴。”[④] 于是，就导致了封建国家力量的强大和市民社会力量的弱小，因而1848年德意志革命与

---

① 汤普逊：《中世纪晚期欧洲经济社会史》，第172页。

② 参见金观涛、唐若昕：《西方社会结构的演变》，第215页。

③ 朱孝远：《近代欧洲的兴起》，第406页，在英法这些国家，专制制度是王权与市民结盟的产物，在德意志却给终没有出现这种同盟，皇帝狂热的天主教情绪使他与城市始终对立，而“国家利益”在皇帝那里似乎还未曾存在。参见钱乘旦、刘金源：《寰球透视：现代化的迷途》，浙江人民出版社1999年版，第54页。

④ 《马克思恩格斯选集》，第1卷(上)，第316页。

英法革命的一个重大不同，就是要实现统一德国和推翻专制两大目标，但最终由容克领导了德意志的统一，新兴资产阶级与容克相妥协而建立了宪政体制，并实行了“自上而下的结构改造”，[①] 建立统一市场、统一货币、统一关税、统一司法等，推进自由贸易和工商业发展，从而建立起“自由资本主义”制度。同时，英美法的近代市民社会革命不仅确立了优越的资本主义经济体制和近代立宪主义型的市民宪法体制，而且在经济、政治乃至军事上日益崛起、强大和对外扩张，这给德意志带来了巨大压力，尤其是对法国革命干涉战争的失败，深深刺激了德国。当时以德国为首的后进国，不可避免地要面临向资本主义和立宪体制过渡的问题，但它们是采取非革命手段完成的。因为当时阻止法国大革命再次出现，以及阻止法兰西式的革命席卷整个欧洲这种最坏的局面出现，是全体列强的目的。可见，当时的过渡是不得以采取的“逆向型改革”，即“自上而下的近代化”的形式。[②] 就是在这一背景下，受英、美、法的法治思想之影响，同时又偏重于国家的法治国理论，开始兴起并逐渐付诸实践的。[③]法便简单地成为国家权力运作的规则和保障。

---

① 斯科克波尔：《国家与社会革命》，转引自钱乘旦、刘金源：《寰球透视：现代化的迷途》，第 52 页。

② 参见〔日〕杉原泰雄：《宪法的历史——比较宪法学新论》，吕昶等译，社会科学文献出版社 2000 年版，第 40 页。

③ 实际上，18 世纪时普鲁士盛行“开明的专制”，腓特烈大帝有句著名的话，就是把自己宣称为“国家的第一号公仆”。他开辟耕地，建立学校，注重科学，提倡宗教宽容，促进工业和农业的繁荣。更为重要的是，他废除酷刑、禁止贿赂法官、进行了法律编纂（1751 年民法典），促进了“依法施政”观念的形成，因而可视为欧洲大陆力图建立法治努力的一个重要表现。当时有一个著名的故事：据说腓特烈二世“莫愁宫”边有座磨坊，挡住了视线，他多次试图买下但未成功，后来又扬言要对其没收。对此磨坊主人

然而,德国宪法并非是阶级及统治关系革命性转变的结果,而是“一方面是出于发展资本主义所必需的保障各种秩序,同时在另一方面往往会尽其可能使旧体制得以温存,”因而是“外表性立宪主义型的市民宪法。”[①]于是人们很快就发现,“宪法颁布是颁布了,法治国家宣布是宣布了,但实际是警察国家依然故我。要保障公共法律及其个人主义的基本权利原则,由谁来充当卫士呢?不是别人,正是基本法律本来要对其扩张活动范围的势头加以防止的那些行政机关”。[②]这样,虽然使用法治国家的近代词汇,包装上近代国家的外观,但仍可以使普鲁士的封建、绝对主义权力继续存在。[③]为此,在普鲁士议会里不得不进行围绕“法治国家”原则的多场斗争,直到19世纪才创立独立的行政法院。“正是在德国这里,以宪法来对一切政府施加限制,尤其是以由法院来对一切政府施加限制和由法院来执行的法律对行政机关的一切活动加以限制,这一点已经成了自由主义运动的中心目标。”[④]“法治国家”才赋有了新的内涵而有所改观。以上我们可以看出,德国的市民社会没

回答说:“柏林仍然有个法院嘛!”不管这个故事是否确有其事,但至少说明了“开明专制”下的法观念,这无疑对“法治国”理论的“依法施政”具有重要影响。(拉尔夫等著:《世界文明史》,第二卷,第278页;哈耶克:《自由宪章》,第306页。)而英美法革命无疑也给德国带来了法治思想,但1815年维也纳会议鉴于法国大革命及拿破仑给欧洲大陆带来的动乱,决议恢复王权,建立国内秩序。德意志当时由38个邦组合为联邦,其基调是保守主义的。追求国家统一和自由主义成为思想主流,但随后国家统一思想占据上风,强调国家权力和利益,而此时法学实证主义开始出现,这就决定了“法治国”理论的内容。参见黄国瑞:《法治国思想与法之支配理论》。

① 杉原泰雄:《宪法的历史》,第42页。

② 哈耶克:《自由宪章》,第313页。

③ 畑中和夫:《“法的统治”与“法治国家”》。

④ 哈耶克:《自由宪章》,第312页。

能像英国那样发达到足以对抗国家,并使国家服从于自己的程度,而在外来压力下进行资本主义改造和引进法治原则的背景下,必然要产生偏重于国家的“法治国”理论并付诸实施,从而构造了德国国家优位型的“法治国家”。日本近代化进程与德国有诸多相似之处,尤其是其历史发展进程中所导致的强国家、弱市民社会的结果,而且它是在西方文明压力下而后发进入资本主义体系的,因而自然很容易地接受了德国“法治国”的理论和实践。①

这里需要指出的是法国的特殊性。尽管法国是“市民社会革命”和近代立宪主义型市民宪法的典型,但是,其行政权较为强大。行政法院的设立,使其行政立法及司法权构成行政权的重要组成部分,力倡依法行政,行政法也因此十分发达(有“行政法之母”之称)。法国虽然与德国的“法治国”不同,但它也不是英国式的“法的统治”。这不仅因为它属于大陆法系而非英美法系,更深层的背景原因则是法国过于浓重的专制主义传统导致的其行政权力的庞大,加之受卢梭“人民主权”思想影响和对分权原则的过于极端的理解,导致了国家行政权力的强化。当时有一种错觉,即认为既然一切权力都已到了人民手中,那么一切防止权力滥用的保障就不必要了。而对分权的极端的理解,则被广泛用来保护行政当局免受法院的干预,“这就对国家的权力起了加强而不是限制的作用”,

---

①　按杉原泰雄的分析,日本和德国同属“逆向型改革”而不是近代市民社会革命的结果,都只是确立了“徒有立宪主义其表的市民宪法。”(杉原泰雄:《宪法的历史》,第18页。)二战前日本明治宪法采用的,就是极为类似这种形式上的“法治国家”的法治主义原理。(畑中和夫:《“法的统治”与“法治国家”》;〔日〕室井力:《日本现代行政法》,吴微译,中国政法大学出版社1995年版,第21页。)

因而致使19世纪大部分时间里其行政法在盎格鲁—撒克逊世界中声名狼藉。[①] 直到后来的发展中，行政法院由最初保证立法机关意图的忠实执行，而转化到保护公民权利免受行政自由裁量权的侵犯，法治的理想才重现光辉。

（三）社会优位型法治与国家优位型法治的趋同

不管是社会优位型的"法的统治"，还是国家优位型的"法治国"，从19世纪末20世纪初都开始出现相互接近的倾向。在英国，管理私人生活和公民财产的行政权力机构呈现快速增长之势，且新的社会和经济立法赋予这些机构以不断增加的处置权，"更为极端的是，法律甚至赋予行政机构决定某种'一般原则'的权力，依据它可以剥夺公民私产。这样，行政机构就拒绝使自己受制于任何固定的规则。"对"法的统治"的尊重也明显下降。而这种状况在美国也有几乎同样的发展。[②] 因而出现了"法治国"的某些因素和倾向。在德国，自19世纪60—70年代以后，创设行政法院来监控行政权力，以防止行政权力威胁个人自由和权利。从而开始为"法治国"注入实质内容，直至前西德基本法实现了由"形式法治国"向"实质法治国"和"社会法治国"的转变。日本在二战后采取行政权力的"法律保留"等形式予以转化。这就出现了"法的统治"的某些因素和倾向。此时，"法的统治"与"法治国"理论和精神，也在概

---

① 参见哈耶克：《自由宪章》，第302—304页。

② 哈耶克：《自由宪章》，第384页。

念、重视基本人权、重视行政权和用征税完成社会福利等方面发生了趋同。[①]

两种法治模式的转化及趋同,则根植于西方国家的"国家社会化"及"社会国家化"的新变化。对"法的统治"的典型——英国来说,"资本主义已经处于垄断阶段,自由商品交换关系都在国家介入之下进行,以消极国家乃至司法国家向积极国家乃至行政国家的转变受到承认,行政权的扩大乃至权力向行政权方面集中的现象,任何人都一清二楚。这必然会向行政部门授予司法权限或准司法权限,进而授予准立法权限。行政法的形成也发展到不可避免的局面"。因而戴雪"法的统治"的基础发生了动摇,而为实现福利国家,"从允许向一切领域扩大加强行政权的立场出发,自然会极力主张非'法的统治'(Rule of law)的'依法律统治'(Rule by law)。"[②] 而对于"法治国"的典型——德国来说,"由于现代社会结构复杂,法律变动甚速,法律数量亦多,所以,由宪法理念及其他正义观念浓缩而成的较少量但高层次(位阶)的'法价值',就变成追求实质法治国理念所不可或缺的判断标准了。易言之,法治国就如同名学者佛斯多夫(E. Forsthoff)所称的已成为一种'反求诸己'的'内向型法治国'(Introvertierter Rechtsstaat),将法治国的重心朝向人民内在权利的保障及正义的实现。"[③] 可见,社会优位型法治与国家优位型法治,都在新的国家与市民社会的互动发展中

---

① 黄国瑞:《法治国思想与法之支配理论》。

② 畑中和夫:《"法的统治"与"法治国家"》。

③ 陈新民:《德国十九世纪"法治国"概念的起源》,载台湾《政大法学评论》,第55期。

不断调整自己，以适应时代发展的需要。同时，由于国家与市民社会互动发展的共同性趋势，使两种法治模式不得不相互借鉴和吸收，而且这种趋势在福利国家发展进程中日渐明显。但是，法治的精神与原则，尤其是法律至上、权力制约、权利保障等法治核心思想，却在新的历史发展中得到了进一步的弘扬。1955 年的《雅典法案》和 1959 年的《德里宣言》，就是这些精神与原则的重新确认和阐发。[①]

三、西欧的“独特性”与“东方专制主义”

从亚里士多德起，经孟德斯鸠、黑格尔至马克思，思想家们都注意到了西方古典时代与古代东方社会的重大差异，尤其是“东方专制主义”，以至随后形成了一种“东方学”。进入 20 世纪以后，西方中心论在斯宾格勒、汤因比、巴勒克拉夫、斯塔夫里阿诺斯等人的努力下，逐渐转变为人类文化多元论或全球文明论，[②] 东方/西方、传统/现代等二元思维模式也受到了多元化、平面化、边缘化等后现代思潮的挑战。而后殖民主义文化理论家则把“东方学”指责

---

① 参见哈耶克：《自由宪章》，第 392 页；龚祥瑞：《比较宪法与行政法》，法律出版社 1987 年版，第 82 页。

② 当代美国史学家斯塔夫里阿诺斯是以全球观来研究和叙述历史的一个代表人物。他指出，世界史是全球的而不只是某一国家或地区的历史，它“关注的是整个人类，而不是局限于西方人或非西方人。”“只有运用全球的观点，才能了解各民族在各时代中相互影响的程度，以及这种相互影响对决定人类历史进程所起的重大作用。”参见斯塔夫里阿诺斯：《全球通史——1500 年以前的世界》，第 54—55 页。

为“西方用以控制、重建和君临东方的一种方式”和东方“实际缺席”的霸权话语。[①] 中国亦有学者对“东方专制主义”和“亚细亚生产方式”的有关论断提出质疑。[②] 这些思潮无疑反应了全球时代来临而引发的对人类历史发展的重新思考和审视，对摆脱传统机械的、单一线性的政治和历史文化研究范式具有重要意义。但是，东方与西方社会发展的历史路径的重大差异毕竟是一种客观事实，我们固然不能囿于东方/西方、传统/现代及“欧洲中心主义”或“东方中心主义”那种僵死的二元论，然而，东、西方国家与市民社会迥异的内在关系和发展逻辑，确实在相当程度上决定了法治在东、西方的不同历史命运。

（一）古希腊古罗马与西欧国家和社会关系的“独特性”

西方文明根植于古希腊古罗马的“海上文明”，[③] 其早期国家的形成是一种部落联盟的氏族模式。这种模式因其自愿联合、多元权力中心和立法对国家结构的促动，而倾向于一种民主型的政治运行机制，[④] 进而形成与东方社会不同的，以土地私有制、商品经济和以占有人身为内容的奴隶制为基础的国家直接统治个人的

---

① 〔美〕爱德华·W.萨义德：《东方学》，王宇根译，生活·读书·新知三联书店 1999 年版，第 4 页、第 266 页。

② 参见日知：《中西古典学引论》，东北师范大学出版社 1999 年版，第 365—434 页；参见朱晞：《为马克思辩——原始社会向奴隶社会发展是一种伪马克思学说》，学林出版社 1999 年版，第 122 页。

③ 顾准：《顾准文集》，第 282—286 页。

④ 谢维扬：《中国早期国家》，第 133 页、第 158 页、第 76 页。

统治方式。[1] 经过平民与贵族的斗争，建立了民主制共和国，形成一种国家与社会相复合的历史样态。众所周知，在古希腊城邦，社会生活与政治生活是相融合的，社会事务与公共事务是相包容的，[2] 公共利益和个人利益是相一致的。在这种社会背景下，不仅产生了复合社会和正义的法治观，[3] 而且，“城邦公民集团‘轮番而治’的原则，也使得它必须发展出一套国家法和私法来。换句话说，城邦必定是‘宪政国家’或‘法治国家’，”[4] 以对城邦按章治理，保障自主自给的城邦共同生活。而古罗马，则在公民与国家关系等方面与古希腊城邦有诸多相通之处，即罗马共和国初、中叶在一定意义上也是复合社会。但是，古罗马的历史在一定意义上也是征服的历史，并促进了商业发展和罗马文明的传播，出现了城市化运动。城市的发展和繁荣是罗马帝国经济发展的重要内容，也是罗马帝国区别于其他帝国的重要特征。在三个世纪中，它造就了数千个享有很大程度自治性的城市。[5] 城市化运动的出现，既是帝国经济自然发展的结果，又是帝国统治者有意识的政策的产物，并改变了行省的经济结构和生活方式。[6] 罗马人的一个主要

---

① 刘学灵:《东方社会政治形态史论》，第 15 页。

② 有学者称其为社会事务国家化和国家事务社会化。参见施雪华:《政府权能理论》，浙江人民出版社 1998 年版，第 201 页。

③ 参见本书第一章。

④ 顾准:《顾准文集》，第 80 页。顾准还指出，即便是贵族政体，也并不是杰出的一、二个贵族的“人治”，而是合议制，并会发展出一套贵族阶级内部的民主惯例和逐步建立起一套规章制度，形成“法治”。顾准:《顾准文集》，第 121 页。

⑤ R.H.巴洛:《罗马人》，黄韬译，上海人民出版社 2000 年版，第 100 页。

⑥ 参见杨共乐:《罗马社会经济研究》，北京师范大学出版社 1998 年版，第 102—103 页。

成就，是把城市文化连同它所带来的一切扩展到中欧和北欧。城市中拥有使身体舒适的公共澡堂、令人心情愉快的公共剧场、住宅区、公共市场和商店。“正是这些城市构成了帝国文化和帝国本身的基本细胞。”[①] 在奥古斯都时代，很多财主都属平民阶级，这一阶级“变成了那种默默无名的商人、自由工人、小农地主、教师、医生、艺人及被释奴隶的大杂烩。”一些自由人聚集了大量财富，“他们毫无顾忌地赚钱，然后毫无趣味地花用。”[②] 因此，与古希腊相比，罗马不仅拥有一个强大的国家，而且还孕育了早期的市民社会。然而，正因其有强大国家的“监护”，故而市民社会还未能获得充分发展。[③] 罗马法中提出公法与私法的区分，其目的也在于把公法搁置一旁来避免“禁区”中的冒险。[④] 然而，适应罗马市民社会需要的罗马私法则十分发达。自然法被确定为法律原则，“这个法律对国家本身尤为重要，任何擅自蔑视它的统治者行将变成一个暴君。”[⑤] 这使得罗马成为一个重法尚法的“法制国家”。罗马人重视永恒的价值及作为其客观表现的“权利”、重视人格和彼此关系中的自由、重视传统的权威，并坦诚守信。自我服从意识可以看成是罗马精神的标志。[⑥] 尤其是“在共和国扩张到帝国的初期，人民多有公民权的意识，觉得做罗马市民是自己的权利和义务，他们在罗马法律下行使自己的权利，也为罗马贡献自己的一切。罗

① 斯塔夫里阿诺斯：《全球通史——1500 年以前的世界》，第 237 页。

② 威尔·杜兰：《世界文明史——凯撒与基督》上册，第 434—435 页。

③ 江平：《罗马法精神与当代中国立法》。

④ 达维德：《当代主要法律体系》，第 59 页。

⑤ 拉尔夫等著：《世界文明史》，第一卷，第 326 页。

⑥ 参见巴洛：《罗马人》，第 238—239 页。

马人伟大、公正、守法的名声传到罗马境外很远的地方。"[1] 到帝国后期,先前的国家"监护"市民社会则发展为侵吞市民社会,然而,这种帝国专制主义却随即被蛮族入侵所粉碎。

中世纪黑暗时期的降临,带来了教俗封建主的野蛮统治。它不仅确立了浓重的人身依附关系,而且实现了国家政治生活和社会生活的"同一",使市民社会"直接地具有政治性质",[2] 即政治国家吞噬了市民社会,"法的统治已经终止。个人间和社会集团间的纠纷都通过弱肉强食的法则和首领的专断来解决。""社会应该保障个人'权利'的理想本身也被否定了。"[3] 但是,中世纪西欧的"无国家"状态,使得它存在着教会、国王、封建贵族等的多元权力"均势","它是多样的、丰富和复杂的,它从未受一种排它性的原则所控制,而是多种多样的因素一直在相互影响、组合和斗争,经常不得不共处并存。"[4] 而且,它们彼此又不得不相互寻找法律根据来证明自己的权利。"每项判例或惯例,字里行间,都包蕴着一段生活的故事,都是双方反复较量的记录。"[5] 尤其是 11 世纪后,随着商业复兴和城市的兴起,城市市民社会便作为一支新生力量,参与多元权力角逐和合法性的诉求。[6] 经过长期的多元复杂权力斗

① 〔美〕H. G. 威尔士:《文明的溪流》,袁杜译,江苏人民出版社 1998 年版,第 219 页。

② 《马克思恩格斯全集》,第 1 卷,第 441 页。

③ 达维德:《当代主要法律体系》,第 37 页。

④ 基佐:《欧洲文明史》,第 217 页。他还认为,这正是欧洲文明不同于古代和亚洲文明的独特面貌,也是扼制暴政,产生自由的一个根源。

⑤ 侯建新:《现代化第一基石——农民个人力量与中世纪晚期社会变迁》,天津社会科学院出版社 1991 年版,第 104 页。

⑥ 参见泰格、利维:《法律与资本主义的兴起》,第 270 页。

争，市民阶级协助王权占胜了教会和封建贵族，不仅推动了民族国家的形成，也使自己羽翼丰满，进而成为与国家专权相抗衡的力量。随着罗马法的复兴，自然法学派结束了公法“禁区”，把法的领域“扩展到统治者与被统治者、政府机关与个人之间的关系上。”[①]法治的精神与原则逐渐形成，并通过资产阶级“市民社会革命”而予以制度化。

对西方社会历史发展的独特性和近代欧洲的兴起，中外史家纷说不一。[②] 但从以上分析中我们可以看出，西方社会历史的“独特性”，关键在于其市民社会和国家特殊的演进路径，即国家与市民社会的复合（古希腊）——国家对市民社会的扶持和监护（罗马共和国及罗马帝国）——国家吞并市民社会（西欧中世纪）——市民社会与国家的二元分立和抗衡（近代资主义社会）。可见，与东方的国家与市民社会相同一的“先天”基础不同，西方国家与市民社会的“先天”基础则存在着分疏的空间，虽然它在中世纪也走上了国家与市民社会相“同一”的轨道，但这种“同一”则根植于多元文化和权力分庭抗礼的土壤之中，因而具有一定的脆弱离析性。这与东方专制主义社会单元板结的“同一”大相径庭。也正因如此，才在中世纪的黑暗中酝酿出了近代文明的曙光，[③] 近代市民社会才得以发育并日益增长，最终与国家分立并存且使国家“伏于

---

① 达维德：《当代主要法律体系》，第 59 页。

② 参见朱孝远：《近代欧洲的兴起》，第 409—427 页；陈乐民等：《欧洲文明扩张史》，东方出版中心 1999 年版，第 24—32 页；斯塔夫里阿诺斯：《全球通史——1500 年以前的世界》，第 322—325 页。

③ 在一定意义上，可以说国家与市民社会的这种落后、脆弱“同一”状态，导致了国家与市民社会互动发展的新生。

脚下”，以制约权力和保障权利为核心的法治，也便应运而生。

（二）古中国与“东方专制主义”的国家和社会

与古希腊古罗马不同，东方国家不是起源于部落联盟，其起源和发展完全是以农村公社和土地公有制为基础的。这里看不到国家与氏族的衔接关系，只看到了国家与村社联合体之间的密切关系，也不存在西方那种土地私有制、商品经济和以占有人身为内容的奴隶制奴役方式。应当说，在东、西方的早期历史上，就表象而言都有过村社。但东方村社巩固、持久、不易瓦解，而西方村社则松散、短命和一触即毁。古希腊城邦制度，是在小亚希腊城市中抛弃了部落旧制和村社制度的情况下产生，并在古希腊文化中心移归大陆后于雅典最终完成的。而罗马国家从一开始就是一个摒弃农村公社制度，实行财富统治和土地私有的西方式国家。日耳曼人征服罗马帝国后建立起来的蛮族王国，虽然仍有农村公社存在，但却未被当成国家经济和政治的基础，并通过土地私有化进程而蜕变、衰亡和封建化。不列颠和斯拉夫村社制度的兴衰与蜕变，也有大致相同的经历。东方国家则不同，它不是西方式的国家直接统治个人，而是国家直接统治村社，通过村社间接统治个人。[①] 其早期国家形态，是由具有金字塔式权力结构、等级分层和酋长个人性质权力的酋邦制演化而来的，因而比较倾向于专

---

① 参见刘学灵：《东方社会政治形态史论》，第140—155页、第276—300页，第7页、第14—15页。

制型的政治运行机制。[①] 由此开辟了与西方迥然不同的东方社会历史发展道路，[②]并赋有“东方专制主义”色彩。在这里，共同体的基础不是城市，而是公社和土地，国家这个“凌驾于所有这一切小的共同体之上的总合统一体表现为更多的所有者或惟一的所有者，实际的公社却只不过表现为世袭的占有者。”而“每一个单个的人在事实上失去了财产。”[③] 于是，“政治国家只是一个人的独断专行，换句话说，政治国家同物质国家一样都是奴隶，现代的国家和这些在人民与国家之间存在着实体统一的国家是不同

---

① 参见谢维扬:《中国早期国家》,第 76 页、第 185—200 页。

② 史学界曾在东、西方发展道路上颇有争执,特别是在人类文明的一般发展轨道究竟在东方还是在西方,是西方初始轨道发生偏离还是东方初始轨道发生偏离的问题上。实际上,这是一个“西方中心主义”或“东方中心主义”的问题。人类文明的历史演进是多元的,本无优劣之明显差别。虽然人类文明最终发展出东、西方两种不同的演进路径,但它们是彼此影响和渗透的。西方文明之初就深受东方文明的熏陶,以至史家称欧美为“亚洲的不肖子孙”,埃及、希腊和罗马文明中的“绝大部分具有东方源流。”(威尔·杜兰:《世界文明史——东方的遗产》下册,第 1089 页、《世界文明史——拿破仑时代》上册,第 1147 页。)巴勒克拉夫也认为,自中世纪以来,如果看不到亚洲、阿拉伯、拜占庭和斯拉夫民族的影响,看不到欧洲与广大世界的联系,也就无法理解西欧的历史。(参见张广智等:《史学,文化中的文化——文化视野中的西方史学》,浙江人民出版社 1996 年版,第 69 页。)只是西方文明的一些内在因子较为适合近代文明,并创造了近代文明而超过了东方。但进入现代文明后,其不足也充分表露了出来,为此他们也开始回眸东方而寻求互补。当然,东方文明也必须正视并吸收、借鉴较先进的西方文明。因此说,西方文明和东方文明是人类文明发展的多样化表现,同时也必须相互渗透和交融,尤其在当代。所以说“不管是西方还是东方,都不能宣称自己将独握天命。”文森特·奥斯特罗姆:《政治文明:东方与西方》,载刘军宁等编:《经济民主与经济自由》,第 285 页。

③ 《马克思恩格斯全集》,第 46 卷(上),第 473 页。马克思和恩格斯还指出,东方社会一切现象的基础是不存在土地私有制,这是了解东方天国的一把真正的钥匙,也是东方全部政治史和宗教史的基础。《马克思恩格斯全集》,第 28 卷,第 256 页。

的。”[①] 也就是说，国家作为“总合的统一体”和专制君主作为“共同体之父”，使国家兼并、同化(不是“复合”)了市民社会而实现了“实体统一”和“同一”。这与古希腊古罗马国家中国有财产与私有财产的分离、土地所有者的独立主体身份等是大相异趣的，进而成为东方社会的历史“遗传基因”。在中国，到西周和春秋战国时代，亚细亚生产方式和村社制度逐渐瓦解，以土地私有制为基础的地主经济逐步形成，拉开了中国两千多年的地主封建制的历史帷幕。[②] 但是，“共同体之父”的强大皇权、庞大的纵向官僚统治体系、严格的政治等级制度以及重农抑商、重刑轻民思想意识等等，仍构造了君主专制主义的基础，仍具有“普遍奴隶制”的特征。而且，作为“治水社会”，其私有财产也只具有“收益”性质，并不具有凭据以财产为基础的组织和行动来控制国家权力的“权力”性质，因此，即使有商人可以从事经营或贸易并成为富豪，但在政治上仍是软弱和无足轻重的。[③]

另一方面，在西方社会的历史发展进程中，城市的发展具有举足轻重的地位，藉此逐渐形成城市市民社会，并最终演化为与国家相抗衡的近代市民社会。而中国及东方国家也有城市，但却缺乏西方城市的那种政治上的特殊性，它们“既非古希腊等地的‘城邦国家’(polis)，也没有中世纪那样的‘都市法’，因为它并不是具有自己政治特权的‘政区’。城市里没有西方古代城市特有的市民阶

① 《马克思恩格斯全集》，第1卷，第285页。

② 其他东方国家也有类似的封建化过程。参见刘学灵：《东方社会政治形态史论》，第249—275页。

③ 参见魏特夫：《东方专制主义》，第310页、第313页。

级——一个武装起来的居住在城市里的军人阶层。”[1] 它们没有自治权，而更多的是官邸所在地或要塞，其兴盛“主要并不是靠城市居民在经济上和政治上的冒险精神，而是有赖于皇室统辖的功能，特别是治河的行政管理。”[2] 它们也缺乏“公民”、“城市市民”的概念和“城市市民的法”。[3] 同时，由于缺乏独立的城市中心并始终以农业为主导，因而商人也处于明显的依附地位。[4] 也即他们是专制主义政治经济及文化结构中的有机组成部分，故此中国及其他东方国家虽然有城市，但却无西方社会那样的城市市民社会，更无法演化为与国家相分离和抗衡的近代市民社会。这使得“东方通常视国王的统治是理所当然并相信其统治是善良而公正的，作为人民统治的‘民主’是从未梦想过的，没有政府里应有自己的代表并有权阐述他们当如何被统治的念头，作为个体的人的生活，也往往缺乏那种与公民权身份相伴的积极的责任感。”[5] 也许基于此，有西方学者才极端地认为，东方专制主义比西方专制主义来得更加全面和暴虐，它“表现了极权力量最残酷的形式。”[6]

从一定意义上讲，正是由于东方国家对市民社会的侵吞并实

---

① 马克斯·韦伯：《儒教与道教》，第19—20页。

② 马克斯·韦伯：《儒教与道教》，第23页。

③ 马克斯·韦伯：《新教伦理与资本主义精神》，第13页；马克斯·韦伯：《经济与社会》（下），第584页、第586页、第596页。中国学者也指出，中国从不缺少商业，但中国的城市、市井、市肆却从来都在皇朝控制之下，皇朝决不会允许商业本位的城市、城邦的产生。参见顾准：《顾准文集》，第315页。

④ 昂格尔：《现代社会中的法律》，第81页。

⑤ 参见〔美〕詹姆斯·亨利·伯利斯坦：《走出蒙昧》（上），周作宇等译，江苏人民出版社1998年版，第286页。

⑥ 魏特夫：《东方专制主义》，第11页。

现了"同一",才奠定了"东方专制主义"的基础。在整个夏商周时期,不曾见到古希腊古罗马国家的那种高层官员选举制度和元老院、公民大会这样的机构,只见到几乎不受限制的专制君主。而春秋战国时期国家制度的变革,"不但没有削弱或改变传统国家制度的专制主义性质,反而发展了中国早期国家形态中的专制主义因素。"[①] 在西方,从古希腊起,其"公民"、"市民"就具有个人主义意识,[②] 古希腊政治上的中央集权也从来没有强大到可以压制、甚至控制集团冲突的程度。[③] 而中国民众自古就养成了一种"臣民"和"草民"意识,专制君主几乎可以主宰一切,并宣称"普天之下,莫非王土,率土之滨,莫非王臣"。而儒家理想也是"修身、齐家、治国、平天下"。个人及群体的自由和权利湮没于皇权之中,形成"普遍奴隶制",即市民社会被国家所吞噬了,"政治国家成了国家其他一切方面的制度。"[④] 然而也有西方学者认为,中国很早就出现了国家与社会的分离,并导致了官僚法的产生。但他们指称的这种分离更多的是国家产生意义上的,而非国家与市民社会关系上的。在一定意义上可以说,传统东方社会及中国的国家与社会之间,是"既分离又合一的关系格局。"[⑤] 这诚如有学者指出的,就总体而言,在中国不是经济力量决定着权力分配,而是权力分配决定着社会经济分配,社会经济关系的主体是权力分配的产物;在社会结构

---

① 谢维扬:《中国早期国家》,第 474 页。

② 威尔·杜兰:《世界文明史——希腊的生活》(上),第 264 页。

③ 昂格尔:《现代社会中的法律》,第 113 页。

④ 《马克思恩格斯全集》,第 1 卷,第 285 页。

⑤ 公丕祥:《法制现代化的理论逻辑》,第 185 页。

诸多因素中，王权体系同时又是一种社会结构，并在社会的诸种结构中居于主导地位；在社会诸种权力中，王权是最高的权力；在日常的社会运转中，王权起着枢纽作用；社会与政治动荡的结局，最终是回复到王权秩序；王权崇拜是思想文化的核心，而“王道”则是社会理性、道德、正义、公正的体现。[①] 因此，从本质上讲，其国家对市民社会的吞噬、同化和合一是首要的，尽管这不是绝对意义上的。这就使得中国没有相对独立于君主集权政府的“第三等级”，商人们也没有维护自己的利益、发展自己的法律的动因和机会，“士”则被吸收到国家官僚机器中而无法形成法律职业集团，“天”的宗教观念也是服从而不是制约皇权的，因而，“中国封建社会秩序的瓦解就不能像西方所作的那样产生一种自由主义的国家和一种自由主义的理论”，[②] 也不能产生法治和“法治国”的观念。“中国历史上的法，是明君治天下的武器，法首先是和刑，而不是和权联系在一起的”，这与国家建立在公民权利基础上的“罗马法权传统”是截然不同的。”[③] 同时，虽然在古罗马法律中亦有野蛮的“家

---

① 参见刘泽华：《中国的王权主义》，上海人民出版社 2000 年版，〔引言〕第 6 页。

② 昂格尔：《现代社会中的法律》，第 94 页。当然，安守廉曾对昂格尔以中国历史反证法律秩序的可靠性提出了质疑，认为从周朝起“天命”就成为权威的挑战和对正式的、公共的法律的外部制约。中国早期的世俗法是有宗教价值支撑的。（参见安守廉：《不可思议的西方？昂格尔运用与误用中国历史的含义》，载高道蕴等编：《美国学者论中国法律传统》。）然而，必须看到，在内在超越的中国价值系统中，“由于缺乏上帝立法的观念，法律始终没有神圣性。”（余英时：《从价值系统看中国文化的现代意义——中国文化与现代生活总论》，载甘阳主编：《文化：中国与世界》，第一辑，生活·读书·新知三联书店 1987 年版，第 73 页。）而且，中国“天命”对权威的挑战和制约，与西方教权和王权的对立和抗衡是相去甚远的，无论是理论预设上还是实践效果上，都是如此。

③ 顾准：《顾准文集》，第 316—317 页。

父权”，但一旦涉及国家或团体的政治行为、社会行为，家子则不再向家父承担基于“家父权”而产生的义务，纯粹的法律关系便完全排除了家庭的亲情关系。到帝国时期，这种家父权发生了演变，家父权日益萎缩，亲情义务逐渐让位于法律义务。而在日耳曼法中，家父权也受到儿子财产权等权利的重要限制。[①] 这与中国的家国一体、国家是家庭的放大、王权是父权和族权的极端表现及“三纲五常”的宗法专权制度，也是有重大差异的。

可见，古中国和东方社会并未经历西方社会那种国家与社会的曲折多变性发展，而从一开始就是国家凌驾于社会之上，并侵吞和同化了社会。这种国家与社会的僵化单线性发展，造成了东方社会的“稳定性”和“停滞性”，使得市民社会始终未能获得有效生长，不存在能与国家相抗衡的群体或个人权利，也没有横亘于国家和个人之间的中介组织力量，因而一直缺乏权力制约和权利保障的社会基础，法治也就无从孕育和确立。这正如布罗代尔通过对欧洲与日本、中国、伊斯兰、印度等社会经济状况的对比分析所表明的，欧洲的情形便于财富的缓慢积累以及多种力量和多种阶级的发展，在这样一个多元社会里，各种力量和阶级之间的竞争可能朝多方向发展。它与东方国家那种建立在出身特权基础上的社会等级形成鲜明对照。他说，“我们所举的例子未免过分概括和简略；尽管如此，它们所烘托的整体性解释很可能是正确的，因为这些不同事例可以相互印证，而通过印证，我们或许可以得出一个令

---

① 参见张晋藩：《中国法律的传统与近代转型》，法律出版社 1997 年版，第 134—135 页。

人满意的假设。”[①] 可见，传统中国的家国一体、王权与族权合一的特有社会构造和文化氛围，锻造了其实质性而非形式主义的法律伦理主义基本品格，[②] 进而形成儒法模式和浓重的德治传统。可以说，“传统的东亚社会只存在法的规范，而不存在也不可能存在任何意义上的近代法治。”[③] 其他东方国家同样都因其不同程度的国家与社会一统、国家高于社会和个人及其专制主义因素，而缺乏法治的社会基础。[④] 也就是说，“东方专制主义”条件下国家与社会的“同一”关系，扼制了法治在东方社会的产生。“非洲专制主义”及其滞后文明也无以滋生法治。[⑤]

当然，我这里绝非意在否定东方文明，更不是对中国传统的“自掘祖坟”。东方文明自然有其伟大而辉煌的一面，尤其在人与自然、人与人的和谐关系方面，是令西方人仰慕的。[⑥] 这可能也是儒学在当代能够跻身于现代性文化潮流并力图“复兴”的一个重要

---

① 参见布罗代尔：《15 至 18 世纪的物质文明、经济和资本主义》，第二卷，第 665—666 页。

② 参见公丕祥：《法制现代化的理论逻辑》，第 187—197 页。

③ 韩大元：《东亚法治的历史与理念》，法律出版社 2000 年版，第 23 页。

④ 昂格尔：《现代社会中的法律》，第 99—113 页。

⑤ 默多克曾指出了非洲“君主专制”、“土地征用权”、“王权神授”等 18 个方面的专制主义特征。（参见〔美〕格尔哈斯·伦斯基：《权力与特权：社会分层的理论》，关信平等译，浙江人民出版社 1988 年版，第 184—186 页。）其市民社会发展水平低和社会阶级、阶层分化不明显，至今仍是制约其民主进程的一个重要因素。（参见：徐济明、谈世中：《当代非洲政治变革》，经济科学出版社 1998 年版，第 197—198 页。）

⑥ 有西方学者强调，孔子的和谐观念应“被视为是许多社会组成部分和倾向的动态的内聚力。在这个意义下，孔子的和谐观念可以成为被追寻的民主多元的原则。不管这是它的原初含义还是隐而不显的含义，审视现在正在形成的观念必须参照中国传统在理论上和实践中的别的特殊内涵，并创造性地关注这种传统的未来。”参见〔美〕乔治·麦克林：《传统与超越》，干春松等译，华夏出版社 2000 年版，第 2—3 页。

原因，它在东亚经济发展和社会整合中也的确发挥了重要的作用。[①] 但在国家与市民社会关系及其对法治的影响层面上看，我对中国及东亚的浓重“东方专制主义”，确实不敢过多褒扬。

① 关于这一复杂问题，本书第四章将会有所论及。

第三章　市民社会与政治国家：法治的基础和界限

历史证明，市民社会的发育、成长及其与国家的分立发展，奠定了西方社会产生法治的深层基础，而市民社会的迟生、积弱及国家对其相当程度的侵吞和同化，则消蚀了东方社会产生法治的社会根基。进一步的深入分析和研究会使我们看到，市民社会与政治国家的矛盾发展，构成了法治运行的基础和界限。

一、市民社会与政治国家的矛盾发展：人类历史演进的主流涌动与多样化进程

我们知道，在西方史学界，已实现了由西方文化中心论到人类文化多元论的重大转向，认为“世界全是各种点和跳跃”，或者说“连续性绝不是历史的最显著的特征。”[①] 以致反对“世界成长的故事”这一直向历史进化论，主张所有的社会生活都是片断性的，并用“片断”概念来说明全部社会活动和社会变迁。[②] 然而，他们

---

① 巴勒克拉夫：《当代史导论》，第 3 页。

② 〔英〕安东尼·吉登斯：《社会的构成》，李康等译，生活·读书·新知三联书店 1998 年版，第 361 页。

的归宿却都趋于全球文明或总体史观,因为"人类历史自始便具有一种不容忽视,必须承认的基本的统一性。"而在当代,"同质化的确正在发生,虽然它带有反映了文化背景的多样化和区域性变化。"① 即使是从"片断"概念出发的历史审视和社会研究,也"并不意味着我们不能对社会变迁提出一些一般化的概括,也不等于说我们要放弃所有用来分析变迁的一般概念。"② 而认识论历史哲学中的分析解释学与覆盖律模型之间也有诸多相通之处。③ 这就在一定意义上表明,人类历史演进固然是丰富多姿的,因而不应被视为单一线性的逻辑进程。但是,它毕竟呈现一种总体性的走向和趋势,④ 也即是主流涌动与多样化进程的统一。市民社会与政治国家的矛盾发展,正是这种演进的根本表现。

应当说,无论是市民社会与政治国家这对范畴的真正确立,还是市民社会与政治国家在现实中的真正分离与对立发展,都是近

---

① 斯塔夫里阿诺斯:《全球通史——1500 年以前的世界》,第 55 页;《全球通史——1500 年以后的世界》,第 884 页。

② 吉登斯:《社会的构成》,第 361 页。

③ 参见严建强、王渊明:《西方历史哲学》,浙江人民出版社 1997 年版,第 249—250 页。

④ 美国人类学家、当代著名文化进化论者塞维斯就曾指出,线性直向演化理论会在活生生的历史事实面前显得难堪,但人类的文化进化也是确定无疑的。事实情况是,"整体进化是在特定的社会中文化变迁的产物。"(〔美〕E.R.塞维斯:《文化进化论》,黄宝玮等译,华夏出版社 1991 年版,第 12 页。)日本著名社会学家、社会变迁和现代化理论专家富永健一也强调,虽然不能简单地确立"一般国家学",也找不到超越时空的不变的国家"本质",但"通过纵观从古至今的国家变迁,抽象出在前面对家庭、亲族、组织、社区、社会阶层的考察中所看到的那种变迁的某些方向性,是可能的,而且是必要的。"他也正是从这一着眼点来考察"国家和国民社会"的。〔日〕富永健一:《社会结构与社会变迁》,董兴华译,云南人民出版社 1988 年版,第 174 页。

代西方历史发展的产物。但是,这一对分析范畴一旦从现实中升华出来,就因其对特殊利益与普遍利益、个人权利与国家权力、私人领域与公共领域、个体价值与整体价值等等人类历史轴心脉动的深层关怀和广角涵摄,而赋有了超越于东方/西方、传统/现代的历史反思性和整体关照性。[①]为此,马克思和恩格斯才把市民社会

---

① 邓正来先生认为,西方汉学界、中国大陆以及台湾学者援用市民社会范畴时有一个共同的特点,即"三地的论者都是借用西方的市民社会概念或分析、或解释、或批判、或构设与此一概念所赖以生成的历史经验乃至思想传统截然不同的中国社会之历史和现状",因而会遇到一些相同的知识论和方法论问题。由于赋予了西方市民社会的历史经验及其市民社会观念的普世性,因而或以西方市民社会模式为依据,在中国社会历史中寻求或发现中国与西方二者的相似之处;或以西方市民社会模式为判准,对中国不符合西方市民社会的现象进行批判,并认定西方式市民社会发展道路是中国走向现代化的惟一法门。故此,需要某种"头足倒置"来克服这一倾向,并从人类社会发展的复杂性和多样性角度来重新审视市民社会及其发展模式。(参见邓正来:《国家与市民社会——一种社会理论的研究路径》,载邓正来、亚历山大编:《国家与市民社会》,第17—20页;《国家与社会——中国市民社会研究》,四川人民出版社1998年版,第6页。)罗威廉也强调,中国没有与西方市民社会发展相似的历史,因而市民社会诉求很难适用于晚清帝国的研究。(参见罗威廉:《晚清帝国的"市民社会"问题》,载邓正来、亚历山大编:《国家与市民社会》,第405页、第418页。)黄宗智则认为,"国家与社会的二元对立是从那种并不适合于中国的近现代西方经验里抽象出来的一种理想构造。我们需要转向采用一种三分的观念,即在国家与社会之间存在着一个第三空间,而国家与社会又都参与其中。"(黄宗智:《中国的"公共领域"与"市民社会"?》,载邓正来、亚历山大编:《国家与市民社会》,第420页。)张汝伦先生还提醒人们,要注意赋予市民社会过多积极功能和过高期望而产生的"市民社会神话"。(参见张汝伦:《思考与批判》,上海三联书店1999年版,第598页。)应当说,这些学者的论说都有一定的道理或警醒意义。但在我们看来,问题并不在于市民社会在经验上或理想上属于西方而非东方,而在于如何看待市民社会的这一经验和理想诉求,以及与中国及东方社会的结合和关照。如果我们站在更为宏观的视野的话,那么就不难发现,西方市民社会与国家的二元化进程既是西方现代化的重要动因与结果,也是人类历史进步的必然表现和要求,因而既是西方的也是世界的。但这绝不表明,它具有绝对的普世性,也不表明东方社会必须予以机械模仿或简单重复西方发展的路径。就是说,西方市民社会与国家的曲折复杂发展和东方国家同化、吞并市民社会的单一性发展,都是人类历史演进的组成

"理解为整个历史的基础",同时"从市民社会出发来阐明不同的理论产物和意识形式",进而把"决不是国家制约和决定市民社会,而是市民社会制约和决定国家"作为其唯物史观的"基本原理"。[①]而市民社会本质上确实"是一个历史的实体,它本身经历了不断的变迁。"[②]在当代,市民社会理论已复兴为一股世界性思潮,虽然有市民社会与国家的"二分法"及国家——经济——市民社会的"三分法"之争,但对市民社会的结构性要素、特征及价值原则等仍有基本的共识。即认为,市民社会的结构性要素和特征主要包括私人领域、志愿性社团、公共领域和社会运动;其价值原则包括个人主义、多元主义、公开性和开放性、参与性及法治原则。[③]当然,市民社会理论也曾受到某些批评,认为市民社会不仅有许多定义性的问题没有予以回答,而且市民社会和民主管理之间也具有令人难

部分和表现形态,它们同样都有其缺陷和"未完成性",而如今又都在探寻市民社会与国家的合理构架。这种构架在根本上既要克服传统东方那种国家兼并市民社会的一体化状态,确保二者的分离和相对独立,又要克服近代西方那种国家与市民社会的矛盾对立状态,确保二者的协调与互涉,从而实现国家与市民社会的有机互动发展。它反映了人类历史进程中国家和市民社会矛盾发展的运动轨迹和总体趋向。正是在这一意义上说,市民社会理论具有超越东方/西方、传统/现代的历史反思性和整体关照性。因此,我们固然不能盲目照搬西方市民社会模式和赋予市民社会以更多的"神话"色彩,但也不该因其立足于西方经验和理论诉求而予以拒斥。市民社会理论及其付诸实践的"本土化",也就成为应有之义。

① 《马克思恩格斯选集》,第1卷(上),第43页;《马克思恩格斯选集》,第4卷(上),第192页。另见马长山:《市民社会理论:法学现代化的重要基点》;荣剑:《社会批判的理论与方法》,中国社会科学出版社1998年版,第79页。

② 〔西班牙〕萨尔瓦多·吉内尔:《公民社会及其未来》,魏海生译,载何增科主编:《公民社会与第三部门》,社会科学文献出版社2000年版,第177页。

③ 参见何增科:《公民社会与第三部门》导论,载何增科主编:《公民社会与第三部门》,第4—5页。

以捉摸的关系。[①] 美国学者里夫甚至认为,当我们把信心寄托于市民社会的时候,抓住的只不过是些没有价值的东西。把市民社会的兴起看作是后冷战时代最有希望的政治发展,这只不过表明,“在千年之端,在确定一个能够为更加人道的未来提供现实主义前景的政治范式上,我们是多么的绝望。”[②] 但是,他更大意义上针对的是过于理想化和机械化,忽视不同国家传统、社会经济状况及国际政治经济新趋势的市民社会理论“教条”而言的,而事实上市民社会理论研究仍颇具影响[③],并回应着全球化时代社会发展的需要。从黑格尔、马克思到托克维尔、葛兰西再到当代,市民社会概念一直以特殊利益、私人领域、私人生活世界及与之相关的一系列社会价值原则为内核而与国家共同体相区别,并促进了对市民社会与政治国家二者关系的不断深入而系统的研究。如果我们不仅仅因为市民社会与政治国家的真正分离和对立发生于近代西方,就把市民社会与国家的分析视野局限于“近代”以降和“西方”,而赋予其深层历史反思性和人类整体关照性的话,那么,就不难看出,社会出现私人利益和社会分裂为阶级,是市民社会与国家产生的共同前提,即市民社会和国家是人类走出天然自在的生命共同体,形成特殊的个人利益、阶级利益与公共利益、普遍利益相分离

---

① 参见〔美〕M. W. 弗利、B. 爱德华:《市民社会的悖论》,孙晓莉译,载《哲学译丛》,2000 年第 3 期。

② 参见〔美〕D. 里夫:《市民社会的错误浮现》,石衡潭译,载《哲学译丛》,2000 年第 3 期。

③ 对国家和政府在社会发展中的作用和影响的研究,仍是西方比较政治学的主流。参见〔美〕R. H. 奇尔科特:《比较政治学理论——新范式的探索》,高铦等译,社会科学文献出版社 1998 年版,第 9 页。

和对立的社会共同体的产物。也正因如此,马克思和恩格斯才指出市民社会是“全部历史的真正发源地和舞台。”[①]

人类社会之初,并没有也不可能有公私尔我的分野。但随着人类抗拒自然能力的增强、活动领域的扩大、社会利益总量尤其是剩余产品的加速递增,使得社会再分配及政治组织制度的确立成为必要和可能。我们知道,父权家长制的一夫一妻家庭,是“不以自然条件为基础,而以经济条件为基础,即以私有制对原始的自然长成的公有制的胜利为基础的第一个家庭形式。”[②] 它表明具有伟大历史意义的利益关系开始萌发。在群队和部落社会,虽然大人物尚无实际的权力,但“头人常起强化生产和再分配的作用”。[③] 另一方面,部落一体化也使亲属组织、年龄秩序组织、社会组织等独立群体或共同体集合在一起。不过,这仍属于权力分散化的社会制度。而随着社会生活日益复杂、人口增长、劳动专门化及更多剩余产品的生产,对正式、稳定和永久领导的需要也就越来越大了。到酋长社会,则建立起集权化的社会制度,并以再分配经济制度为主要特征,“酋长控制剩余产品,也许甚至控制共同体中的劳动力。”[④] 而且,人口越多,密度越大,再分配的网络就越广泛,负责再分配的战争首领也就越有权力。在一定条件下,以再分配者及其亲信为一方和以普通食物生产者为另一方,在行使权力上出

---

① 《马克思恩格斯选集》,第1卷(上),第41页。

② 《马克思恩格斯选集》,第4卷(上),第60页。

③ 〔美〕马文·哈里斯:《文化人类学》,李培茱等译,东方出版社1988年版,第228页。

④ 〔美〕威廉·A.哈维兰:《当代人类学》,王铭铭等译,上海人民出版社1987年版,第476页。

现了严重失衡,使负责再分配的族长实际上成了社会生活中的重要强制力量。“一旦发生了这种情况,对统一库房的捐贡便不再是自愿的捐贡,而成了税收。农田和自然资源便不再是人人有份的天然之物,而成了由人分配之物。再分配者不再是族长,而成了国王。”[①] 这就是说,形式和程序不断多样化、复杂化的再分配网,使一个较庞大的非生产性公共机构的建立成为必要和可能,[②] 也即“社会产生着它不可缺少的某些共同职能。被指定去执行这种职能的人,就形成社会内部分工的一个新部门。这样,他们就获得了也和授权给他们的人相对立的特殊利益,他们在对这些人的关系上成为独立的人,于是就出现了国家。”[③] 进而逐渐由平等社会走向等级社会、阶级社会而过渡到国家社会,它不仅导致了个人与政治的关系的非人格化和普遍化,[④] 而且成为“从社会中产生又自居于社会之上并且日益同社会脱离的力量”。[⑤] 至此,混沌未开并疲于生存的天然血缘共同体逐渐退出历史舞台,而普遍分化、公私分立的地缘利益共同体开始粉墨登场,氏族组织、家庭、社会阶层及会社等塑造了最初的市民社会形态。另一方面,由社会分工、利益再分配及安全和秩序等需要而产生的公共权力,逐渐演化为统治者谋求其与共同利益相分离和对立的特殊利益的工具,从而形成了最初的政治国家形态。这诚如马克思所指出的:“在生产、交

① 〔美〕马文·哈里斯:《文化的起源》,黄晴译,华夏出版社 1988 年版,第 71 页。

② 参见谢维扬:《中国早期国家》,第 172—173 页。

③ 《马克思恩格斯选集》,第 4 卷(下),第 482 页。

④ 〔美〕罗伯特·F. 莫菲:《文化和社会人类学》,吴玫译,中国文联出版公司 1988 年版,第 122—129 页。

⑤ 《马克思恩格斯选集》,第 4 卷(上),第 166 页。

换和消费发展的一定阶段上，就会有一定的社会制度、一定的家庭、等级或阶级组织，一句话，就会有一定的市民社会。有一定的市民社会，就会有不过是市民社会的正式表现的一定的政治国家。"[①] 于是，市民社会与政治国家的矛盾发展进程就拉开了帷幕，它展现的是"国家逐渐独立于社会及其逐渐扩充和庞大化的过程。随着国家的庞大，'国家与社会'的制衡关系日渐显著。"[②]

然而，"社会演变的过程是取决于路径的"[③]。因而，市民社会与政治国家的发展样态自然也是千差万别的，尤其是在东西方展现了迥异的发展路径。在古希腊城邦国家，就已存在私人生活领域与公共生活领域、家族领域与政治领域的区别，但是，由于人既被看作是"社会动物"又被视为"政治动物"，因而其国家和市民社会是复合的，公民政治生活和社会生活是相融的，[④] 甚至"轮番为治"。他们每天必须超越私有的狭隘家庭领域而升入政治领域，其阻止城邦侵犯公民的私人生活并使每份财产的界线保持其神圣性的指向，也并非是出于对私有财产的尊重，相反却是参与公共事务的需要。[⑤]而公民的积极民主参与，则有力地推动了国家事务的社

① 《马克思恩格斯选集》，第 4 卷(下)，第 321 页。

② 〔日〕猪口孝：《国家与社会》，高增杰译，经济日报出版社 1989 年版，第 2 页。

③ 〔美〕查尔斯·蒂利：《未来的历史学》，载 S. 肯德里克、P. 斯特劳、D. 麦克龙编：《解释过去，了解现在——历史社会学》，王辛慧等译，上海人民出版社 1999 年版，第 20 页。

④ 这种"复合"和"相融"是相对的和有限的。参见唐士其：《国家与社会的关系》，北京大学出版社 1998 年版，第 40—41 页。

⑤ 参见〔美〕汉娜·阿伦特：《人的条件》，竺乾威等译，上海人民出版社 1999 年版，第 22—26 页。她认为，古代城邦国家不仅存在着私有与公共的明显分野，而且二者之间尚有一定的鸿沟。城邦只认平等，而家庭则是不平等的中心；家庭领域不存在自由，

会化。这样,国家就“直接等同于社会”,[①]而且“国家总揽一切”。[②]私人生活就构成了国家生活的前提和基础，国家生活则使私人生活获得了最高表现和升华。这体现在希腊政治哲学上,就是“人类精神只有在一个精神的共同体中才能获得完美而高尚的生命。”[③]在作为古希腊文明传承者和“姐妹文明”的古罗马,人们“从不为了公共领域而牺牲私有领域,相反他们懂得只有在两者共存的形式中,这两种领域才能生存下去。”[④]它摧毁了古代城邦制度，[⑤]使市民社会和市民法也获得了一定的发展。虽然古罗马政治生活仍具有“公民政治”的色彩(尤其是罗马共和时期),但这难免有一定的特殊性。众所周知,古罗马的发展史一方面是贵族与平民的斗争史,另一方面又是对外战争的征服史。罗马人不像希腊城邦那样使个人生活溶于城邦政治生活,更没有出现“轮番为治”,但罗马共

只有离开家庭进入政治领域,才被认为是自由的。这表明,“城市国家与公共领域的兴起很有可能是以牺牲家庭和家族的私有领域为代价的”。(汉娜·阿伦特:《人的条件》,第23页。)只有到近代随着社会领域的兴起,即“家”的兴起或经济行为日益渗入到公共领域,家务料理以及以前与家庭私有领域有关的所有问题,都成了一种“共同”关心的问题,两个领域才真正交汇。从这一角度讲,阿伦特看到的主要是古代城邦国家(尤其是希腊城邦)私人领域和公共领域分离的内在矛盾和有限性,它与城邦政治对“公民”的狭隘归属及国家和社会带有政治色彩的“复合”是紧密相关的。因而与近代以来的公共领域和私人领域的分离及互动发展是大不相同的,它无法展现市民社会广泛参与政治国家的生动景象。

① 贾恩弗兰科·波齐:《近代国家的发展》,第96页。

② 古朗士:《希腊罗马古代社会研究》,李玄伯译,上海文艺出版社1990年版(影印本),第184页。

③ 〔英〕鲍桑葵:《关于国家的哲学理论》,汪淑钧译,商务印书馆1995年版,第49页。

④ 阿伦特:《人的条件》,第46页。

⑤ 参见古朗士:《希腊罗马古代社会研究》,第312—316页。

和国的政治生活仍以公民共同体为基础,罗马平民为自己的权利勇敢而又一如既往地斗争着,赢得了广泛的权利并影响到社会和政府,[①] 确立了国家最高长官选举制、短任期制和同僚协议制,[②] 建立了罗马市民军队。因而,共和国被视为"人民之事业",是人民"基于法的一致和利益的共同而结合起来的集合体。"[③] 以至帝国之初的屋大维声称,他更喜欢"国家第一公民"(元首)的称号,以博得其权力的合法性认同。[④] 同时,在繁荣的罗马城市公共生活中,铸造了城邦爱国主义和公共精神,并随着由罗马城邦走向罗马共和国再到罗马帝国的过程而得到传播和发扬,有相当部分的官员实行无俸服务,骑士阶层也投资于城市公共设施和为自由民的各种社会活动提供经费,形成了"罗马精神"。[⑤] 这在一定程度上表明,古罗马的公民个人生活和政治生活仍是表里相关的。也正因此,古希腊古罗马的"市民社会"概念与"政治社会"、"公民社会"是不分的,并且有与城邦公共生活、政治生活和国家密切相联的含义。[⑥] 然而,罗马是在不断征服中走向共和及帝国的,辽阔的疆域、多民族构成、行省管理、对外军事征战等需要强大的中央政府,公民大会的地位和作用则日渐衰微。到奥古斯都时代,他俨然已像一个东方国家的皇帝一样大权在握,并仿效东方国家建立起庞

---

① 参见詹姆斯·亨利·伯利斯坦德:《走出蒙昧》下册,第589—594页。

② 施治生、郭方:《古代民主与共和制度》,第273页。

③ 西塞罗:《论共和国·论法律》,第39页。

④ 参见拉尔夫等著:《世界文明史》,第一卷,第309页。

⑤ 参见金观涛、唐若昕:《西方结构的演变》,第39—43页。

⑥ 参见何增科:《市民社会概念的历史演变》、方朝晖:《市民社会的两个传统及其现代的汇合》,载《中国社会科学》,1994年第5期。

大的官僚职位体系。就是具有一定民主因素的罗马共和政制，也有一定局限性，而与真正的民主制相去甚远。[①] 可见，古罗马既有对古希腊文明的传承，也有向东方文明的接近，因而在一定意义上讲，也就具有某种“过渡”性质，只不过这种“过渡”很快就被中世纪的“黑暗时期”所阻断了。另一方面，普鲁塔什却声称，罗马政府给予了人民两项福祉：自由与和平。对商业发展而言，和平是一种社会秩序，而自由从来就是建立在契约之上的。[②] 早在公元前 1 世纪，土地私有化就已加速进行，私有意识不断强化，公民、公民兵与公有地三位一体的局面被打破。随着罗马征服的节节胜利，大量财富源源涌来，促进了商业活动的发达、骑士阶层的崛起和城市生活的繁荣。骑士阶层不想做官也不重门第，而一心想发财致富。大量奴隶和被释奴隶更是充斥商业活动，[③] 他们受到罗马国家的私法保障。西塞罗早就宣称，“担任行政职务的人首先必须注意：每个人都应当有属于他们自己的东西；不能打着国家的旗号侵犯平民百姓的财产权”，“因为建立立宪国家和自治政府的主要目的就在于保护个人的财产权”，但保护个人利益应有利于国家，“至少不要损害国家的利益”。[④] 而在罗马行省间所进行的贸易活动中，官方贸易则占有相当大的比重(尽管其主要目的是保证城市、军事和皇室的需要)，并大力推动罗马城市化运动，改变了行省的经济

① 施治生、郭方：《古代民主与共和制度》，第 244—245 页。

② 参见金观涛、唐若昕：《西方社会结构的演变》，第 32 页。

③ 参见杨共乐：《罗马社会经济研究》，第 27—28 页、第 75 页、第 96—97 页。

④ 〔古罗马〕西塞罗：《西塞罗三论——老年·友谊·责任》，徐奕春译，商务印书馆 1998 年版，第 202 页。

结构和生活方式。[①] 同时,也确立了一定程度的行省和城市自治制度,造就了"享乐主义"的罗马。这表明,罗马社会私人领域、私人利益和私人权利既受到国家的监控,也受到国家的支持和保护。因而,国家与市民社会的关系则更多地呈现一种"监护"状态,奴隶制商品经济获得了国家的政治、军事支持与保障而得到繁荣发展,并奠定了罗马帝国的经济和社会基础。公元5世纪的蛮族入侵,彻底打碎了罗马文明。继之而来的中世纪"黑幕"之下,一方面是分裂、野蛮和战乱,另一方面却是基督教神圣的力量的极力扩张。表面上看,中世纪是一种"无国家"状态,但实质上,是政治国家获得了新的表现形式,也即神权、王权和贵族权凭借领主分封制,把政治原则彻底社会化了,使得市民社会"直接地具有政治性质"。"市民社会生活的要素,如财产、家庭、劳动方式,已经以领主权、等级和同业公会的形式上升为国家生活的要素。它们以这种形式确立了个人和国家整体的关系,就是说确立了个人的政治地位,即孤立的、脱离社会其他组成部分的地位。"[②] 私人生活领域、私人利益和要求完全屈从于政治附庸地位和关系,尽管中世纪的统治者与臣民之间的关系是立足于封建契约基础上的,但是,政府权力则由教俗领主来分别行使,他们统辖着经济上依赖于他们的人。"为了报答领主对他们的保护和经济援助,附庸必须服从领主或封建主,向他效忠,一般以纳贡或纳税来酬答领主或封建主向他们提供的生活上需要的设施和供应。"领主享有归公、没收、征税、征役及

---

① 参见杨共乐:《罗马社会经济研究》,第88页、第102—103页。

② 《马克思恩格斯全集》,第1卷,第441页。

司法等权力,附庸虽有谴责领主不公、不提供应有保护等权利,但他"所担负的义务比他所享有的权力多得多"。[①] 人们更多看到的是,"每个有充分权力的城堡主都通过军队的募集、刑事和民事的司法裁判权对边远的农民行使对他自己有利的统治特权"。[②] 与此同时,除国王外,每个领主又都是别的领主的封臣;除了骑士以外,每个封臣又都是别的封臣的领主,甚至有的封臣从并不从属于同一个等级的不同的领主那里取得采邑。[③] 这样,就形成了一个遍及社会的政治附庸网,它编织着当时的政治生活和社会生活,古希腊古罗马那种公民的政治生活和社会生活的生存层次消解于这种附庸网中。一切私人领域都具有了政治性质和特性,"人民的生活和国家的生活是同一的。"[④] 从而形成了国家对市民社会的包容、吞噬和同化。但是,与东方专制主义的国家和社会的那种"同一"关系不同,它毕竟有封建"契约"的关系基础,而且存在着多元权力的对立冲突,"神权政治的、君主政治的、贵族政治的和平民政治的信条互相阻挠、斗争、限制和修改",[⑤] 从而为近代市民社会的生长和权利伸张,提供了有机土壤和生存空间。[⑥] 也就是说,其国家对市民社会的包容、吞噬和同化,尚具有一定的先天脆弱性,因而是"一种软弱的和多中心的专制主义形式"。[⑦] 正因如此,市

① 参见拉尔夫等著:《世界文明史》,第二卷,第7页、第12页。
② 贾恩弗兰科·波齐:《近代国家的发展》,第30页。
③ 参见拉尔夫等著:《世界文明史》,第二卷,第11页。
④ 《马克思恩格斯全集》,第1卷,第284页。
⑤ 基佐:《欧洲文明史》,第24页。
⑥ 参见本书第二章。
⑦ 魏特夫:《东方专制主义》,第441页。

民阶级才得以和王权相联合来战胜教会和贵族，推动了民族国家的形成和市民社会与政治国家的二元化进程，使西方率先走上了现代化道路。[①]

市民社会的兴起及其与国家的真正分离和对立乃是近代历史的产物。“近代国家发展的关键现象是西方社会的‘近代化’中在私人领域与社会领域、社会领域与政治领域存在差别的制度化，而同样的过程后来在每个领域中都推进了。”[②] 使国家获得了和市民社会并列的且在市民社会之外的独立存在。[③] 个性自由、私人利益及个人权利获得了巨大解放、充分肯定和大力弘扬，国家权力也基于“契约”而在一定程度上恢复其公共权力的“本来面目”，[④]作为“守夜人”，它“应该向社会解释自己的行为，而且对它的效应负责。”[⑤] 但资本主义社会中过度发展的个人主义精神和过于浪漫的自由主义情怀，导致了国家与市民社会的冲突和对立。尤其是自由资本主义时期，市民社会不仅成为“经济人”争权夺利的战场，而且特殊利益与普遍利益、个人权利和公共权力产生了严重的

---

① 有西方学者认为，欧洲的优势在于经济自由放任、政治和军事多元化以及智力活动自由的一种结合，这些因素在经常的相互作用中产生了“欧洲的奇迹”。在明代中国、中东和亚洲的穆斯林帝国或其他社会，都不存在这些关键成分的融合，因此，“当欧洲已发展为世界舞台的中心时，它们却似乎停滞不前。”保罗·肯尼迪：《大国的兴衰》，第36页。

② 贾恩弗兰科·波齐：《近代国家的发展》，第18页。

③ 《马克思恩格斯选集》，第1卷(上)，第69页。

④ 这是相对于中世纪国家权力的“私人性”而言的。经过资产阶级“市民社会革命”，国家便成了世俗化的市民社会的“守夜人”，是实现市民社会权利和要求的工具。特殊利益与普遍利益、个人权利和公共权力、私人领域与国家公共领域等等的冲突与调适，也就寓于市民社会和国家的分离、抗衡与互动合作之中。

⑤ 猪口孝：《国家与社会》，第21页。

矛盾冲突。对此马克思曾批判到,把人和社会连接起来的惟一纽带是天然必然性,是需要和私人利益,是对他们财产和利己主义个人的保护。而所谓的人权也未超出利己主义的人和作为市民社会成员的人,即"作为封闭于自身、私人利益、私人任性,同时脱离社会整体的个人的人。在这些权利中,人绝不是类存在物,相反地,人类生活本身即社会却是个人的外部局限,却是他们原有的独立性的限制。"① 因此,资本主义国家一直在竭力设计市场或政府活动界限的合理方案,寻求其市民社会与政治国家的合理权限。从资本原始积累到自由竞争资本主义再到垄断资本主义,经济自由主义和国家干预主义一直是此消彼长的两大经济思潮,而在当代,自由放任主义的终结导致了凯恩斯革命和新制度学派的兴起,而国家干预论的危机又导致了自由经营论的复兴,自由经营论的困境再次令凯恩斯主义东山再起。② 同时,它们也由"自由放任"国家发展为"福利国家",现今又在谋求"第三条道路"。"第三条道路"的重要倡导者之一,英国著名学者、布莱尔首相的资深智囊人物吉登斯就指出:"对国家和政府进行改革应当成为'第三条道路'一项基本的政治指导性原则。"它是一个深化并拓展民主的过程。

---

① 《马克思恩格斯全集》,第 1 卷,第 439 页。丹尼尔·贝尔也对资本主义的极端个人主义进行了剖析。参见〔美〕丹尼尔·贝尔:《资本主义文化矛盾》,赵一凡等译,生活·读书·新知三联书店 1992 年版,第 275 页、第 308 页、第 319 页等。

② 参见傅殷才、颜鹏飞:《自由经营还是国家干预——西方两大经济思潮概论》,经济科学出版社 1995 年版。在这两种理论方案的轮番表演中,引出了当代西方流行的经济学理论——"混合经济理论",以致有人宣称,"现代混合经济的'新经济学'开始占有统治地位。"〔美〕萨缪尔森:《经济学》下册,高鸿业译,商务印书馆 1990 年版,第 332 页。

政府可以同公民社会中的机构结成伙伴关系并共同推动社会的复兴和发展，其经济基础则是混合经济。[①] 西方社会传统的个人本位原则受到团体本位观的冲击，多元主义、社群主义、法团主义等思潮日显张扬。[②] 这充分表明了西方世界对市民社会和政治国家矛盾关系的倾心解构与重构。[③]

在印度、中国、波斯、土耳其、阿拉伯以及斯拉夫等东方国家，国家与市民社会的关系没有西方国家那种曲折发展的经历。[④] 从国家于社会之中产生之时起，便反过来侵吞了社会，"东方专制主义"实质上就是政治国家对市民社会的吞噬而实现了"同一"。[⑤] "它们都是绝对君主专制国家，拥有强大的官僚机器，基本生产资料的国有制形式是其经济基础('权力——财产')，而私有制则只具有次要意义。"[⑥]这些中央集权制政府都要求其国民统一信仰和实践，"不仅要信奉一个官方国教，而且在商业活动和武装发展等

---

① 〔英〕安东尼·吉登斯：《第三条道路——社会民主主义的复兴》，郑戈译，北京大学出版社 2000 年版，第 73 页。英美两国是"第三条道路"的核心倡导国，它们除相互交流和支持外，还积极在西方世界内寻找合作伙伴，以期建立新"国际"。杨雪冬、薛晓源主编：《"第三条道路"与新的理论》，社会科学文献出版社 2000 年版，第 15 页。

② 参见俞可平：《社群主义》、张静：《法团主义》，中国社会科学出版社 1998 年版。

③ 西方市民社会与国家关系的理论研究，已出现更加深入和全面的趋向，反国家主义色彩减弱，而注重二者互动关系的探求。参见何增科：《公民社会与第三部门》导论，第 14—15 页。

④ 日本学者富永健一指出，国家组织是在农业社会前期确立起来的，这一阶段的国家原则上都是国王的专制。古希腊、古罗马的那种共和制只是少数的例外。（富永健一：《社会结构与社会变迁》，第 175 页。）也许这是西方社会的变异，并导致了与东方不同的发展路径。

⑤ 参见本书第二章。

⑥ 〔俄〕B.B. 拉扎列夫：《法与国家的一般理论》，王哲等译，法律出版社 1999 年版，第 57 页。他们同时还指出，在原始国家形成之初，人类发展的方式就分成了"东方

领域都是如此。”[①]使得东方国家的城市不可能有西方城市的那种政治特权和武装的市民阶级,它不是“市民共同体”,也不具有“市民”或“公民”观念,而是依附于王(皇)权统辖的政治共同体和宗族共同体的有机组合。[②]个人的生命和财产都严重依附于王权和等级特权,包括宫卿宰相也难免因君王的喜怒无常而危在旦夕,也即“政治国家只是一个人的独断专行,换句话说,政治国家同物质国家一样,都是奴隶”,[③]形成了专横野蛮的“普遍奴隶制”。这既不同于古希腊城邦那种国家与社会的“复合”,也不同于古罗马那种国家对社会的“监护”,更不具有西欧中世纪国家吞并社会所附有的那种多元权力斗争的复杂性和脆弱性,而是坚固的“东方专制主义”的“单一性”。就是说,在西方是多中心社会的被控制的国家,而在东方,则是单一中心的、名符其实的“工具国家”。[④]在这里,“属于一个专制势力的社会决不允许任何其他权力的存在。一切不同的倾向都会被排斥和追杀。占统治地位的原则从来不允许一

的”和“西方的”。作为假定的术语,“西方方式”仅对欧洲而言,而世界其他地区的国家都被视为依“东方方式”产生的。其原因在于,在“东方”由于一系列情况(其中主要的是在大多数地方大型灌溉是必不可少的,而单一家庭的力量是无法完成的)而保留了公社和相应的土地公有制。在“西方”则不需要这种工作,公社解散了,而土地则成了私有财产。(拉扎列夫:《法与国家的一般理论》,第54页。)其实,在马克思的东方社会理论那里(其东方社会亦不是一个地理概念,而是一个经济政治概念),早已有这方面的有关论述。

① 保罗·肯尼迪:《大国的兴衰》,第2页。

② 参见马克斯·韦伯:《儒教与道教》,第20—23页;《经济与社会》(下),第583—618页。

③ 《马克思恩格斯全集》,第1卷,第285页。此外,孟德斯鸠在其《罗马盛衰原因论》和《论法的精神》、黑格尔在其《历史哲学》中,也曾对“东方专制主义”所造成的“普遍奴隶制”恶果进行过揭露和批判。

④ 魏特夫:《东方专制主义》,第43页。

种不同的原则在它的旁边显露和起作用。”[①] 可见，在东方国家，呈现的是一以贯之的政治国家吞并市民社会的历史发展路径。虽然各东方国家的这种吞并形态并不完全相同，而且，亚细亚型态在后来的发展中也发生了某些变化，[②] 但是，“总合统一体”的国家神圣气质仍是其共同特征和历史遗传基因。也即作为“东方专制主义”基础的村社制度，随历史发展而渐渐地消隐了，但这并不意味着亚细亚的或“东方专制主义”的消失。相反，它“仍会以其他形式存在下去，只是不再是‘亚细亚式的’、‘亚洲式的’或东方式的了。”[③] 而且，它一直是导致东方国家发展“停滞”的一个重要因素。当西欧后来居上，率先开始现代化历程，并以武力为后盾进行世界性殖民扩张之时，东方国家才在巨大压力面前开始觉醒，纷纷以不同形式的革命或变革来建立现代政体和社会经济制度，以期追赶现代化。在这一历史进程中，东方国家的市民社会才开始“萌生”，但一直受到本国传统、外来压力、经济和政治发展状况等多种因素的制约，因而未能得到充分有效的发育和成长。然而，市民社会毕竟还是开始逐渐与国家发生剥离并相对发展着，其市民社会与国家的分离和互动发展也才提上日程。[④] 而马克思主义的传播和社会主义革命的胜利，给世界带来了新的曙光，建立起优于资本主义的政治经济制度，但国家与社会关系问题仍没有得到很好的

---

① 基佐：《欧洲文明史》，第 22 页。

② 参见刘学灵：《东方社会政治形态史论》，第 249—275 页、第 301—364 页。

③ 刘学灵：《东方社会政治形态史论》，第 389 页。

④ 参见猪口孝：《国家与社会》；〔韩〕李寿勋：《1987—1992 年韩国过渡时期的政治：市民社会的兴起》，周士琳译，载《现代外国哲学社会科学文摘》，1998 年第 6 期。

解决,尤其是斯大林模式和"极左"思潮的影响,以国家同化、兼并市民社会的情况十分突出。其主要表现是,在政治上,建立起高度的中央集权体制,力倡权力本位而泯灭社会主体权利;在经济上,实行超前的国家、集体所有制和计划经济,片面否定私有制、市场经济和契约原则;在思想文化上,确立了"大一统"的政治文化模式,实行思想禁锢;在社会制度上,从日常生活到社会保障均实行配给制,国家大包大揽。尽管社会主义制度曾极大地推进了这些国家的经济发展、社会进步和现代化进程,但是,"传统社会主义"大都是一种只见国家,不见个人和群体;多见权力,而少见权利的社会体制,实质上乃是国家吞并了市民社会,并造成了很多不良后果,严重阻滞了社会主义制度优越性的发挥和社会经济的发展,甚至某些国家还发生了"和平演变"。现在,绝大多数社会主义国家在进行市场化改革,着手确立"小政府、大社会"的政治经济体制,其实质是努力调整和重构国家与社会的关系,以适应全球化时代社会经济发展的需要。

从上可以看出,无论是西方还是东方,其历史演进所展现的都是国家和市民社会的矛盾互动发展历程,同时又分呈不同的发展轨迹和样态。只是"'国家'和'社会'之间的界分,并不是一个在任何时代和每一个历史时期都有效的普遍存在的事实,它是一种从宪政历史过程中出现的,并以该过程为条件而产生的一种现象"。[①]而在民主宪政精神与原则受到广泛播颂的当代世界,国家

---

① Ernst-Wolfgang. Böckenförde, *State*, *Society and Liberty*, Translated by J. A. Underwood, Published by Berg Published Limited, 1991, P. 147.

和市民社会关系则成为共同关注的轴心问题。"确切地说,只要现代国家还趋向于动员和重组它的国民生活,市民社会和国家的这种界分似乎就一定会继续起作用",[①] 它构成了民主生活和民主秩序的核心特征,[②] 并呈现一种"全球性"走向。[③] 因为国家不可能消解市民社会,"如果国家无所不在,那么国家也就不存在了。"[④]这就在一定意义上表明,国家和市民社会的矛盾发展,构成了人类历史进程的主流涌动。"找出市民社会和国家相互关系的规律,可以使我们正确地分析人类社会经历的全过程,理解当代的国家问题,并看到各国现实社会在其中发展的政治形式和国家形式的前途。"[⑤] 至少我们可以通过这一理论视角和分析工具,来把握市民社会与国家的发展走向或趋势,以期达致这一目的并有效地透视法治的基础和界限。

---

① 泰勒:《市民社会的模式》,载邓正来、亚历山大编:《国家与市民社会》,第 29 页。

② 参见〔英〕戴维·赫尔德:《民主的模式》,燕继荣等译,中央编译出版社 1998 年版,第 394 页、第 396 页。需要指出的是,赫尔德是通过深入分析研究古典民主、共和主义、自由主义民主、直接民主、竞争性精英民主、多元主义民主、合法型民主、参与型民主、民主自治及世界主义民主等多种民主模式,而得出这一论断的。

③ 西方有学者通过对跨国性政治社团和跨国社会运动等的经验分析,指出市民社会出现了"全球性"走向。(参见〔美〕杰基·史密斯:《全球性公民社会?》、〔美〕罗伯特·W. 赫夫纳:《公民社会:一种现代理想的文化前景》,载何增科主编:《公民社会与第三部门》。)也有人在展示全球政治观(向着符合人性的经济和社会发展前进、朝着共同的安全和非军事性努力、朝着民主和人权迈进等),并倡导进行"全球性公民"的教育。参见〔美〕梅尔·格托夫:《人类关注的全球政治》,贾宗谊译,新华出版社 2000 年版,第 302—350 页。

④ Emile Durkheim, *In Anthony Giddens*: *Durkheim on Politics and the State*, Cambridge: Polity Press, 1986, P. 57.

⑤ 拉扎列夫:《法与国家的一般理论》,第 70 页。

二、法治运行的社会基础

对于西方法律传统的形成和法律秩序的出现,韦伯强调的是"理性主义"的力量,伯尔曼突出的是"教皇革命",泰格和利维关注的是市民阶级(资产阶级)的"造反"运动或"市民革命",昂格尔则指出它是"多元集团"和"自然法观念"的结合所致。[①] 而事实上,西方法律传统的形成及近代法治的确立,乃是多因之果,既有宗教的、理性文化的、政治和经济的因素,也有社会结构的、观念变革的等等因素。但正如本书第二章所分析的,归根到底还是在市民社会和政治国家的矛盾运动中孕育出来的。在某种意义上讲,泰格、利维及昂格尔的观点更接近这一历史发展进程,只是他们并未进一步跨入这一视野,没有从市民社会与政治国家的深层历史涌动中来把握法治的生成和发展,而恰是市民社会与政治国家的互动发展,才奠定了法治运行的社会基础。

(一) 法律至上——普遍利益与特殊利益的冲突与协调

作为一种具有国家意志性和强制力且普遍有效的社会规范,法律产生并运行于利益的冲突与调适之中。只是从它产生之时起

---

① 参见韦伯:《新教伦理与资本主义精神》、《经济与社会》(下)及《儒教与道教》;伯尔曼:《法律与革命》等。

便开始异化了,也即在利益调适中更多地承担着维护专权特权统治秩序的角色,直到近代市民社会从政治国家中解放出来,并使国家服从服务于市民社会的需要,法律才在更大意义上成为多元复杂利益的调适器,民主精神和法律至上要求也才得到确认和弘扬。

在人类的蒙昧状态,“权力是分散的,每个群体在经济上和政治上都是自主的”,人们主要是靠血缘、宗教和习惯,来维持简单的社会团结和平等自主的生活秩序。但是,“随着一个社会的社会生活变得更加复杂、随着人口的增长和技术的复杂化、随着劳动专门化和更多的剩余产品的生产,对正式、稳定、永久的领导的需要就越来越大了。”①氏族首领开始利用其手中的再分配公共权力来谋求私利,并不断扩张其“公共权力”而使其集权化。在首领权威日益突显并走向王权的同时,则在另一方面造成且不断加剧了社会不平等和阶级分化。② 这表明,“随着分工的发展也产生了个人利益或单个家庭的利益与所有相互交往的人们的共同利益之间的矛盾,”③市民社会与政治国家就日渐形成了。国家随即成为建筑在社会生活和私人生活、公共利益和私人利益之间的矛盾上,并以调适冲突和保持秩序为己任的“第三种力量”。④ 与此同时,最初调整私人利益和公共利益关系的行为规范,也由以社会成员自

---

① 哈维兰:《当代人类学》,第475—476页。

② 参见马文·哈里斯:《文化人类学》,第228—243页;《文化的起源》,第62—72页;莫菲:《文化和社会人类学》,第114—130页;猪口孝:《国家与社会》,第9页。

③ 《马克思恩格斯选集》,第1卷(上),第84页。

④ 《马克思恩格斯全集》,第1卷,第479页;《马克思恩格斯选集》,第4卷(上),第165页。

愿遵守为通则而以复仇、赔罪等武力强制为例外的习惯规则,逐渐演化为普遍性的、权威性的法律规范。它以国家意志性、强制力和确定的社会规范形式,来实施对普遍利益和特殊利益进行必要的界定和调适,成为市民社会要求获得普遍效力的形式。[①] 只不过是,国家从一开始就异化为一种虚幻的普遍利益和与全体固定成员相脱离的特殊的公共权力。[②] 普遍利益也为统治阶级所篡夺(把统治阶级要求上升为"普遍利益"),并攫取社会成员一定的特殊利益为己有而又披上合法外衣,进而形成与社会成员的特殊利益相分离和对立的异化发展,使得国家吞噬了市民社会,法律也因而在更大意义上成为维护阶级统治秩序和社会秩序的工具。尽管

---

① 参见马长山:《从市民社会理论出发对法本质的再认识》。拙文发表后,社会反响不一,有褒有驳。特别是孙国华教授在其《当前我国法理学研究中的几个问题》(载《法学》1996 年第 4 期)、张光博教授在其《关于法学中"29 个多"问题的理论是非》(载《当代法学》1997 年第 4 期)、晓南在其《当前我国法学研究中的若干问题》(载《求是》1996 年第 5 期)中,均对其提出质疑。而最具学术争论意义的,当属孙国华教授主编的《马克思主义法理学研究》(群众出版社 1996 年版)。该书第七章第二节以"市民社会理论"为题,对拙文观点展开了全面批评。认为笔者把市民社会要求与统治阶级的意志截然对立起来了、错误理解乃至错误利用马克思主义、人为割裂了市民社会与国家的关系等等。笔者十分欢迎和尊重这些学术批评与指教,而且这些批评对笔者的进一步研究也确有某种省思意义。但是,对有些学术观点笔者仍需持保留意见,即①法本质的"三层次"论,并不意味着市民社会要求与统治阶级意志是一致的;②"统治阶级意志论"并非马克思主义的基本原理,市民社会理论才是马克思主义法律观的逻辑起点(参见马长山:《市民社会理论:法学现代化的重要基点》);③市民社会理论应得到正确、深入而全面的理解和认识。只有这样,才能更好地看待市民社会理论视野中的法学研究。陈桢教授在其《法理学的方向和形象》〔打印稿〕中,对关于市民社会理论法本质观受到的批评有较好的驳论。另参见陶锡良:《关于法学论文的学术前沿性评价》,载《中央政法管理干部学院学报》,1996 年第 1 期。

② 参见《马克思恩格斯选集》,第 1 卷(上),第 38 页,《马克思恩格斯选集》,第 4 卷(上),第 91 页。

在古希腊城邦、罗马共和国黄金时代和中世纪前期，曾有明显的尊法重法倾向，但是，古希腊公民因国家与社会的复合而被城邦“吞没”，特殊利益囿于普遍利益之中而没有真正的个人自由，“人仅仅是机器，它的齿轮与传动装置由法律来规制。”[①] 更重要的是，自由民、妇女，尤其是广大奴隶被排除在政治生活之外，奴隶不仅不是法律主体，甚至成为主人的财产。包括罗马共和国黄金时代也大致如此。到罗马帝国时期，形成了国家对市民社会的“监护”关系，这就渐渐蒙上了“东方专制主义”色彩。因此，其法律在根本上是服务服从于其阶级统治秩序的。在中世纪中前期，封建政府被认为是法律统治的政府而不是人统治的政府，统治者无权制订法律，因为“法律是习俗或上帝意志的产物。国王和贵族的权威仅限于颁布所谓的行政法令使法律付诸实施。”但是，国王、封建领主及附庸的权利和义务是明显不同的，它是按社会地位而不是按个人的积极性来建立政体的，附庸所负义务要比其所享有的权力多得多，因而“封建社会当然是高度贵族专政的。”[②] 可见，这种法律统治是以王权统治和等级特权秩序为前提的。这表明，古希腊古罗马和中世纪的尊法重法倾向，并不会真正赋予法律以至上权威，而在根本上仍囿于阶级统治的需要。在东方专制主义及非洲专制主义国家，法是“帝王工具”的认识和实践则走向极致，西方社会的其他历史阶段紧随其后。有西方学者经研究也发现，在狩猎和采集社会、田耕社会及农业社会中，政府制度及以国家名义行使权力的

① 〔法〕邦雅曼·贡斯当：《古代人的自由与现代人的自由》，阎克文等译，商务印书馆 1999 年版，第 28 页。

② 拉尔夫等著：《世界文明史》，第二卷，第 10—12 页。

人的行动,是社会不平等的来源和增长原因。[1] 这种不平等造成了前近代社会的专断权力和等级特权,不仅异化了普遍利益和公共权力,侵蚀了特殊利益和私有权利,而且也消解了法律规范因其对普遍利益和特殊利益进行规制和调适,而应赋有的对权力的权威性。这样,就导致神权和王权在法之上而不是在法之下,因而法律的至上权威就难以确立,广大社会成员力图夺回其普遍利益及保护其特殊利益的斗争也从未停止过。

近代资产阶级"市民社会革命",开辟了市民社会与政治国家的二元发展进程。人们享有的不再是古代人那种依附于共同体的自由,而是现代个人独立的自由。也即"古代人的目标是在有共同祖国的公民中间分享社会权力:这就是他们所称谓的自由。而现代人的目标则是享受有保障的私人快乐;他们把对这些私人快乐的制度保障称做自由。""个人拥有社会必须尊重的权利。"[2] 普遍利益和特殊利益日益分化,并且对国家公共权力进行了空前的"契约性"复归,[3] 使其成为旨在保护特殊利益和私人权利而设定的普遍物。在这一历史进程中,国家是一项可由老子传给儿子的私有财产的古老观念被摧毁了,"政府的权力不再能被用作以牺牲多数人的利益来为少数人谋利。"大部分人口都可以在政治上组织起来和采取行动,"政府机器成了形形色色的有组织的群体间永无休止的斗争的对象,"而这些群体总合起来代表了人口中大多数的特殊利益。政府也就成为协调特殊利益、追求普遍利益的化

---

① 参见伦斯基:《权力和特权:社会分层的理论》,第235—236页。

② 贡斯当:《古代人的自由与现代人的自由》,第32—33页。

③ 参见本书第二章。

身。[①] 这样,“政府的权威被限制在为共同体的利益所必需的范围内,共同体利益也是共同体的成员之作为成员的利益,尽管它并不总是以私人身分的形式出现。”[②] 因此,在一定意义上讲,公共利益与其说是国家利益,还“不如说是全部私人利益,因为这些私人利益具有法律价值,并且为了保护它们而规定法律义务。”[③] 这些私人利益的政治和法律表现,就是宪法予以郑重宣告的自由、平等和人权。然而,已被“契约性”复归的公共利益和公共权力仍具有一定程度的异己性和扩张性,被解放的私人利益也呈现一种膨胀性欲求。因而,普遍利益与特殊利益,以及特殊利益之间不仅具有一种依存互动关系,更具有一种经常性的张力关系。[④] 于是,人们根据启蒙思想家的理论,来对市民社会和国家的二元矛盾互动发

---

① 参见伦斯基:《权力和特权:社会分层的理论》,第 332—333 页。

② 〔英〕A. J. M. 米尔恩:《人的权利与人的多样性——人权哲学》,夏勇等译,中国大百科全书出版社 1995 年版,第 190 页。

③ 〔荷〕克拉勃:《近代国家观念》,王检译,商务印书馆 1957 年版,第 135—136 页。

④ 个人和社会、普遍利益和特殊利益是一种辩证依存的关系。因为“人类的生命如同其他物种的生命一样,应该是永远既有普遍性又有特殊性,永远既有它的群体表现又有个体表现”。因此,脱离了社会秩序就没有人的存在,人只有通过社会秩序来发展自己的个性,并随着社会的发展而发展。也就是说,人的权利和自由只有通过社会秩序或在社会秩序中才能存在和增长,“只有在构造较为全面或较为复杂的社会秩序中,较高层次的自由才有可能实现。因为没有别的途径为众多的人提供选择有利于自己和谐发展的机会。”(参见〔英〕查尔斯·霍顿·库利:《人类本性与社会秩序》,包凡一等译,华夏出版社 1989 年版,第 29 页、第 275—278 页。)昂格尔也强调,界限分明的等级制的解体以及与其有关的自然道德秩序感的瓦解,导致了近代自由主义类型社会组织的出现及其意识风格的形成,这种意识风格一方面认为价值观是任意选择的事情,另一方面也认识到各种社会联系的流动性又鼓励人们相信,所有的利益到头来都是个人的利益,而集团利益不过是其成员具有的不同目的的混合物。而“这种组织社会和认识社会的方式对于法律都具有革命性的意义。”法律的至上性也开始得到关注和强调。参见昂格尔:《现代社会中的法律》,第 62 页。

展的复杂现实进行具体的制度设计和操作。人权便获得了基本的和不可剥夺的性质,“每个人都应该能够行使这些权力,不论是对其他的公民,还是对国家和政府。”① 这些个人权利既确定了公共权力活动的方向,又决定了政府行为的限度,因而“它本身就是规制个人与国家关系的所有规则的源泉。”② 也即它一方面通过个人权利和私人利益来限制、定位国家权力和公共利益,并对公共权力进行分立制衡,以保障个人权利和自由;另一方面,又赋予国家以组织军队、警察和司法机构等权力,来保卫国家安全和解决权利冲突,藉以维护社会安全和秩序。这种普遍利益与特殊利益以及特殊利益之间、公共权力与私人权利以及私人权利之间的多元复杂博弈,必然要求确立恰当平衡的至上规则来予以界定和调适。然而,道德、宗教和惯例等社会规范在这种博弈面前已显得无能为力了,只有普遍有效的法律才能胜此重任。而宪政思想正如它希望通过法治来约束个人并向个人授予权利一样,它也希望通过法治来约束政府并向政府授权。”③ 于是,法律就不再是王权统治的工具了,而是组织国家和社会生活的得力工具。④ “法律对权威内

---

① 〔荷〕亨利·范·马尔赛文、格尔·范·德·唐:《成文宪法的比较研究》,陈云生译,华夏出版社1987年版,第374页。

② 〔法〕莱昂·狄骥:《公法的变迁——法律与国家》,郑戈译,辽海出版社、春风文艺出版社1999年版,第10页。他还指出,西方大部分法律制度都产生于这种个人权利学说,其重大进步作用在于,“它第一次明确地通过‘法’限制了国家权力。”莱昂·狄骥:《宪法学教程》,王文利等译,辽海出版社、春风文艺出版社1999年版,第6页。

③ 〔美〕斯蒂.M.格里芬:《美国宪政:从理论到政治生活》,载《法学译丛》,1992年第2期。

④ 美国宪政制度的创立和运行,就是旨在通过法律来实现自由和秩序的伟大实验,这可堪称为以法律重组国家和社会生活的典型。参见〔美〕詹姆斯·M.伯恩斯、杰克·W.佩尔塔森、托马斯·E.克罗宁:《民治政府》,陆震纶等译,中国社会科学出版社1996年版,第3—37页。

容及其范围的界定成了达到高层次功能分化的社会的迫切需要。"[①] 势力和利益所表达、转化出来的要求开始创造法律,[②] 就是说,"根本上必须在合作本能与利己本能之间维持均衡。社会控制的任务就在于使我们有可能建立和保持这种均衡,而在一个发达社会中法就是社会控制的最终有效的工具。"[③] 利益也就成为法律的目的物,并以利益"估价"方法来"调和、恰当地限制和尊重所包含的各种利益",从而奠定个人获得自由独立人格以及社会维持秩序的基础。这样,"法律之所以存在,因为人们继续不断地评估和重新评估利益,因为他们希望利益调和,因为他们希望保障他们本身的利益和承认尊重他人利益的正当。这种相互的权利义务观念是建设政治社会的基石"。[④] 以至康德构建其权利科学的最终意图和目的在于建立普遍的和持久的和平,即"在人们之间的关系中,'我的和你的'均依据法律得到维持和保证,"从而建立文明

① 帕森斯:《现代社会的结构与过程》,第156页。

② 参见〔美〕劳伦斯·M.弗里德曼:《法制制度——从社会科学角度观察》,李琼英等译,中国政法大学出版社1994年版,第174—175页。甚至有学者充满激情地以公共服务概念取代主权概念,并把它确立为现代国家的基础,使法律也首先表现为调整公共服务的法律。参见狄骥:《公法的变迁——法律与国家》,第13页、第54页。

③ 〔美〕罗·庞德:《通过法律的社会控制——法律的任务》,沈宗灵等译,商务印书馆1984年版,第89页。

④ 〔英〕萨柏恩(George H. Sabine)、许派德(Walter J. Shepard)(此系该书原中译名):《近代国家观念》(克拉勃)英译者序,第48—49页、第57页。他们还写道:一切利益都是社会的和个人的,每个团体必须调配它的共同利益及其成员的其他利益,还必须调配与其他团体的共同利益和非成员的各种利益。调和利益的方法是估价,法律正是对利益的这种估价。它"应当处理一个社会内的许多人类利益,应当代表有关这些利益的价值的坚定的判断,因而它的目的在于尽力保障各种利益,不但对于利益的数目,并且对于它们的实际重要性给以应有的注意"。参见萨柏恩、许派德:《近代国家观念》英译者序,第54页。

社会。[①] 而公共安全，也只能建立在尊重法律、遵守规则以及加强权利保障上，人们要求“出自一种合法来源的政府只拥有比以前更少的权利对个人行使专制权力。”[②] 于是，具备普遍性和自治性的法律秩序就应运而生了，这种法律秩序“代表了由调合所有特殊利益所组成的普遍利益。政府依法行事的责任似乎限制了官员们利用公共权力谋私的能力以及使之作为人身压迫工具的能力。它把最低限度的自由与安全和人们之间在财富、权力和知识方面存在的广泛差距结合在一起。由相对独立的职业集团所操纵的专门机构对法律的解释，这种法律解释浸透了自己的论证技巧，保证了其权力受到法律限制的那些人并不能最终决定法律的意义。”[③] 因而，法律也就在市民社会和政治国家二元矛盾互动发展进程中，在普遍利益与特殊利益的冲突与协调基础上，获得了至上性，“法律的统治”原则和精神也得以确立和传播。正如有西方学者所指出的那样，不仅近代国家学说的根本概念是法律，而且近代国家的根本状态也完全受法律规制，而法律则代表了利益的实际完成的估价。[④]

（二）权利保障——多元社会权利对国家权力的分享与制衡

近代法治的产生与运行是以权力制约和权利保障为基础和核

---

① 〔德〕康德：《法的形而上学原理——权利的科学》，沈叔平译，商务印书馆 1991 年版，第 193 页。

② 贡斯当：《古代人的自由与现代人的自由》，第 42 页。

③ 昂格尔：《现代社会中的法律》，第 62 页。

④ 参见萨柏恩、许派德：《近代国家观念》英译者序，第 57—58 页。

心的,并强调当权者与其他人同样服从既定的法律。[①]而这一制约、保障及法律至上要求,则主要是由市民社会多元权利对国家权力的分享和制衡来获得保证和实现的。也即"市民社会在很大意义上并非一种外在于政治权力的领域;而毋宁说是深深地穿透于这种权力的一种力量,使权力处于分立、分散的状态。"[②] 这不仅使专断权力难以立足,而且也使得权力和权利都服从于共同的规则而纳入法律规制框架之中。

从中世纪中后期开始,西欧就展现了一种独特的权力多样性发展,它们之间的斗争和妥协实际上成了建立新体制和新秩序的尝试,使得其以议会形式聚集一堂,并"遵从同一法律和权力,融合成一个社会,一个国家。"[③] 西方的法律至上信念,也正是从世界本身服从法律的神学信条、世俗与宗教权威的二元性、世俗权威自身的多元性、封建等级中上下级的相互义务关系,以及中央与地方当局、官方与民众管理机构的辩证关系中萌生的。进一步说,在西方,法律一直是防止统治阶级专断权力的武器,其中很多取源于理性和道德的内容以及很多取源于早期历史时期的内容。更特殊的是,如果没有前数百年底层民众集团的多元主义,以及在农民大众与皇帝和王室权力的顶层之间存有中间性集团,从教皇革命中出现的宗教当局与世俗当局之间的竞争与合作制度就不可能得到确

---

① Joseph Raz: *The Authority of Law*, Clarendon Press, 1979, P.210.

② 泰勒:《市民社会的模式》,载邓正来、亚历山大编:《国家与市民社会》,第31页。

③ 基佐:《欧洲文明史》,第172页。

立。[①] 也即多元集团的权力分割,构成了法律秩序建立的重要助推力。[②] 而在市民社会力量增长和资产阶级兴起并夺权的过程中,则一再表现出对"合法性"问题的关切与斗争。[③] 近代"市民社会革命"胜利后,确立了国家与市民社会的互动和制衡关系,[④] 民主宪政和法治原则也就建立在这种多元社会权利对国家权力的分享和制衡基础上。

1、市民社会的多元权利有效地分解了国家权力,扼制了公权力的专断倾向

近代市民社会的兴起及其运动,是以反抗专断权力,主张自由和权利为目标的。它一方面确立了国家权力和社会权利的"民主契约"关系;另一方面,则造就了主要是后致角色的、利益纽带联结的、松散个体化的和较高水平的社会过程参与的"大众社会",[⑤] 在这里,"权威在某种程度上是凭借授予别人以权威或市场机制来维持统治,这样就产生了权力和特权的分散。"[⑥]

首先,个人享有不可剥夺的天赋人权,形成对国家集权的社

---

① 伯尔曼:《法律与革命》,第640—641页,第664页、第662页。

② 参见昂格尔:《现代社会中的法律》,第59—68页。

③ 泰格、利维:《法律与资本主义的兴起》,第270页。

④ 猪口孝:《国家与社会》,第120页。

⑤ 西方社会学家指出,"大众社会"产生于三方面的结合:大量的人口、与传统的以人为中心的制度的弱联系,以及对现代生活的相对非人格化的社会过程的高水平参与。它是人们松散的、利益的集合体,而不是被出生地、宗教及亲族紧紧地束缚着的。因此,古代中国虽然人口众多,但很多人被牢牢地束缚在村庄或家庭生活的规范和习俗之中,因而并不是"大众社会"。参见〔美〕L. 布鲁姆、P. 塞尔茨内克、D. B. 达拉赫:《社会学》,张杰等译,四川人民出版社1991年版,第690—691页。

⑥ 伦斯基:《权力和特权:社会分层的理论》,第327—328页。

会消解。无论是英国的《权利法案》和美国的《独立宣言》，还是法国的《人权和公民权宣言》，都贯彻了自由主义精神和天赋人权思想。市民社会成员的生命、自由和财产权利得到了充分确认和肯定，其自由和权利保障随即成为政府的目的。而“政治、权力或执政者是实现人权保障的手段，他们的存在被认为只以满足目的为限，”[①] 并且，国家的行动范围仅限于“如果政府不做就根本不会做的那些范围。”[②] 这样，作为真正的私人自律领域，市民社会便形成了与国家的对立。[③] 传统的集中化国家权力，就在相当程度上被分解为广大社会成员所自主享有的自由、平等权利，[④] 传统权力和特权被分散在每日忙忙碌碌并精于计算和斤斤计较的，遍布于全社会的“经济人”身上，“许多经济决策分散给相对独立的个

---

① 杉原泰雄：《宪法的历史》，第23页。

② 〔英〕L.罗宾斯：《过去和现在的政治经济学——对经济政策中主要理论的考察》，陈尚霖等译，商务印书馆1997年版，第178页。

③ 哈贝马斯：《公共领域的结构转型》，第11页。

④ 西方社会学家曾分析到，在传统农业社会中，政府权力几乎总是掌握在极少数人手中，绝大多数人完全被排除在政治过程之外。但是，在大多数工业社会中，所有的成年公民不仅具有选举权，而且更重要的是，他们具有政治上组织起来以增进其自身的特殊利益和信仰的权利，甚至当这些活动与当权者的利益和信仰相矛盾的时候，也是如此。它意味着“政治不平等大大减少了，政治权力大大地分散了。”另一方面，在农业社会中，人口中1%或2%以上处于最高层的人，通常获得不低于国民收入一半的财富。然而工业社会则低得多，尽管不平等仍然存在甚至也很严重，但事实上这一比例要比农业社会低一半乃至更低。这也说明了不平等程度、权力和特权地位的降低及权利地位的上升。（参见伦斯基：《权力和特权：社会分层的理论》，第322—325页。）实际上，近代市民社会的突出特色就是多元性，这种多元性首先就表现在经济、宗教、文化、知识活动、政治活动等彼此部分自主的领域，尽管它们彼此间并非毫无渗透，但其自主追求目标是明显的。此外，还有市民社会组织的多元性。（参见爱德华·希尔斯：《市民社会的美德》，李强译，载邓正来、亚历山大编：《国家与市民社会》，第38页。）正是这种多元性，奠定了个人自由和权利的社会基础。

人和企业,"[1] 或者如安德鲁·肖恩菲尔德所说的,"把政府分裂为许多小部分的国民本能。"[2] 进而造就了一个庞大的追求教育、自治权、个人自由、财产权、法治和参与政府事务,因而成为民主理想和制度的天然盟友的中产阶级。[3] 这就大大削减了专断权力赖以存在的基础(即集中占有全社会财产并控制人身及其社会活动),而人们对政府干预的"禁令",则恰当地表达为"不要站在我的阳光下。"[4] 因此,权力的集中和专断倾向就受到了严重扼制。同时,既然权力是为维护和保障权利而存在的,那么,权力和权利就都必须服从既定规则而无人(尤其是权力)在法律之上,政府只有在执行广泛保护生产、自由和财产的普遍规则时,才可以"合法地干预市民社会,"[5] 而"法律沉默则一切自由。"[6] 也就是说,尽管政府必须对已交给它掌握的资源进行管理,但是,这并不意味着它可以对公民私人的努力同样进行管理。"自由社会同不自由社会之间的分野,就在于在自由社会中每个个人都有一个受到承认的私人领域,是同公共领域划分得一清二楚的,单个私人不能被命令来命令去,只能要求他服从对所有人都一视同仁地适用的规则。"[7] 这就为个人可以决定如何使用手中掌握的能量和资源提供了条件,因此,"法治就成了对强制权力至关重要的限制,成了个人自由的

---

① 〔美〕罗伯特·达尔:《论民主》,李柏光等译,商务印书馆 1999 年版,第 176 页。

② 弗里德曼:《法律制度》,第 246 页。

③ 达尔:《论民主》,第 176 页。

④ 罗宾斯:《过去和现在的政治经济学》,第 176 页。

⑤ 赫尔德:《民主的模式》,第 328 页。

⑥ 米尔恩:《人的权利与人的多样性》,第 131 页。

⑦ 哈耶克:《自由宪章》,第 330 页。

条件。"[①] 虽然在西方自由资本主义向垄断资本主义发展的过程中,政治、经济和社会秩序出现了从"个人主义"趋向于"集体主义"的一些变化,[②] 人权概念也"具有个人权利与其他公共利益之间关系的含义,"[③] 但是,"西方民主概念的主要支柱是一种多元社会,它把利益的异质性展示并表达了出来。"[④] 因此,在市民社会成员自由、平等权利对国家权力的分解这一基点上,仍然没有实质性的改变。

其次,市民社会组织的多元化、自主化发展,形成了对国家权力的分割与制衡。近代市民社会所造就的"大众社会",并非仅仅表现为原子化、疏离化的乌合之众。恰恰相反,市民社会的"政治解放"在展现出遍布社会的独立"经济人"这一宏伟景观的同时,也对传统血缘、等级社会结构进行了重大解组,形成了以角色分化、利益联结及合理性追求为表征的众多社会组织,[⑤] 尤其是公司、政党及各种利益团体,成为市民社会丰富而多样性的、富有生命力的象征。[⑥] 在传统社会中,财产和人格是重要的权力源,而近代市民

---

① 赫尔德:《民主的模式》,第 326—327 页。

② 伯尔曼:《法律与革命》,第 39—43 页。西方个人本位的法理学也受到了团体主义法理学的冲击。参见龚祥瑞:《比较宪法与行政法》,第 137—149 页。

③ 〔美〕L. 亨金:《权利的时代》,信春鹰等译,知识出版社 1997 年版,第 4 页。

④ 〔匈〕米哈利·西麦:《民主化进程和市场》,载猪口孝、纽曼、基恩编:《变动中的民主》,第 151 页。

⑤ 参见富永健一:《社会结构和社会变迁》,第 60—61 页、第 178—179 页。也许是在这一意义上,西方学者才把集团(或团体)视为与整体社会并行的两大政治社会学范畴。(参见〔法〕莫里斯·迪韦尔热:《政治社会学——政治学要素》,杨祖功等译,华夏出版社 1987 年版,第 19 页。)集团理论也成为西方政治学中重要而活跃的派别。参见曾繁正等编译:《西方政治学》,红旗出版社 1998 年版,第 113—146 页。

⑥ 当代市民社会理论家多把志愿性社团视为市民社会的核心要素,甚至把其等同于市民社会本身。参见何增科主编:《公民社会与第三部门》导论,第 4 页。

社会兴起后,组织则成为异军突起的权力源。虽然它与财产和人格相关联,但却日益削减着财产和人格两个权力源而成为主导。[①]这样,社会组织就要在静态(权力结构上)和动态(权力的生产和分配过程)两方面与政府组织分享权力。即在当今"复合社会"中,民主的一个必要条件,就是"独立于政府机构、政党制度和国家结构的公共空间",[②] 进而形成一种抑制权力的多元社会权力结构。社会组织则是这一权力结构的重要组成部分。另一方面,权力不仅必须予以分立或分配,也必须予以生产。现代政体在量上比传统政体拥有更大的权力,且随着社会政治、经济和社会生活的复杂多变而呈递增之势。因此,必须对不断增长的权力予以同步分解,即"权力的生产有赖于将新集团纳入政治体系中",使"体系面临着参政集团提出的较大地分散权力和在集团与制度当中建立制衡和控权的要求。"[③] 这样,社会组织对国家权力的分享制衡,就有了权力结构和权力生产与分配过程两个向度,以形成多元权力中心。它们一方面有其独立性发展的趋势,要求政府尽量少干预而维护其自治权,扼制国家权力职能和范围的扩张;另一方面,它们又要"不断地向国家领导和官员提出要求并力求对他们施加影响,"[④]

---

① 参见〔美〕约翰·肯尼思·加尔布雷思:《权力的分析》,陶远华等译,河北人民出版社 1988 年版,第 29—55 页。

② 〔美〕梅路西:《后工业民主的悖论:日常生活和社会运动》,谭晓梅译,载《现代外国哲学社会科学文摘》,1995 年第 5 期。

③ 〔美〕亨廷顿:《变革社会中的政治秩序》,李盛平等译,华夏出版社 1988 年版,第 140 页、第 143 页。

④ 〔美〕戴维·波普诺:《社会学》(下),刘云德等译,辽宁人民出版社 1988 年版,第 405 页。

通过积极的直接或间接民主政治参与，力图使“政府政策大多是通过谈判和讨价还价来决定的。”[①] 尽管这难免有些西方学者的理想主义成分，[②] 但是，组织多元化无疑构筑了一个以权力分离和制衡为标志的多元政治体制，提供了能有效保护少数人权利、抑制等级体系和权力支配的互控机制。它一方面使统治资源分散化而加大统治者的垂直统治成本，另一方面，也可使微势团体进行资源联合，加大统治者欲意控制的成本。这就使其政治自主性得以推进，[③] 使“权力在处于不断变化的冲突、竞争和合作模式中的各种集团之间得到了广泛的分配”[④]；同时，它又参与权力的生产和分配过程，并以“自由主义剃刀”确立权力生产和分配的同步分解机制，使集权增长受到扼制，使社会自主自治权利得到扩展。从而抵消国家权力的强制性控制，保障市民社会的自由和权利。更为重要的是，社会团体自古滥觞之时起，就展现了人类自由自主活动的发展走向，是国家权力回归社会的重要桥梁。[⑤] 而在现代社会结

---

① 〔美〕罗伯特·A. 达尔：《现代政治分析》，王沪宁等译，上海译文出版社 1987 年版，第 110 页。

② 在西方，针对多元主义政治观有诸多批评：实际上的政府决策常常由“精英集团”作出，而不是民众广泛、深度参与的结果。但是，多元主义政治观确实倡导了一种以社会权力抑制国家权力的信念，提供了自由和民主所必需的起码条件，而且，多元主义政治过程在西方法治社会也确是一个事实。参见布鲁姆、塞尔茨内克、达拉赫：《社会学》，第 696—697 页。

③ 参见〔美〕达尔：《民主理论的前言》，顾昕等译，生活·读书·新知三联书店、牛津大学出版社 1999 年版，第 188 页、第 185 页；另见顾昕：《以社会制约权力——达尔的多元主义民主理论与公民社会》（译者后记）。

④ 雅克·博拉诺语，转引自王沪宁：《比较政治分析》，上海人民出版社 1987 年版，第 122 页。

⑤ 参见本书第四章。

构中,利益关系是多元整合的,社会权力是分散制衡的,组织形态是异质独立的。活跃于市民社会舞台上的大量自治性、多元性、社会性和开放性的社会团体,就成为相对软弱无力的公民联合起来,去抗衡专权、暴政的“堤坝”和监督权力的“社会的独立之眼,”[①]形成肯定自我和借以抵御国家权力的“免于控制和约束的自由社会空间,”[②] “在纵横四溢的个人利己主义和国家的巨大且又具有威慑性的力量之间,它们占据中间地位。”[③] 从而使国家权力受到了社会多元权利的有效制衡,扼制了权力滥用和提高了权力运作效能,民主、自由和权利得到了切实的保障,[④] 也为自由理性、自主自律的社会秩序奠定了重要基础。

市民社会多元权力中心的形成, 直接影响着国家“公共选择”的政治过程。[⑤] 不同利益集团的斗争和妥协, 必然排斥单一性和独占性而孕育并弘扬民主、宽容和自由理性精神, 必然要维护法

---

① 参见〔法〕托克维尔:《论美国的民主》(上),董果良译,商务印书馆1991年版,第217页;约翰·基恩:《市民社会与国家权力型态》,载邓正来、亚历山大编:《国家与市民社会》,第119页。

② 梅路西:《后工业民主的悖论:日常生活和社会运动》。

③ 丹尼尔·贝尔:《资本主义文化矛盾》,第319页。

④ 乔·柯尔在《费边社会主义》中强调,“一个社会可能在纸面上有高度民主的政体,却几乎没有民主,因为公民缺乏使民主生效所需要的那种愿意和组织。”(参见肖金泉主编:《世界法律思想宝库》,中国政法大学出版社1992年版,第216页。)这也反证了多元社会组织对民主和自由的重要性。

⑤ 西方颇具影响的公共选择理论反对“政治人”与“经济人”的二分法,认为人是自利的、理性的效用最大化者。政治过程也是一种政治市场,个人和群体对不同决策规则和集体制度的反应,构造了协调个人偏好,以达致共识和效率的政治秩序。参见〔美〕丹尼斯·C.缪勒:《公共选择理论》,杨春学等译,中国社会科学出版社1999年版,第4—9页。

治权威以免有序的多样性受到威胁。[①] 就是说，“人们无需要求一个惟一的权力中心来控制其余部分。相反，在没有一个惟一的权力中心的控制下，在潜在的否决位置范围内可以存在一种平衡，而在权力分配系统内也能保持一种法律秩序。只要将所有权力中心限制在一个可实施的宪法范围内操作，那么就能保持一个多中心的秩序。”[②] 这种“多头政治的合格印章是参与政府和反对政府的权利。这就要求国家容忍甚至保护个人和组织的自主权，”[③] 人民所信任和忠诚的并不是政府和领袖，“而是支撑着这个国家的法律。”[④] 因此，政府要成为可能，一个共同体就必须有一个实在法体系并在道德上服从法治，[⑤] 进而要求国家干预市民社会仅限于提供一些规则，并且这些规则乃是个人和群体追求不同目标时所能够凭借的工具。[⑥] 这样，宪法便成为设置不同群体的政治优势或障碍以实现权力制衡的充分表达，[⑦] 而法律制度则被看作是“通过害怕而相互制约的工具，是共同认识和价值观的贮藏室，是强加在私人组织之上的框架，又是从私人组织中产生的秩

---

① 多元主义者认为，国家的作用是在各利益集团之间进行调解，求得公共妥协，通过或批准反映妥协的法律，从而维护社会的秩序。国家通过政治过程来完成这些任务，而这些政治过程，看上去是一个在各利益集团之间不断地讨价还价或平等交换的过程。社会的法律和规则就是以这种方式不断地演化着。波普诺：《社会学》（下），第405页。

② 〔美〕文森特·奥斯特罗姆：《工艺与人工制品》，蒋刚苗译，载迈克尔·麦金尼斯主编：《多中心治道与发展》，上海三联书店2000年版，第496页。

③ 达尔：《现代政治分析》，第107页。

④ 波普诺：《社会学》（下），第411页。

⑤ 米尔恩：《人的权利与人的多样性》，第191页。

⑥ 赫尔德：《民主的模式》，第328页。

⑦ 达尔：《民主理论的前言》，第186—198页。

序。”[①] 这种秩序就是立足于市民社会多元权利基础上的,体现自由和权利价值诉求的法治秩序。

2、建立在市民社会多元价值追求和评判基础上的“公共理性”,决定着国家权力的统治合法性

在分散的政治制度中,每个人参与一切决策并给予效忠与合作,“但随着群体越来越大,组织越来越正式,获得并保持公众的支持也就随之越来越成问题了。”[②] 近代“市民社会革命”的一个伟大功绩就在于,它把国家与市民社会的二元论建构在“民主契约”的基础上,国家权力的统治合法性由宗教神谕而转移到民众手中,其暴力基础也被“民意”大为冲淡乃至置换,权力也就区分为“合法权力”和“非法权力”。只有“合法权力”才赋有“权威”——而且更多的是由规章、程序及目的来提供其基础的“理性权威,”[③] 也即面对社会利益高度分化、自由主义和个人权利学说深入人心的现代市民社会,“一切社会制度若要得到民众最大的支持,必须拥有为全社会所接受的、行使社会权威的道德正当性。”[④] 否则,就会引起民众的不服从、非暴力反抗直至发动市民社会“革命”,以摧毁“非法权力”而重建合法化权威和合理性制度。

在多元复杂的市民社会生活中,每个群体正如每个个体一样

---

① 昂格尔:《现代社会中的法律》,第 99 页。

② 哈维兰:《当代人类学》,第 498 页。

③ 参见波普诺:《社会学》(下),第 401 页;布鲁姆、塞尔茨内克、达拉赫:《社会学》,第 693—694 页。

④ 丹尼尔·贝尔:《资本主义文化矛盾》,第 124—125 页。

具备一个“丰富的心灵”,[①] 它们基于不同的阶级阶层归属、角色认同、利益需求及兴趣和心理,形成“接受利益与理想的多样性,”[②] 进而发生了不同向度的价值判断和合理性诉求,弘扬了自由和权利精神。但是,如果没有基于市民社会集体性自我意识的“市民认同”,多元化的市民社会就可能沦为一场每个人对所有人的战争。因此,“市民认同”就成为规约个人、集体、社会和国家彼此间的关系,扼制冲突强度与制约离心倾向的必要途径和可靠手段。[③] 这表明,“尽管各种角色的观点各异而且经常发生冲突,但他们还是进行着互动,并创生了总体上的运动。”[④] 私人领域就有了各种各样的合法基础,而这一合法基础又是社会中共同坚持的价值,其“结果必定限制公共权威‘干预’这些利益的权利。”[⑤] 这样,就逐渐形成了市民社会公共领域和公共舆论,它赋有一种浓重的合理性追求和理性批判精神,[⑥] 其价值和原则构成了合法性的源泉,[⑦] 它“把统治消解为轻松的限制,而这种限制只有在一种强

---

① 〔美〕查尔斯·霍顿·库利:《社会过程》,洪小良等译,华夏出版社 2000 年版,第 305—306 页。

② 希尔斯:《市民社会的美德》,载邓正来、亚历山大编:《国家与市民社会》,第 40 页。

③ 参见希尔斯:《市民社会的美德》,载邓正来、亚历山大编:《国家与市民社会》,第 44—45 页。贝尔也指出,现代政治体系必须依靠一致的舆论和正义才能维持它的生命力,否则,社会上就只会有连绵不断的摩擦和冲突。参见丹尼尔·贝尔:《资本主义文化矛盾》,第 309—310 页。

④ 库利:《社会过程》,第 318 页。

⑤ 帕森斯:《现代社会的结构与过程》,第 156 页。

⑥ 参见哈贝马斯:《公共领域的结构转型》,第 96 页。

⑦ 伊斯顿指出,构成输出广阔界限和进入政治互动的一切领域的价值和原则,不仅充当一个限定当局行动范围的约束物,而且也规定了当局、政治结构和有关的规范可以自我检验合法性的一个范围。参见〔美〕戴维·伊斯顿:《政治生活的系统分析》,王浦劬译,华夏出版社 1999 年版,第 348—349 页。

制性的公众舆论的基础上才能盛行起来。"[①] 也就是说,市民社会的多元价值评判经过公共领域(自发的公共聚会场所或机构),进行公开的、自由的、理性的讨论和认同而整合为公共舆论,进而通过政治生活系统(如新闻媒介、压力集团、代议机构等)成为统治者制订公共政策及典章规则的依据和舆论督导力量,市民社会理性也就上升为"公共理性"。[②] 它不仅构成了国家权力的正当性基础,而且,还能为宪法及法律制度的变革开辟道路。[③]这样,民主的性质和质量,就"在很大程度上取决于民主国家为了处理国民文化多样性问题而发展出来的各种安排"。[④] 而市民社会既"要求限定

---

① 哈贝马斯:《公共领域的结构转型》,第 97 页。

② 在罗尔斯看来,公共理性是一个民主国家的基本特征,是那些共享平等公民身份的人的理性,是"公共的善和根本性的正义。"但并非所有理性都是公共理性,或者说非公共理性有多种,而公共理性只有一个。非公共理性包括诸多市民社会理性,它构成了公共理性或公共政治文化的"背景文化"。即公共理性的价值是通过各种合乎理性的完备学说——一旦这些学说适用于正义观念本身的——全面性评价而获得正当性证明的。公民对公共理性的理想的肯定,不是把它作为一种政治妥协的结果或临时协定,而是从他们自己合乎理性的学说内部出发的。公共理性不像非公共理性那样可以广涵社会性文化,而只限于基本的社会政治方向:具体指定某些基本的权利、自由和机会;指明这些权利、自由和机会的特殊优先性,尤其是相对于普遍善和完善论价值要求的优先性;肯定那些确保所有公民有效利用其自由和机会这一合乎目的之手段的举措。也就是说,公共理性是一种奠定政治"合法性原则"基础的政治理性,是理性地、公开地检省"宪法根本"的基本方式。(参见〔美〕约翰·罗尔斯:《政治自由主义》,万俊人译,译林出版社 2000 年版,第 225—270 页。)在当今民主社会中,存在着在法律框架内活动的众多机构和多样化团体,它们享有思想、言论及结社自由权利,形成了丰富多元的市民社会文化——"背景文化",接受宪政民主政权及其相伴的合法性法律观念的合理论说也不尽相同,因此,找到一种适合的有关公共理性的观念,是各个民主社会所共同面临的关怀。参见〔美〕约翰·罗尔斯:《公共理性观念再探》,时和兴译,载哈佛燕京学社、三联书店编:《公共理性与现代学术》,生活·读书·新知三联书店 2000 年版,第 2—4 页。

③ Britannica, 1993 by Encyclopedia Britannica, Inc., V.L.16, P.697.

④ 达尔:《论民主》,第 193 页。

国家(或政府)的行为范围,要求国家受法律的约束,但同时又要求国家能够有效地实施保障市民社会多元性及其必要的法律",[①]而其法律精神和原则则导源于"公共理性",因此,"建立法律的是真理,而不是权威"。[②] 国家权力统治的合法性也便与法治精神相契合。

3、权力分立制约和法律规束,使权力运行置于法治机制之中

市民社会多元权利对权力的分割和统治合法性向社会的回归,并不必然保证权力能够服从服务于自由和权利,因为"一切有权力的人都容易滥用权力,这是万古不易的一条经验,"[③] 而且,"由简单多数拥有(几近乎于)无限统辖权的民主制倾向于侵蚀财产权利的安全和法治;并会不断增多政府行为。"[④] 因此,还必须同时对其进行分立制约,建立权力与权力的体制性分散和制衡机制(包括三权分立和中央与地方分权),以野心来对抗野心,[⑤] 以

① 希尔斯:《市民社会的美德》,载邓正来、亚历山大编:《国家与市民社会》,第39页。

② 哈贝马斯:《公共领域的结构转型》,第92页。

③ 孟德斯鸠:《论法的精神》(上),第154页。

④ 〔瑞士〕P.波恩荷兹:《一个稳固民主的必要和充分条件》,载A.布莱顿等:《理解民主——经济的和政治的视角》,毛丹等译,学林出版社2000年版,第105页。哈贝马斯也指出,"如果民主的意志形成不受到保障自由的分权原则的限制,这种意志形成就会变成压制。"〔德〕尤尔根·哈贝马斯:《合法化危机》,刘北成等译,上海人民出版社2000年版,第148—149页。

⑤ 参见〔美〕汉密尔顿等:《联邦党人文集》,程逢如等译,商务印书馆1980年版,第264页。

"防止政府夺去我们的自由权。"① 这就确立了民主宪制国家之网,代替那种有足够权力保护一切也有足够权力压制一切的绝对主义权力的"政治语法"的,是作为一种新语法的"检查和平衡"制度。"只有在这种制度中,人权才能达到完全的法的现实性,虽然在政治集体中存在权力垄断,但没有一个人,也没有一个机构和国家机关拥有无限制的权力,国家权力被多重分层化并又组合成一张相互监督的公共权力之网,"② 尤其像美国所建立的诸侯式制度,其法律生活独特而普遍的特点就是"权力的分散",使得"几乎每个正式权力机构都由某种相对权力所平衡。"③ 可见,这种以权力制约权力的制度框架,既仰赖于市民社会多元权利基础,又为市民社会的自由和权利提供了保障。同时,如果没有以一种积极的方式来确立依法限制国家权力的原则,任何社会生活和国际生活都不可能顺利进行,社会上也就会充斥着暴力和野蛮。④ 而在法治得到尊重且"只有'法治'得到尊重时,强制性权力才会受到限制。"⑤ 因此,它必然还要求权力分立制衡的制度化并遵从法治原则,权力也在其内部的分立制衡和外部的权利抗衡面前,不得不服从法律权威和正当程序,从而确立起无人在法律之上也无人在法律之下的法治机制。⑥

---

① 伯恩斯等:《民治政府》,第 4 页。

② 〔德〕奥特弗利德·赫费:《政治的正义性——法和国家的批判哲学之基础》,庞学铨等译,上海译文出版社 1998 年版,第 406 页。

③ 弗里德曼:《法律制度》,第 245—246 页。

④ 参见狄骥:《公法的变迁——法律与国家》,第 223 页。

⑤ 赫尔德:《民主的模式》,第 326 页。

⑥ 参见米尔恩:《人的权利与人的多样性》,第 131 页。

（三）理性规则秩序——市民社会多元利益的冲突、互动与整合

人类社会既是一种伦理共同体,也是一种利益共同体。“在有机体的成长过程中,冲突和合作是同时存在的。如果各方力量是有组织的,它们就互相合作,但这种合作是建立在选择性方法包括冲突的基础上。”[①] 而且近代市民社会出现以来,它一直展现着多元利益的冲突、互动与整合的复杂社会图景,践行着自由的、自决的人的个体完善的目的,[②]并塑造了市民社会的理性规则秩序。

市民社会是多元主义并赋有自由、平等精神和个体价值追求的,但同时也具有节制个人、地区和集团特殊利益与需求的“实质性市民认同,”[③] 它使得冲突与合作互相关联和不可分割,进而成为社会演进和制度变迁的重要推动力量。[④] 即自由而平等的众多“经济人”,以及基于不同利益和需要的多元群体和组织,在市民社会生活中形成日常交往和社会交换网络。它构成了群体之间的关系和个体之间的关系、权力分化和伙伴群体关系、对抗力量之间的冲突与合作、在一个没有直接接触的社区中远离的成员们之间的

---

① 库利:《社会过程》,第 29 页。

② Ernst-Wolfgang. Böckenförde, *State*, *Society and Liberty*, 1991, P. 127.

③ 希尔斯:《市民社会的美德》,载邓正来、亚历山大编:《国家与市民社会》,第 46 页。

④ 西方社会学家对此多有关注,尤其是冲突理论及交换理论。参见〔美〕乔纳森·H. 特纳:《社会学理论的结构》,吴曲辉等译,浙江人民出版社 1987 年版,第 157—368 页。

联系和亲密依恋的基础。[①] 不同的利益主张和权利要求在此间互动交融又相竞冲突,而且日益呈现一种应得权利和供给、政治和经济、公民权利和经济增长的对抗,“这也总是提出要求的群体和得到了满足的群体之间的一种冲突。”[②] 因此,市民社会并不希望也不可能通过减少多样性或压制冲突而谋求通向一致的道路。实际上,不允许冲突发生,并极力阻止必要的面对新环境的调整,是一个僵化社会制度的重要特征,它会把灾难性崩溃的危险增至极限。而一个灵活的社会则通过冲突行为而获益,因为种种冲突行为通过规范的改进和创造,保证了它们在变化了的条件下延续下去。[③] 为此,市民社会要接受利益和理想的多样性,任何由众多人组成的社会都会产生这种多样性。它允许个人及机构追求多样化的目标,但并不允许不择手段地追求这些目标,[④] 而是要对冲突进行合理的控制来达致市民认同、社会整合和理性规则秩序。“它要求建立一定的社会法规,这个法规必须能够正式或非正式地涵盖斗争的全部领域,将发生冲突的各个部分包括在内,并对它们实施有效的管制。”[⑤] 杜尔克姆就认为,合同关系事实上是在特定的规范环境中被建立起来的。这些规范并非是在合同中确定的,而是先

---

① 参见〔美〕彼德·布劳:《社会生活中的交换与权力》,孙非等译,华夏出版社1988年版,第5页。

② 〔英〕拉尔夫·达仁道夫:《现代社会冲突》,林荣远译,中国社会科学出版社2000年版,第3页。

③ 参见〔美〕L. 科塞:《社会冲突的功能》,孙立平等译,华夏出版社1989年版,第114页。

④ 参见希尔斯:《市民社会的美德》,载邓正来、亚历山大编:《国家与市民社会》,第40页。

⑤ 库利:《社会过程》,第33页。

于合同而存在的，即法和习惯都约束着合同，没有它们，离开具有凝聚力的社会，合同就会陷于濒于瓦解的争吵之中。而齐美尔也强调，财产法通常是被双方都接受的——构成统一、联结双方的契约，即使它没有规定双方的具体行为步骤，也限定了冲突的框架。他进一步指出，在冲突发生过程中，新规则不断地被创造，旧规范不断地被改进。冲突造成了一种部分或全部不受规划和规范所约束的新环境，同时它也作为一种催化剂促进了新规则、规范的建立。[①] 其实，齐美尔、杜尔克姆、路易林、赫尔比尔、韦伯、科塞等许多社会学家的研究表明，原始法律制度和习惯法，都导源于利益冲突与协调，或者说利益的不一致导致了法律的产生和变革。社会利益关系越复杂，冲突与整合的问题也就越显要，法律需求也就越迫切。[②] 这意味着，市民社会多元复杂的利益冲突与协调，必然导致高度的法律需求和创设。因为不同的利益主体在市场经济竞争与合作中，既要竭力主张其自身利益和自由平等权利，同时又必须做出必要的妥协、让步与合作。这不仅衍生了一种市民社会内部抑制单一独占性和专断霸权的平衡机制，也确立了市民社会自主自律、宽容共存的自由理性诉求。他们很清楚"没有规范性约束的自我利益的追求使所有有关各方的自我利益都遭到挫折。"[③] 为此，大家都必须遵从共同的、保障每个人权利和自由的理性规则——"市民法"，并根据市民社会生活情势的发展而予以不断创立更新，从而塑造了市民社会的"自发自生秩序"——"它们的要素在

① 参见科塞：《社会冲突的功能》，第108—109页。

② 参见科塞：《社会冲突的功能》，第110—111页。

③ 布劳：《社会生活中的交换与权力》，第294—295页。

应对其即时性环境的过程中遵循某些规则所产生的结果。"[①] 它立足于市民社会多样性互动的基础上,或者说正是在多元利益的冲突、互动和整合过程中,法律的至上性和普遍性才得到逐步确认。

可见,市民社会是通过在理性规则的框架内运作来实现其自主自律秩序的。"该社会的法律——与其他因素一起——通过强迫人们遵守协议以及对以犯罪手段伤害他人的行为实施制裁等方式,实现抑制冲突的目标。法律要求市民社会内的权利受到尊重,义务得到履行。"[②] 不过,它必须呈现一种自治型法而非压制型法,进而走向"把社会压力理解为认识的来源和自我矫正的机关"的回应型法。[③] 而 20 世纪以来,市民社会中社团组织的广泛兴起,"不仅有助于调解个人之间、阶级之间以及社团与国家之间的关系,而且也有助于调解它们相互之间的关系。"[④] 增加了市民社

---

① 〔英〕弗里德利希·冯·哈耶克:《法律、立法与自由》(第一卷),邓正来等译,中国大百科全书出版社 2000 年版,第 63 页。在哈耶克看来,"自生自发秩序"是与建构的、由某人通过把一系列要素各置其位,且指导或控制其运动的方式而确立起来的"人造秩序"相对应的,是作为遵循内部规则的秩序而与服从外部规则的组织秩序相对应的。在自由社会中,"尽管一些群体会为了实现某些特定的目的而组织起来,但是所有这些分立的组织和个人从事的活动之间的协调,则是由那些有助益于自生自发秩序的力量所促成的。"这种秩序是在"遵循约定性规则而无须服从命令的情形下得到维护的。"其根基乃在于市民社会。参见哈耶克:《法律、立法与自由》(第一卷),第 55—68 页。

② 希尔斯:《市民社会的美德》,载邓正来、亚历山大编:《国家与市民社会》,第 46 页。在希尔斯看来,法律既约束国家,也约束市民社会。

③ 参见〔美〕诺内特、塞尔兹尼克:《转变中的法律与社会》,张志铭译,中国政法大学出版社 1994 年版,第 85 页、第 79 页、第 105 页。

④ 萨尔瓦多·吉内尔:《公民社会及其未来》,载何增科主编:《公民社会与第三部门》,第 162 页。

会秩序的活力和发展能力。这种自主自律的市民社会规则秩序，也就形成了与国家政治生活秩序的互动与互补。因为，市民社会与国家之间不存在零和对立。市民社会需要公民国家——公共生活既会受到国家的威胁，也会受到社会力量的威胁。故而，市民社会需要致力于参与的公民和文明化的国家提供法律上的保障和规章上的保护。[①] 而且，"在国家和社会的互动中——从本源上看，并从结构上说——是社会秩序决定政治宪章，而不是相反。在市民秩序的基础上，政治宪章是社会秩序的结果，而不是社会秩序的条件。"[②]这表明，市民社会规则秩序不仅奠定了民主与法治的基础，同时也是民主与法治的重要推动力量。

（四）公民意识——市民社会与国家相契合的自由理性精神和法治的非制度化要素

我们说，社会出现私人利益和社会分裂为阶级，是市民社会和国家产生的共同前提，也即市民社会和政治国家是人类走出天然自在的生命共同体，形成特殊的私人利益、阶级利益与普遍的公共利益相分离和对立的社会共同体的产物。其矛盾发展的进程，实质是人类在普遍利益与特殊利益、个性与社会性的悖论下，为摆脱自然界和人类自身的双重限制，而寻求主体自由发展的进程。"自由自主活动"作为一种不断上升的必然要求，要经过"人的依赖关

① 参见赫夫纳：《公民社会：一种现代理想的文化前景》，载何增科主编：《公民社会与第三部门》，第225—226页。

② Ernst-Wolfgang. Böckenförde, *State*, *Society and Liberty*, P. 126.

系”——“以物的依赖性为基础的人的独立性”——“建立在个人全面发展和他们的共同的社会生产能力成为他们的社会财富这一基础上的自由个性”三个自由发展阶段,[①] 最终实现市民社会的“政治解放”和“人的解放”而走向“自由人的联合体。”然而,在前资本主义社会,无论是在市民社会与国家的复合状态、国家监护市民社会状态还是国家吞并市民社会状态下,个人都囿于某种自然主义生活图式和政治依附关系,因而并不具有真正的独立性和自由。虽然古希腊、古罗马时代的“公民”就赋有自由和平等的内涵,但他们在相当大程度上是一种“政治动物”。因为在他们看来,只有在政治领域才会有自由,私人生活附庸于政治生活,个人附庸于城邦国家。[②] 因此,在古代人那里,没有个人自由概念。尽管“公民”广泛参与政治生活并行使权力,但实际上,个人以某种方式被国家所吞没,公民被城邦所吞没。[③] 何况,当时的“公民”仅代表一小部分有特权的“自由民”,广大奴隶没有法律上的人格。它最多只是少数统治者的特权的平等和自由,故此不能与现代普遍化的“公民”同语。而黑暗中世纪的权力附庸网更是扼杀了个性自由,它所衍生的更多的是一种“群畜意识”和“臣民意识”。资产阶级市民社会革命把自己从封建政治国家的桎梏中解放出来,这种“政治解放一方面把人变成市民社会的成员,变成利己、独立的个人,另一方面把人变成公民、变成法人。”[④] 市民社会的历史也就成为“人的定

① 《马克思恩格斯全集》,第 46 卷(上),第 104 页。

② 参见阿伦特:《人的条件》,第 22—28 页。

③ 参见贡斯当:《古代人的自由与现代人的自由》,第 27—33 页。

④ 《马克思恩格斯全集》,第 1 卷,第 443 页。

义历史”。[①] 具言之,由于市民社会获得了独立的、充分的发展,并呈现现代商品经济运行形态,奉行财产私有、契约自由和责任归己原则,使市民社会化解为集合形态的,以交换价值纽带相联系的独立的、自由的各个个人;同时,在民主契约的原则上,重新确立了只能以市民社会为目的的政治国家,贯彻三权分立和民主代议制原则,使国家主权成为公民平等而广泛参与创制并共享的公共产品,国家职能则在于充当市民社会的自由竞争、平等交换自然秩序的守夜人。这样,宪法就以最高法律权威的形式,宣布社会成员为公民——具有“俱乐部成员”的独立主体资格,享有充分而平等的人权和公民权,即“当自由成为普遍东西时,公民身分便从地方制度成长为民族国家制度。”[②] 因而,这一方面使公民个体获得了政治共同体和市民社会的双重组织生活,从而摆脱王权、神权的附庸和狭隘的群体本位,以及政治社会生活一体化对人的束缚,个性获得了空前的解放,主体自由得到了充分确认和空前发展,大大促进了生产力的发展和加速了人从社会关系中解放出来的历史进程;另一方面,在国家生活中,公民要积极广泛地参与政治生活而主张其政治权利,塑造公共精神和社会责任感。而在市民社会生活中,公民作为市民社会成员要在日常交往、社会交换、竞争、合作等相互关系领域,维护自己的私权利,弘扬个性自由和自律精神。公民这些合法权利的要求和理性的价值取向,是市民社会获得“政治解

---

① 参见哈贝马斯:《合法化危机》,第 167 页。

② 〔美〕M.R.索莫斯:《公民身分与公共领域的位置:向民主制过渡中的法律、共同体和政治文化》,张旅平译,载《国外社会学》,1994 年第 3 期。

放"并与国家互动发展情境下的市民社会精神的升华,[①] 并"依赖于公民身分的核心组成部分——成员身分、参与、交际、包容/排斥、国家同一性,以及最重要的,宪法保障的法律的作用。"[②] 虽然,公民具有参与者取向(理性的积极参与)、臣民取向(忠诚规则和权威)和村民取向(初级群体成员的扩散性价值要求)的混合色彩,呈现一种积极的政治卷入和理性并为消极性、传统性和对村民价值的责任心所平衡的"混合性"公民文化,但是,赞成参与制度可存在于政治系统中的态度,仍在公民文化中扮演着主要的角色。[③] 多元民主论的倡导者达尔甚至认为,"制度越民主,收入分配就越不取决于经济结构,而是取决于公民意识",从而把公民意识作为弥补多元主义民主不足的重要因素。[④] 它展现着公民在国家和市民社会的双重组织生活中的个性与共性、自由与责任、权利与义务的和谐统一,因而在根本上呈现的是一种主体自由自觉的现代文化。这种公民文化首先表现为自主自律、自由自觉的主体价值取向;其次,表现为平等、开放、横向的权利、利益纽带的有机联结;再

① 以自由和平等为核心价值取向的市民社会精神,一直是反对专权、主张权利的重要思想源泉,并成为法治生成的重要推动力量。市民社会精神推崇多元化,正是它尊崇多元化才为富有生机的公民生活提供了保障,"现代公民生活恰恰是从这种公民多元化中诞生的。"(马斯泰罗内:《欧洲政治思想史》,第5页。)因此说,公民文化是以市民社会精神为根基并超越于市民社会精神的现代文化。

② 索莫斯:《公民身分与公共领域的位置:向民主制过渡中的法律、共同体和政治文化》。

③ 〔美〕加布里埃尔·A.阿尔蒙德、西德尼·维伯:《公民文化——五个国家的政治态度和民主制》,徐湘林译,华夏出版社1989年版,第22—23页、第34—35页。

④ 参见徐鸿武等:《当代西方民主思潮评析》,北京师范大学出版社2000年版,第80—83页。

次,表现为个性、参与、创造、开拓的行为图式;最后,表现为高度的角色意识、社会责任感和公共精神。① 它要求国家"必须实现法律的、伦理的、政治的自由,同时,个别公民服从国家的法律也就是服从自己本身理性的即人类理性的自然规律。"② 因而,反映了市民社会与国家相契合的自由理性精神。这样,公民意识也就确立起来,它在本质上必然呈现为与民主政治和市场经济相适应的,以平等、自由为轴心的正义价值追求和理性自律精神,并呈现合理性意识、合法性意识和积极守法精神的三元内在结构。合理性意识是全体公民对于理想国家制度和社会制度的价值追求,并基于对国家制度合理与否、适宜与否的价值评判,来决定其优劣及走向;合法性意识是社会成员对于符合合理性价值的国家制度有效性的信仰、认同和服从,从而使国家制度和法律制度获得尊严性和权威性并得以维系;积极守法精神则是基于合理性意识和合法性意识而赋有的护法精神、权利主张精神及义务的自觉履行精神。合理性意识是公民意识的内核,合法性意识是公民意识的基础,积极守法精神是公民意识的外显层面。③ 因此,法治理念就依托于公民共同体,而公民意识的自由理性精神和自由、平等及权利的正义价值诉求,则构成了法治理念的生命根基。正是公民意识的合理性意

---

① 参见马长山:《公民文化:精神文明的重要内容》,载《社会科学》(上海),1993年第8期。

② 《马克思恩格斯全集》,第1卷,第129页。马克思还指出,"不应该把国家建立在宗教的基础上,而应建立在自由理性的基础上。"《马克思恩格斯全集》,第1卷,第127页。

③ 参见马长山:《公民意识:中国法治进程的内驱力》,载《法学研究》,1996年第6期;《从主人意识走向公民意识》,载《法律科学》,1997年第5期。

识、合法性意识和积极守法精神,才使法治理念得以确立和发展。因此,法治理念必然以公民意识为归依。于是,公民意识便在法治进程中赋有了三维功能:①公民意识反映社会变革要求,并形成正义价值追求的新鲜血液,促进法治理念的更新与转换并制度化,因而对法治产生了导引功能;②公民意识的理性精神,能够对应然立法权与实然立法权、公民意识价值导向与法律规范的价值之间的冲突和间距予以整合,产生了耦合功能;③公民意识还能够对社会成员价值追求在法律规范体系中的反映程度及效果予以审视、品评或负面检讨,因而具有了反思和自省功能。导引功能决定着法治的方向,耦合功能消减着法治进程的阻力,反思功能实现着法治进程的自醒。而反思自醒又在为导引功能奠定着重要基础,形成一个动态发展的环链。[①] 这样,公民意识就为国家制度、法律制度提供着合法性信仰、有效认同和服从,为法治进程提供着不可或缺的重要内在驱动力。如果说民主政治和市场经济是法治得以存在和发展的正式制度要素的话,那么,以主体自由追求和理性自律精神为内核的公民意识,则是其非正式制度要素。正是二者的契合,才使具有普遍理性主义的现代法治,得以呈现内在自觉、动态整合的非单一线性的总体性进程。[②]

其一,公民意识使权力制约和权利保障更为有效。它通过合理性、合法性的正义价值诉求和权威认同,要求"一切国家活动都

① 参见马长山:《法治进程中公民意识的功能及其实现》,载《社会科学研究》,1999年第3期。

② 参见马长山:《公民意识:中国法治进程的内驱力》。

必须遵守公众舆论认可的规范体系”,[①] 使“近代法的正当性,原则上只能是法律内容符合上述市民的价值观才得以存在。”[②] 从而确立“良法”并赋予其至上性,使法律既约束国家又约束公民,“它保护公民免受高位政治机构、官僚、警察、军队、富人、权贵的专断及非正义决定,”同时,也“约束公民谋求自己眼前利益的冲动。”[③] 从而使权力和权利都服从于普遍有效的良法规则,以实现权力制约和权利保障。

其二,公民意识能够促进普遍有效的法治秩序的实现。公民文化是与民主政治系统和结构相适合的,它赞成利益、舆论和活动的多样性,[④] 信奉“为权利而斗争不仅是法秩序成员的权利而且是其道义上的义务”的价值原则,[⑤] 但同时又是“一种具有许多不一致的东西又能平衡这些对立特征的文化,”并能产生“政治认同感。”[⑥] 既“包括在对责任的意识中经受的‘应当是这样’的压力对规范性体系的接受,某些主体把‘应当是这样’运用到他们自己的意志中或至少用它的要求塑造自己的行为这一事实,”也“包括作

---

① 哈贝马斯:《公共领域的结构转型》,第 91 页。

② 〔日〕川岛武宜:《现代化与法》,王志安等译,中国政法大学出版社 1994 年版,第 78 页。

③ 希尔斯:《市民社会的美德》,载邓正来、亚历山大编:《国家与市民社会》,第 46 页。

④ 参见〔美〕查尔斯·E. 林布隆:《政策制定过程》,朱国斌译,华夏出版社 1988 年版,第 118 页。

⑤ 〔日〕川岛武宜:《现代化与法》,第 19 页。正是因为“为权利而斗争”能够取得近代权利意识中的尊重他人权利的社会意识的保障,才使它得以产生为“法律而斗争”这种信念。川岛武宜:《现代化与法》,第 73 页。

⑥ 阿尔蒙德、维伯:《公民文化》,第 546 页、第 551 页。

为一个外部观察者能了解到的关于一个特定的社会的各种规范的知识”。[①] 因此,公民意识可以促进社会成员的不同价值判断与制度价值规范的整合,通过合法性来获得分散性支持,[②] 从而产生社会凝聚力和协同行动。这样,公民意识就以护法精神、权利主张及义务的自觉履行精神,推动法治秩序的实现。[③]

其三,公民意识的反思机制能够使法治在民主、开放的选择中,适应社会发展的要求。由于“合法的发展不可能没有法律的发展,”而“法律的发展不可能没有对法律的批评,”[④] 因此,法治在

---

① 麦考密克、魏因贝格尔:《制度法论》,周叶谦译,中国政法大学出版社 1994 年版,第 107 页。

② 弗里德曼:《法律制度》,第 139 页。

③ 李普曼曾强调,苏格拉底在其生命最后一天拒逃的伟大故事,并非意味着犬儒主义或对他的判决是正确的。而要点在于,他放弃了溜之大吉的肉体之我而选择了被普遍接纳的公民之我,因而是“第二天性”对法律的选择。(〔美〕W. 李普曼:《公共哲学的复兴》,晓苓译,载刘军宁等编:《市场逻辑与国家观念》,生活·读书·新知三联书店 1995 年版,第 39—42 页。)可以说,这是当时公民意识的典型体现。甚至有史家指出,罗马失败的政治原因只有一样,那就是“暴政摧毁人民的公民意识,也丧失了其政治才能,非诉诸暴力,国家无由贯彻其政治意志,罗马人民对政府国家不再感兴趣,只是专注于自己的业务、娱乐、军团,或寻求自己的解脱,爱国心原存在于异教徒心中,如今也消失殆尽。”(参见威尔·杜兰:《世界文明史——凯撒与基督》下册,第 879 页。)还有学者认为,最初是因为公民的观念才把罗马国家团结起来并有所发展,“人民多有公民权的意识,觉得做罗马市民是自己的权利和义务,他们在罗马法律下行使自己的权利,也为罗马贡献自己的一切。罗马人伟大、公正、守法的名声传到罗马境外很远的地方。”但后来被富人和奴隶制度的发展破坏了,虽然有公民权的人增加了,但公民权的概念越来越背离公民理想。终于,公民权的精神死了,“罗马帝国在世界上已没有意志存在,所以它的末日就到了。”(参见威尔士:《文明的溪流》,第 219—220 页。)这在一定意义上说明了公民意识对民主共和政制的重要性。虽然那时的公民意识和民主政制与现代公民意识和宪政民主有着很大的不同,但也有许多相通之处。现代公民意识对民主与法治的驱动和支持作用,更为重要。

④ 《马克思恩格斯全集》,第 40 卷,第 352 页。

民主社会中的运行,必然要接受公民合理性意识的反思、省察和合法性确认。而"法律参与的扩大不只是增进法律秩序的民主价值,它还能有助于提高法律机构的能力,"[①] 并通过"调和个人自由与社会凝聚,调和一种内在性秩序的意义与超验性批评的可能性,"[②] 来达成共识和解决秩序危机,增强法律的回应性,并在市民社会和国家之间架起理性沟通的桥梁,使法治具有民主、开放的动力发展机制,呈现一种内生、动态的回应发展型法治秩序。

综上可见,在近代以来市民社会和国家的互动发展过程中,普遍利益和特殊利益的冲突与协调,要求法律规则赋有至上性和普遍有效性;市民社会的多元权利对国家权力的分割和制衡,有力地推进了权力制约和权利保障;市民社会的多元利益冲突、互动与整合,孕育了自生自发的理性规则秩序;以自由理性精神为内核的公民意识,为法治秩序提供了内在驱动和有力支撑。正是这些因素和机制,为法治的运行奠定了坚实的基础。

三、当代西方国家与市民社会关系的变异及其法治面临的挑战和趋向

西方法治是立足于市民社会与国家二元化进程,并经过资产阶级"市民社会革命"才得以逐步确立的。但是,进入垄断资本主义以来,特别是二战后科技迅速发展、全球化进程加快、经济和社

① 诺内特、塞尔兹尼克:《转变中的法律与社会》,第 110 页。

② 昂格尔:《现代社会中的法律》,第 244 页。

会生活复杂多变,使得西方世界的政治、经济和文化都发生了重大变化。即在政治上,国家权力向行政部门的集中,动摇了三权分立、地方自治等传统体制和观念;大利益集团的政治影响力显著增加,普通民众往往被排斥在政治决策的过程之外;专家治国倾向使民众知情权、参政权受阻。在经济上,凯恩斯主义的国家干预政策受挫,福利国家也因财政等原因而陷入危机,因而西方国家开始进入"行政改革时代"。① 在思想文化上,出现多元文化价值观的张力、断裂和迷茫。道德共识让位于道德相对主义,也缺乏一种政治哲学来证明社会优先和分配常规原则的合理性,② 甚至引发了以否定性、非中心化、破碎性、反正统性、不确定性、非连续性、多元性等为特征的后现代思潮,形成了对西方文化传统的重大冲击。③ 这必然也导致其市民社会与国家的关系产生重大变异,就是说,它已不再是自由资本主义时期市民社会与国家的简单界分和"对抗"状态,而逐渐形成了"社会国家化"和"国家社会化"的互动"兼容"关系。即一方面是福利国家对市民社会的更多干预和公司国家的官僚化倾向,另一方面是社群主义、法团主义的市民社会对国家生活的积极参与和权力分享,加之全球化和信息化对国家和社会生活的冲击,使得"政府和公民现在越来越明显地生活在一个一体化

---

① 参见何增科:《公民社会与第三部门》导论,第 9 页;毛寿龙、李梅、陈幽泓:《西方政府的治道变革》,中国人民大学出版社 1998 年版,第 298—299 页。

② 参见〔美〕巴尔:《三种不同竞争的价值观念体系》,力文译,载《现代外国哲学社会科学文摘》,1993 年第 9 期;丹尼尔·贝尔:《资本主义文化矛盾》,第 71 页。

③ 参见〔美〕道格拉斯·凯尔纳、斯蒂文·贝斯特:《后现代理论——批判性的质疑》,张志斌译,中央编译出版社 1999 年版,第 329—338 页;王治河:《扑朔迷离的游戏——后现代哲学思潮研究》,社会科学文献出版社 1998 年版等。

的信息环境中”,政府和市民社会也“并不存在永久的界限”。① 这种国家与社会关系的重大变异,必然引发对西方法律传统的挑战——“不仅包括过去数百年的所谓自由的概念,而且也包括源于11和12世纪的西方法制的结构”。② 其突出表现就是法律及其运行对集体主义和公共政策的强调、行政立法和自由裁量权的扩张、更多的实质性正义关怀及国际法对国内法的效力优位要求等等,③ 这导致了西方法律传统诸多特征的改变,“法律正在变得更加零碎、主观,更加接近权术和远离道德,更多关心直接后果而更少关心一致性和连续性。因此,在20世纪,西方法律传统的历史土壤正受到侵蚀,这种传统本身正面临着崩溃的威胁。”它部分地因为始于俄国并逐渐传遍西方的俄国革命,部分地因为福利国家和公司国家及其官僚化,更多的则是一战以来的“西方文明自身的危机”,④ 进而直接危及到其传统法治精神与原则。然而,西方法学家们对此作出了不同的反应。作为自由主义法治理论倡导者的哈耶克就宣称,法治“不仅是自由的保障,而且也是自由在法律上的体现”,⑤ 因此,在一个有过多计划的社会,法治就不能保持。而要真正实现法治,就要求政府的一切强制行动,“都必须明确无

---

① 吉登斯:《第三条道路》,第77页、第83页。

② 伯尔曼:《法律与革命》,第39页。

③ 参见昂格尔:《现代社会中的法律》,第180—206页;伯尔曼:《法律与革命》,第38—48页;M.卡佩莱蒂、B.加斯:《绪论:福利国家的接近正义》,载〔意〕莫诺·卡佩莱蒂编:《福利国家与接近正义》,刘俊祥等译,法律出版社2000年版。

④ 参见伯尔曼:《法律与革命》,第43—46页。

⑤ 〔英〕弗里德里希·奥古斯特·哈耶克:《通往奴役之路》,王明毅等译,中国社会科学出版社1997版,第82页。

误地由一个持久性的法律框架来决定,这个框架使个人能带着一定程度的信心来进行规划,使前景的不确定性缩小到最低限度。"① 昂格尔则指出,福利国家和合作主义导致了法治的衰落和对实在的、公共性的法律的冲击,在"后自由主义社会"中,法治已趋向于解体。② 基顿、伯尔曼等人也强调福利国家形成了对法治的侵蚀。③ 与此相反,哈贝马斯则认为,自由主义法治国家向福利国家的转型,并没有导致彻底中断自由主义传统,而是表现了连续性。他们之间的关系在于,"社会福利国家在延续自由主义国家法律传统当中必须对社会关系加以改造,因为它也想维持一种能够包括国家和社会的总体法律秩序。一旦国家本身上升为社会秩序的支柱,它就必须在对自由主义基本权利作出严格规定之外,明确说明社会福利国家发生之后'正义'如何才能实现。"④ 弗里特曼、艾伦等人也指出,回到与自由主义法治概念相应的"守夜人"国家去,太脱离现代民主的现实了,也是拒绝整个现代文明的趋势,⑤ 甚至在有关国际会议上开始讨论福利国家与接近正义运动的"第

---

① 哈耶克:《自由宪章》,第 352 页。在这里,哈耶克还把与自由制度相容的国家干预和与自由制度不相容的国家干预区别开来。因而,"法治给我们提供了一个鉴别的标准,可以将那些同自由制度能相容的措施和那些不能相容的措施加以区分。"由此看来,在哈耶克这里,自由主义的法治也并不反对"合理干预",只是反对国家强制权力的不确定性运行、过多的和不当的干预,以防止自由和权利遭到侵害。

② 参见昂格尔:《现代社会中的法律》,第 180—189 页。

③ 参见沈宗灵:《现代西方法理学》,第 480 页;伯尔曼:《法律与革命》,第 45—46 页。

④ 哈贝马斯:《公共领域的结构转型》,第 257 页。

⑤ 参见沈宗灵:《现代西方法理学》,第 480—481 页。当然,弗里特曼也注意到了规划社会中确立维护法治和个人自由的基础的重要性,并提出了 5 项原则。

三波"问题。[①] 而后现代主义法学则对西方法律传统进行了解构，旨在揭穿法律的普遍性、中立性、自治性及权利和理性等等的"虚伪性"，并以"法律故事"、"边缘叙事"和"多元化"来对抗"霸权声音"。进而寻求"对法权的关怀，即对人类的关怀，更进一步说，对以所有形式存在的生命的关怀。"[②] 但从根本上讲，它们都是西方国家与市民社会关系发生变异，"后工业社会"冲突、现代性的"断裂性"和全球化对世界的"压缩"等所导致的外在冲击和内在危机的产物。[③]

面对西方国家与市民社会的变异给法治带来的种种危机，昂格尔概括了超越现代社会法律的两种可能性("循环论"和"螺旋论")，并强调应探寻的不是命令性规则，也不是官僚性政策，而是人类相互作用的基本法典的"潜在的、活的法律"；[④] 伯尔曼认为，应注重西方与非西方法律体系和法律传统的研究，研究西方法律和非西方法律的融合，探求人类共同法律语言的发展以摆脱其危

---

① 卡佩莱蒂、加斯：《绪论：福利国家的接近正义》，载莫诺·卡佩莱蒂编：《福利国家与接近正义》，第 5 页。

② 〔德〕阿图尔·考夫曼：《后现代法哲学》，米健译，法律出版社 2000 年版，第 54 页。有学者认为，后现代法学是在以全新的思维和视角在为法治探索未来。参见信春鹰：《后现代法学：为法治探索未来》，载《中国社会科学》，2000 年第 5 期。

③ 参见〔美〕罗兰·罗伯森：《全球化——社会理论和全球文化》，梁光严译，上海人民出版社 2000 年版，第 198—208 页；王治河：《扑朔迷离的游戏》，第 23—27 页。还有学者的研究表明，后现代主义并不是人类的最后归宿，它仅仅是世纪之交人类精神价值遁入历史盲点的"文化逆转"现象。其非中心化，无聊感和零散性也正让位于人类精神的重建和世界文化的新格局。参见王岳川：《后现代主义文化研究》，北京大学出版社 1992 年版，第 405—406 页。

④ 昂格尔：《现代社会中的法律》，第 221—225 页。

机;[①] 哈耶克力倡明确肯定的、普遍主义的法治对国家权力的规束,以捍卫自由、民主和私域权利;[②] 而哈贝马斯则强调,自由主义法治和福利国家法治的惟一争论,是私域是否能够直接由否定性自由来保障,或相反,私域自主的条件必须通过提供福利来加以维护。这使得私域自主和公域自主的内在联系消失得杳无踪影。实际上,"一方面,只有公民在私域自主受到平等的保护的基础上充分独立时,他们才能够适当地利用其公域自主;另一方面,只有在(作为有普选权的公民)恰当地运用政治自主时,他们才能在私域自主方面达致两愿的节制"。[③] 基此提出新型的"程序主义范式",以期找到走出"自由主义范式"和"福利国家范式"二者"难局之途"。[④] 应当说,哈贝马斯更接近问题的症结所在。

事实上,近代市民社会经过资产阶级革命而获得了"政治解放"并与国家并立发展以来,市民社会与国家的矛盾关系一直是困扰西方世界的重大而根本的问题。经济自由主义和国家干预主义也始终是影响西方经济、政治和社会发展的两大思潮,并且此消彼长。[⑤] 而高度社会化、国际化的现代市场经济形成之后,市场与计划、企业与政府、微观规范和宏观调控便紧密地交织在一起。[⑥] 个

---

① 伯尔曼:《法律与革命》,第 53 页。

② 参见哈耶克:《通往奴役之路》,第 82—86 页;《自由宪章》,第 321—348 页。

③ 〔德〕尤根·哈贝马斯:《法治与民主的内在联系》,景跃进译,载《中国社会科学辑刊》(香港),1994 年(总第 9 期)。

④ 〔德〕于尔根·哈贝马斯:《法的合法性——〈事实与规则〉要义》,许章润译,载郑永流主编:《法哲学与法社会学论丛》(3),第 9—10 页。

⑤ 参见傅殷才、颜鹏飞:《自由经营还是国家干预》。

⑥ 陈建:《政府与市场——美、英、法、德、日市场经济模式研究》,经济管理出版社 1995 年版,第 3 页。

人主义学说的化约论也使自己处于要么否认政治主权而陷入无政府状态,要么否认个人自由而陷入专制主义的困境之中。[①] 人们逐渐认识到,自由主义应"承认公众的和私人间的矛盾,承认个人和公民、个人和群体的双重角色。问题在于:怎样找到共同的目的,同时又保留达到共同目的的个人手段;怎样确定个人(以及群体)的需要并找到满足需要的共同手段。"[②] 而平等与效率的艰难选择及市场失灵与公共失灵的现实困惑,也迫使西方人殚精竭虑于政府和市场关系的设计与权衡。[③] 面对经济和社会生活的日益复杂多变、福利国家危机以及全球化进程中集中和分散双向运动的权力流变,[④] 西方国家则开始企业化的行政改革,由此进入一反韦伯式官僚制管理,旨在强化企业化的管理和加强竞争与市场导向的"新公共管理"时代,[⑤] 超越"左"与"右"的"第三条道路"理论和实践逐渐兴盛起来,对市民社会与国家关系的探索也呈多元化发展,即市民社会制衡国家、市民社会对抗国家、市民社会与国家共生共强、市民社会参与国家、市民社会与国家合作互补等等。[⑥] 随之而来的是,以国家权威为基础,以自上而下的单向度权力运行为标志的"统治",渐渐被以多元权威为基础,以分散化、相

---

① 参见狄骥:《公法的变迁——法律与国家》,第 246 页。

② 丹尼尔·贝尔:《资本主义文化矛盾》,第 341 页。

③ 此方面较有代表性的著作有:〔美〕阿瑟·奥肯:《平等与效率——重大的权衡》,王忠民等译,四川人民出版社 1988 年版;〔美〕查尔斯·沃尔夫:《市场或政府——权衡两种不完善的选择》,谢旭译,中国发展出版社 1994 年版等。

④ 参见陈玉刚、俞正梁:《21 世纪权力的流变》,载《学习与探索》,1998 年第 6 期。

⑤ 参见毛寿龙等:《西方政府的治道变革》,第 300 页。

⑥ 参见何增科:《公民社会与第三部门》导论。

互的多向度权力运行为标志的“治理”所取代，力图形成政府和公民，国家和市民社会的互动合作关系，以实现“善治”。[①] 这种“善治”赋有“透明性”、“责任性”、“回应”和“有效”等基本要素，然而，其十分重要的要素则是合法性和法治。[②] 这种法治诉求自然难以机械固守西方传统的自由主义、个人主义价值原则，但是，它也绝不会为福利国家的过度权力扩张而张目。因为“在整个西方宪政史中始终不变的一个观念是：人类的个体具有最高的价值，他应当免受其统治者的干预，无论这一统治者为君王、政党还是大多数公众。”[③] 而且，“自由法律范式”和“福利国家范式”都已表露出明显的缺陷。就是说，“自由法律范式”主张法律主体应理性地追求其人生目标，自主地构设“私法社会”（所有权和契约自由），期望只要保障个人自由领域即可实现社会正义。可是，它忽略了法律能力的平等因素，因而“一方面，私法的现有规则必须作实质性的详尽说明；另一方面，必须引入基本的社会权利，这些权利主张更公正地分配社会财富，以及更有效地防止社会导致的威胁。”而在批判“自由法律范式”基础上产生的“福利国家范式”，则出现了福利温情主义，它补救实际生活条件和权力位势（差别）的努力，导致了类

---

① 参见俞可平：《引论：治理与善治》，载俞可平主编：《治理与善治》，社会科学文献出版社 2000 年版；杨雪冬：《第三条道路：旧路还是新途》，载杨雪冬、薛晓源主编：《“第三条道路”与新的理论》。

② 参见俞可平：《引论：治理与善治》。在西方有关“有效治理”的含义中，法治居于首位。参见〔法〕玛丽－克劳德·斯莫茨：《治理在国际关系中的正确运用》，肖存毛译，载俞可平主编：《治理与善治》，第 268 页。

③ 〔美〕卡尔·J. 弗里德里希：《超验正义——宪政的宗教之维》，周勇等译，生活·读书·新知三联书店 1997 年版，第 15 页。

似“标准化”干预,“这将再一次限制假定的受益者对自主的人生目标之追求。”[①] 为此,“第三条道路”政治的指导性原则,就是深化并拓展双向民主,使“政府可以同公民社会中的机构结成伙伴关系,采取共同行动来推动社会的复兴和发展。”[②] 自由主义与社群主义作为西方政治哲学的两大主流,也呈现明显的对立与互补之势,[③] 其核心是重新思考国家行动的形式和界限与市民社会的形式和界限,通过“双重民主化”来划分国家和市民社会,并促进其互相依赖着进行转型,以期协调自由与平等、个人/群体与国家、私域与公域、个性与共性、普遍与特殊等等的对立冲突。在此情境下,“追求政治合法性,追求一个以尊重权威和法律为特征的政治秩序,意味着追求民主自治模式的必要性。”[④] 可见,西方法治正面临着挑战与创新并存的局势,虽然它尚不十分明朗,但其力图回应和超越的趋向却清晰可见。

四、市民社会与政治国家:法治的内在根据和界限

19 世纪法国著名史学家基佐曾指出,文明由人类社会的发展和进步以及人自身的发展和进步这两大事实构成,因而人类历史“一方面是政治和社会的发展,另一方面是人内在的和道德的发

---

① 参见哈贝马斯:《法治与民主的内在关系》。

② 吉登斯:《第三条道路》,第 73 页。

③ 参见俞可平:《社群主义》,中国社会科学出版社 1998 年版,第 127 页。

④ 赫尔德:《民主的模式》,第 416 页。

展。"[①] 这种双重发展深蕴于市民社会与政治国家矛盾发展的历史进程之中。尤其是近代以来,市民社会从政治国家中解放出来并获得了与国家的并立发展。一方面,它展现了人类由等级特权社会步入自由平等的大众社会的非凡历程,另一方面,则展现了由群体活动和团体价值期望走向个体活动和个性价值追求的伟大进步,并日渐形成一个"没有父亲的社会"。[②] 正是这一进程,造就了社会利益的普遍分化、社会结构的多重建构、以及社会成员的多元价值期望和普遍权利要求,进而形成多元分散的社会权力和公私领域的明显分离。这样,任何一种权力(包括国家权力在内)都无法确立和推行单一、独占性原则,并不得不时刻为自身的存在和运行而寻求合法性。[③] 普遍利益和特殊利益、多元化的权力和权利、个性与共性乃至自然本性与社会属性,都处于严重冲突与协调的复杂情境之中。为此,便产生了对理性规则的浓重诉求,法律至上的精神与原则才得以确立并注入生活现实。也正是这样,市民社

---

① 基佐:《欧洲文明史》,第232—233页。

② 参见丹尼尔·贝尔:《资本主义文化矛盾》,第221页。

③ 哈贝马斯认为,合法性问题自古就存在,古罗马和中世纪欧洲就可随时见到"合法帝国"或"合法统治"的表述,但现代国家的合法性则是反思性的。"现在,证明的程序和假设前提本身就是合法化之有效性立于其上的合法性基础,某种协议——这种协议乃是在作为自由的、平等的全体涉及者中间产生——的观念决定着现代合法的程序类型(与此不同,合法性和古典类型则是由某种秩序化世界的可传授知识的观念所决定)。"(〔德〕哈贝马斯:《交往与社会进化》,张博树译,重庆出版社1989年版,第191页。)在多元利益的现代社会,统治须依仗"合法性"来进行。(参见马克斯·韦伯:《经济与社会》,下卷,第732页。)但在现代阶级结构基础上,社会认同往往是很脆弱的,使行政系统面临着合法性压力。对晚期资本主义社会来说,只有其"潜在阶级结构得到改造时,或者,当行政系统所受到的合法性压力得到消除时,才能从根本上避免合法化危机。"哈贝马斯:《合法化危机》,第120页。

会多元权利对国家权力的分享和国家权力的内部分权制衡才有了必要和可能;民主和法治也才有了社会根基;自由、平等和人权价值才得到张扬。

前近代西欧是市民社会与国家相复合、国家监护市民社会或国家吞并市民社会的不同状态,这些状态都无法形成法治的这种多元社会基础,而东方社会则一直是国家吞并市民社会的状态,在这里更多的是专制权力的肆虐,也无以产生法治。因此,只有市民社会与国家二元并立的矛盾发展,才构成法治的基础和根据。然而,法治在市民社会和国家二元并立的矛盾发展基础上确立之后,并没有止步不前,而是随着市民社会与国家关系的变化而变化和发展。在自由资本主义时期,过度利己主义的“大”市民社会,与守夜人角色的“小”国家处于“对抗”状态,结果导致了贫富分化的加剧。大革命时期确立的自由、平等和人权理想并没有化为更多的社会现实,而是形成了工具合理性和价值合理性的紧张对立状态。① 这不仅导致了其严重的思想文化危机,使人们“有一种深刻的无方向感,以及心灵的观念与灵魂的需求之间的彻底分离,”② 而且,“自由法律范式”的法治和“私法社会”也开始暴露其缺陷和面临困境。③ 进入垄断资本主义之后,西方国家开始强

① 韦伯对经济行为、货币形式、资本计算、企业组织管理及资本主义的政治取向和市场取向等等的形式合理性(工具合理性)和实质合理性(价值合理性)的内在矛盾紧张关系进行了详尽分析。参见马克斯·韦伯:《经济与社会》(上),第85—237页。另参见苏国勋:《理性化及其限制——韦伯思想引论》,上海人民出版社1988年版,第227页。

② 李普曼:《公共哲学的复兴》,载刘军宁等:《市场逻辑与国家观念》,第38页。

③ 参见哈贝马斯:《法治与民主的内在关系》。

调国家干预并建立福利国家,力图通过推行社会正义原则,来解决自由与平等、工具理性与价值理性、普遍利益与特殊利益的矛盾对立。“自由法律范式”的法治也就为“福利国家范式”的法治所取代,程序正义和目的正义在立法、行政审判及法律推理中得到重视,① 进而形成全面正义的法治模式。② 然而,福利国家的权力干预主义和“国家社会化”、“社会国家化”的导向,不仅没有成为灵丹妙药,反而陷入了危机。尤其是福利国家不知不觉地引起的争论以及政治和社会冲突,使其必然被看成是一种很不稳定的过渡形式,一种充满危机的权力关系复合体,它的未来形式也难以确定,并到了一个生死存亡的转折点。③ 同时,福利国家的法治模式,其明显的“家父主义”则带给西方法律传统以致命的威胁,④ 并且自身也捉襟见肘。在东方,亚洲赶超型国家(如日、韩等)是在“外生后发型”的现代化进程中,形成国家与市民社会的分离互动关系的。但在国家与市民社会制衡关系及价值选择上,都有很深的“东方痕迹”。日本著名政治学家猪口孝曾把日本概括为“官僚式包含型多元主义”,认为日本基本上包含了大众社会并一直努力争取人民的支持,但也存在着制衡紧张关系。官厅组织构成涵容社会的重要主体,多元主义民主尚未达到应有的成熟程

---

① 参见昂格尔:《现代社会中的法律》,第 181—187 页。

② 参见张文显:《二十世纪西方法哲学思潮研究》,第 622—625 页。

③ 参见〔英〕约翰·基恩:《公共生活与晚期资本主义》,马音等译,社会科学文献出版社 1999 年版,第 14—15 页。

④ 参见哈贝马斯:《法的合法性》,载郑永流主编:《法哲学与法社会学论丛》(3),第 9 页。

度，因而需要在市民社会的基础上发展民主。[①] 同时，在民主和经济发展的进程中，亚洲有权威主义堡垒，有儒教色彩的亚洲价值，使得环太平洋地区的政治制度具有突出特点，即典型的政党都是一个广泛包容性的组织；官僚机构的声望和士气相对较高。[②]这表明，在若干东亚国家中，“市民社会一直无法逾越国家所设下的界限”。[③] 川岛武宜就曾直言：“我们缺乏市民社会和作为其政治反映的近代国家。在这种态势的支配下，向中世纪甚至向‘神话时代’的复归，否认个人的自由，比近代法意识及伦理更容易被人们所接受。但是，这样的话，今天的法律的实效就不能靠人们的自发意识，也即‘从下面’得到保障。结果只能是靠权力‘从上面’强行地控制”，[④] 这难免会导致一种权力规则秩序。而且，东亚法治模式在其本土资源、法观念、人与制度关系等方面有自己的特征，“在东亚社会中合作与团体意识的价值高于竞争本身的价值，法律秩序的最后形成往往依靠合作的价值得到实现，以个人主义为本位的竞争原理不像西方社会那样拥有广泛的市场。”[⑤] 因而，其法治进程很重要的方面，就是以市民社会为目标来构建多元社会，衡平“亚洲价值”和“西方价值”，甚至有韩国学者极端地主张由以国家立法、执法为主，逐渐向辅以社会多元立“法”执“法”过渡，并最

---

① 参见猪口孝：《国家与社会》，第132—134页。

② 参见猪口孝：《亚洲式的民主?》，载猪口孝、纽曼、基恩编：《变动中的民主》，第211—221页。

③ 〔澳〕詹姆斯·科顿：《东亚民主政体的进步与局限》，林本炫译，载刘军宁编：《民主与民主化》，商务印书馆1999年版，第290页。

④ 川岛武宜：《现代化与法》，第48页。

⑤ 韩大元：《东亚法治的历史与理念》，第32页。

终以社会规范来取代国家法制。[①] 而市民社会的发育成长,也同样构成了当代非洲政治变革的一个重要因素。[②] 从上不难看出,市民社会与国家互动发展关系的变化,决定着法治的走向和模式。"大"市民社会和"小"国家、"大"国家和"小"市民社会、以及"国家社会化"和"社会国家化"的关系状态,都难以确立起良好的法治机制。也就是说,市民社会与国家的互动发展关系,设定了法治运行的边际或界限。

我们知道,在科技飞速发展、信息化和全球化进程加快的当今时代,市民社会与国家之间不可能再泾渭分明,也不可能再呈现市民社会与国家的"对抗"斗争。但是,国家与市民社会的分离是任何民主政治秩序的主要特征,"而以国家可以取代'市民社会'或相反的民主模式,则必须以最为怀疑的态度对待之。"[③] 事实一再说明,公域与私域的划分并适用一视同仁的规则,是自由社会与不自由社会的根本分野。[④] 同时,根据现代历史时期的普遍的基本权利,人们确实可以勾勒出现代市民社会的范围,甚至可以决定其类型。[⑤] 而现代"治理"理论则告诉人们,市民社会的过强或过弱都会阻碍社会发展,而应促进二者的有机协调。[⑥] 因

---

① 参见郭道晖:《多元社会中法的本质与功能——第二次亚洲法哲学大会述评》。

② 徐济明、谈世中:《当代非洲政治变革》,第 197—198 页。

③ 赫尔德:《民主的模式》,第 394 页。

④ 哈耶克:《自由宪章》,第 331 页。

⑤ 简·科恩、安德鲁·阿雷托:《社会理论与市民社会》,时和兴译,载邓正来、亚历山大编:《国家与市民社会》,第 203 页。

⑥ 杨雪冬:《第三条道路:新路还是旧途》,载杨雪冬、薛晓源主编:《第三条道路与新的理论》,第 12—13 页。

此，二者保持分离仍是必然和必要的，而且迫切需要确立良性互动的有机构架。[①] 实际上，现代性文化方案中很多内在紧张的焦点，都源于市民社会和国家的关系。[②] 为此，赫尔德精辟地指出，“当今的政治秩序，不是通过共同的价值观体系，或对国家权威的普遍尊敬，或合法性，或与这些相对照的简单暴力造就的。毋宁说，它根源于政治、经济和社会制度和活动之间结成的互相依赖的复杂网络，这些制度和活动分割了权力中心，造成了多种应当依从的压力。国家权力是这些结构中的一个至关重要的方面，但并不是惟一的关键变量。”因此，要推进民主和法治，就一方面“牵涉到国家权力的改造”，另一方面“牵涉到市民社会的重新建构。”[③] “治理”浪潮和“第三条道路”的兴起，在一定意义上就是对这种时代要求的积极回应。尽管它尚有一定的不足或局限，[④] 但其确实反映了一定的社会变革趋势和方向。“人们普遍承认，民主依赖于一个壮大的市民社会”，[⑤] 并力图确立市民社会与国家的良性互

---

① 参见邓正来、景跃进：《建构中国的市民社会》，载《中国社会科学辑刊》（香港），1992 年（总第 1 期）。

② S. N. Eisenstadt, *The Cultural Programme of Modernity and Democracy: Some Tensions and Problems*. 载《中国社会科学》（Chinese Social Sciences Quarterly Summer, 1995.）。

③ 赫尔德：《民主的模式》，第 415 页、第 396 页。

④ 有学者认为，治理理论勾画的现实社会具有一定的虚幻性，尤其表现在分析第三世界国家的变革上。（唐贤兴：《全球治理与第三世界的变革》，载《欧洲》，2000 年第 3 期。）还有学者指出了“第三条道路”的不足之处。参见杨雪冬：《第三条道路：新路还是旧途》，载杨雪冬、薛晓源主编：《“第三条道路”与新的理论》。

⑤ 亨廷顿：《第三波——20 世纪后期民主化浪潮》（序），刘军宁译，上海三联书店 1998 年版，第 11 页。

动关系。[①] 尤其是全球化进程使国家边界和政治权力受到一定程度的消解,[②]而民间社团组织的地位和功能则得到强调和提升,[③]认为现代社会是一个"组织社会"或"法团社会","社团现在重新界定着社会冲突的条件、市场的规模以及商品、权力和特权的社会分

---

① 英国学者威廉姆斯和杰克逊指出,治理的建设建立在转型的三个层次的基础上,即在制度的层次上创造中立的国家;在社会的层次上创造自由公众圈或曰民间社会;以及在个人的层次上相应地创造自由的"自我"和"现代"的行为模式。(〔英〕大卫·威廉姆斯、汤姆·杰克逊:《治理,世界银行与自由主义理论》,赖海榕编译,载俞可平编:《治理与善治》,第176页。)梅因茨认为,治理理论突出了"需要和能力之间的张力(互动的动态性)、模式(相互影响的复杂性)和因素(意义和解释的多样性)应该同时被认为是社会和政治、公和私、国家和社会之间的相互影响、相互依赖"。(〔英〕雷纳特·梅因茨:《统治失效与治理能力问题:对一个理论范式的评价》,周红云编译,载俞可平编:《治理与善治》,第231页。)梅里安则强调,治理的特征不再是监督,而是合同包工;不是中央集权,而是权力分散;不再是由国家进行分配,而是国家只负责管理;不再是行政部门的,而是根据市场原则的管理;不再是由国家"指导",而是由国家和私营部门合作。(〔瑞士〕弗朗索瓦－格扎维尔·梅里安:《治理问题与现代福利国家》,肖孝毛编译,载俞可平编:《治理与善治》,第111页。)从这些学者的界说来看,治理和善治的根基在于市民社会,并吁求市民社会与国家的良好合作。"第三条道路"的倡导者们,就提出要在实践上避免国家/市民社会的"两元对立误区",要"少一些管理,多一些治理",实现政府由管理型向治理型的转变,并改革福利制度,重新定位国家。(参见杨雪冬:《第三条道路:新路还是旧途》,载杨雪冬、薛晓源主编:《"第三条道路"与新的理论》。)吉登斯为此指出,"国家和公民社会应当开展合作,每一方都应当充当另一方面的协作者和监督者。"(吉登斯:《第三条道路》,第83页。)应当说,这些都是探索国家与市民社会良性互动关系的努力。

② Kenichi Ohmae: *The End of the Nation State*: *The Rise of Regional Economics*, Harpercollins, 1995.

③ 90年代以来善治理论产生和发展的重要原因之一,就是市民社会"第三部门"即非政府组织(NGO)、公民志愿性社团、协会、社区组织、利益团体和公民自发组织起来的运动等的兴起。(参见俞可平:《引论:治理与善治》,载俞可平主编:《治理与善治》。)阿尔坎塔拉就声称,20世纪末的特点,是非政府组织和市民社会的重新觉醒而在争取民主的过程中起着至关重要的作用。〔法〕辛西娅·休伊特·德·阿尔坎塔拉:《"治理"概念的运用与滥用》,黄语生编译,载俞可平编:《治理与善治》,第22页。

配,"并导致法团秩序的兴起。[①] 或者认为社团通过两个互相依赖且同时发生的过程,来维系并重新界定市民社会与国家的界限:"一个过程是社会平等与自由的扩展,另一个过程是国家的重建与民主化。"[②] 市民社会的乐观主义者甚至基于"全球治理"和非政府跨国组织的发展,仿照康德关于国际和平与安全的伦理观念,来展望国际市民社会的兴起和跨国际的亲和力。[③] 应当说,这反映了当代市民社会发展的新趋势,以及市民社会与国家互动关系的新变化,法治也必然随之更新和建构。

如果我们立足于更深广的视野,按照马克思主义基本原理及当代人类学、史学、社会学、政治学、哲学等的科学研究成果来看,那么就不难发现,只要存在私有制和社会分工,市民社会和国家的区分就不可避免。前近代市民社会与国家的不同样态,虽然对市民社会进行了不同程度的侵吞,但并未使其完全消失。而近代以来随着市民社会的"政治解放",二者的分离和并立则势不可挡,普遍与特殊、公域与私域、个性与共性、权力和权利的矛盾关系也必然存在并日渐突显,直到进入共产主义后,它们才有可能真正融合于"自由人的联合体"中。[④] 到那时,法治也就让位于"自由人的联

---

① 萨尔瓦多·吉内尔:《公民社会及其未来》,载何增科主编:《公民社会与第三部门》,第162页。

② Keane, *Democracy and Civil Society*,转引自哈贝马斯:《公共领域的结构转型》1990年版序言,第30页。

③ 参见猪口孝、纽曼、基恩:《引言:变动中的民主》,载猪口孝、纽曼、基恩编:《变动中的民主》,第15—16页;〔美〕杰基·史密斯:《全球性公民社会?》等。

④ 马长山:《从市民社会理论出发对法本质的再认识》、《公民文化:精神文明建设的重要内容》。

合体”的社会规则秩序。因此,在现代市民社会理论看来,“人类解放就在于市民社会的自主性,在于市民社会的扩大、丰富和完善,在于它从国家获得解放以及民主对它的保护”。[①] 民主与法治的确立、运行和发展,也就离不开市民社会与国家的二元互动发展构架。也即法治必须立足于普遍利益与特殊利益、公共领域和私人领域、个性与共性、权力和权利的互动均衡关系而非二元对立关系的基础上,以国家侵吞市民社会(国家主义),或以市民社会消解国家(个人主义),或者二者的过度互渗融合(复合同化),都会打破这种均衡关系,侵蚀法治运行的社会基础,也有悖人类社会发展的走向。而且,信息化全球时代的社会发展愈来愈呈现多元化、复杂化和异质化状态,[②] 更需法治对其予以协调、规范及契合。历史表明,“一个多元的且独立于国家之外的自组织的市民社会是民主的一个不可或缺的条件,无论是谁提倡国家和市民社会的统合都将危及民主的革命。没有社会制约的国家权力总是危险的和不可欲的,它是对专制主义的放纵。”[③] 它“也许是惟一有效反对专制和

---

① 参见陈燕谷:《文化研究与市民社会》,载《思想文综》(4),暨南大学出版社1999年版,第33页。

② 有西方学者业已指出,随着文化全球化的发展,“世界一方面变得越来越相似,另一方面又变得差别越来越大”。(乌·贝克:《全球化时代民主怎样才是可行的?》,载乌·贝克、哈贝马斯等:《全球化与政治》,第63页。)罗伯森也指出,与后现代思维方式总的努力相反,“大部分全球化理论对解释异质性感兴趣,而不是将全球化化约为新的同质性。”一句话,“全球化包含了特殊主义的普遍化,而不只是普遍主义的特殊化。”罗伯森:《全球化——社会理论和全球文化》,第202页、第187页。

③ 基恩:《市民社会与国家权力型态》,载邓正来、亚历山大编:《国家与市民社会》,第120页。

极权统治的源泉。"[1] 包括在福利国家也是如此。而从一定意义上讲，民主"第三波"、治理与善治、"第三条道路"、多元主义、社群主义、法团主义甚至包括后现代思潮，都是全球化进程中市民社会和国家关系变异和调适张力而引发的理论反应，[2] 并为现时民主与法治的建构和推进奠定了背景基础。可见，法治的基础和界限就寓于市民社会与国家的这种互动发展构架之中。只有建立起市民社会与国家的良性互动关系（双向民主互动、制衡与合作等），[3]

---

① 达仁道夫：《现代社会冲突》，第59—60页。他还指出，市民社会是一切独裁权力的眼中钉、肉中刺。它抗拒着极权的肆无忌惮和骄横狂妄。

② 治理和善治、"第三条道路"理论反映了西方国家与社会关系的变异自不待言。而民主"第三波"兴起的十分重要的原因之一，就是民主价值广泛传播基础上威权体制的合法性问题日益加深、合法性削弱及大大扩大了城市中产阶级等等。（参见亨廷顿：《第三波》，第54页。）多元主义、自由主义、社群主义、法团主义之间在个人、社会与国家关系、公共领域与私人领域、个人主义和公共生活、权利与公益、利益团体与国家体制等等方面的理论纷争和设计，同样是对其国家和社会关系新变化的积极回应。（参见李强：《自由主义》，中国社会科学出版社1998年版；张静：《法团主义》；俞可平：《社群主义》；俞可平：《权利政治与公益政治——当代西方政治哲学评析》，社会科学文献出版社2000年版等。）而后现代思潮以强烈的批判和摧毁精神，来反抗现代性的断裂和压抑。它攻击理性和主张差异，提倡更加多元的、非中心的、多样性的主体性形式，拒斥宏观政治和实行激进社会重建的现代计划等等。因此，后现代思想是公共的或社区主义的，它强调社会政策应当指向保存和重建不同形式的地方社区，并意图在社会主义和资本主义二者的现代性之间寻找"另一种解决办法"。（参见道格拉斯·凯尔纳、斯蒂文·贝斯特：《后现代理论》，第329—374页；〔美〕大卫·雷·格里芬：《后现代精神》，王成兵译，中央编译出版社1999年版，第21—36页。）这在一定意义和程度上，也是对国家与社会关系变异导致的政治、经济与社会困窘和精神危机的某种反应。

③ 有学者认为，"良性互动"是二者之间的一种双向的适度的制衡关系。透过这种互动，双方能够较好地抑制各自的内在弊病，使国家所维护的普遍利益与市民社会所捍卫的特殊利益得到符合社会总体发展趋势的平衡。（邓正来、景跃进：《建构中国的市民社会》。）这无疑为审视、廓清和构建国家与市民社会关系提供了一个有益的思路，但似乎忽略了二者除制衡关系外的民主合作意向，尤其在全球化时代的中国。

使普遍与特殊、公域与私域、权利与权力等得到有机协调、保证和规制,以制约权力和保障权利为轴心,以普遍规则秩序为目标的法治才能真正确立起来,并形成赋有民主参与性、自主反思性和回应超越性等时代要求的法治秩序。

这里,有两点需要特别说明:其一,尽管西方国家一直在努力调适市民社会与国家的关系,但由于其资本主义制度和个人主义的浪漫精神所限,其市民社会与国家的良性互动关系是难以确立起来的。只有对其进行积极扬弃和超越,努力促进普遍利益与特殊利益、公共领域和私人领域、个性与共性、权力与权利的有机协调与契合,市民社会与国家的良性互动关系才能真正确立起来,法治也才会赋有其优良性和广阔前景。也即通过推进中国社会主义市民社会与国家的二元化进程(小政府、大社会),来实现权力、权利和义务的有效配置;确立多元社会权利基础、公权力权威和良法之治;促进依法治国和市民社会理性规则秩序的回应与契合;并确立公民意识的"文化霸权",从而推进社会主义民主与法治。

其二,尽管我们一直在考证研究市民社会和政治国家与法治的内在关系,但绝不可断言市民社会与国家是决定法治的惟一因素。因为文化传统、民族历史、风俗习惯、国民性格及宗教等等都是影响法治的重要因素。不过事实表明,市民社会与国家的二元互动关系确实是导致法治生成和发展的根本因素,并构成法治的基础和界限。

第四章 市民社会型塑与中国法治之路

中国正在“依法治国,建立社会主义法治国家”的伟大治国方略中加速着法治化进程,理论界已不再仅停留于法治的规范研究而开始把注意力转移到实证分析上,以国家与市民社会有机构架为基点的市民社会理论也被引入到了法治分析当中,并已显示出巨大的理论潜力和现实功效。从一定意义上讲,它是对全球化市民社会研究浪潮和中国市民社会发展的一种积极回应。我们将继续沿着这一路线,对中国法治进程予以客观审视和理性分析。

一、反思现代性、国家/社会构架与权力、权利和义务的合理有效配置

几个世纪以来的现代化进程在给人类社会带来了富足、自由和效率的同时,也使人类社会付出了环境及精神境遇等方面的代价。因此,从现代化启动之初,就有反现代化思潮与之相伴。[①] 不

① 〔美〕艾恺:《世界范围内的反现代化思潮——论文化守成主义》,贵州人民出版社1991年版,第15—16页。

过人们也认识到，现代化虽出现不少“病态”与恶果，但现代化带给人类的新的机会与善果(goods)却也是真实的。“更根本的是，人类社会的发展除现代化之外，还看不到有别的出路。”[①] 然而，随着现代化进程的加深加快，现代性的捍卫和弘扬与现代性的批判和反思之间的对抗则日益突显。[②] 在全球化浪潮涌来的当代社会，简单的现代化思维范式也逐渐让位于反思现代化思维范式。而反思现代化是对不同环境的反应，它根植于深层的社会变化中，即全球化的冲击，日常生活和个人生活的变化以及后传统社会的出现。这些影响来自西方的现代性，但现在影响着整个世界——它们折射回来在其起点上开始重塑现代化。[③] 在一定意义上讲，反思现代化是一种重新评价既有的价值理念以及社会制度的过程，是重新认识我们生存的环境以及我们自身的过程。[④] 它直接关涉到西方的现代性的基础。[⑤] 与此同时，自由主义、社群主义、法团主义、民族主义等诸多理论纷争，[⑥] “承认的政治”的兴起，[⑦]

---

① 金耀基:《中国现代的文明秩序的建构——论中国的“现代化”与“现代性”》，载刘军宁等编:《经济民主与经济自由》，第 47 页。

② 参见佘碧平:《现代性的意义与局限》，上海三联书店 2000 年版；傅永军:《控制与反抗》，泰山出版社 1998 年版等。

③ 参见〔英〕安东尼·吉登斯:《超越左与右——激进政治的未来》，李惠斌等译，社会科学文献出版社 2000 年版，第 84 页。

④ 参见杨雪冬:《能否建构一个安全能动的社会?》，《超越左与右》译者序言二，第 31 页。

⑤ 参见贝克:《全球化时代民主怎样才是可行的?》，载贝克、哈贝马斯:《全球化与政治》，第 5 页。

⑥ 其中自由主义与社群主义在个人与社会和国家、进步和秩序、普遍主义与特殊主义等重要问题上的论争，尤为激烈和显要。参见李强:《自由主义》，第 255—267 页。

⑦ 参见〔加〕查尔斯·泰勒:《承认的政治》，董之林等译；尤根·哈贝马斯:《民主法治国家的承认斗争》，曹卫东译，载汪晖、陈燕谷编:《文化与公共性》，生活·读书·新知三联书店 1998 年版。

“第三条道路”以及后现代思潮的涌现等等，[①] 在相当程度和意义上，则意味着其对国家和市民社会关系的反思、“解构”、“建构”或超越诉求，都对理性与自然、工具理性与价值理性、普遍与特殊、个人与国家和社会、个性与共性等有一定的深切关怀，都关注人的价值和存在，因而都根植于市民社会和国家矛盾发展的深层历史脉动之中。[②] 中国正是在现时的复杂背景下，即面临现代性、反思现代性和全球化而加速着现代化进程的。因此，中国的市民社会与国家构架及法治进程，就既不可盲目急进和照搬西方，又不可固守传统和拒斥世界发展潮流，而必须肩负建构、反思和超越的多重使命。

首先，市民社会与国家二元构架是西方的专利，还是人类社会发展进程的必然表现？应当说这并不是一个新问题，但这一重大问题的认识却有待进一步澄清。在导论和第三章中我们对此已进行了初步探讨。这里我们想重申的是，市民社会与国家的二元分立的确发生于西方，但是，其进步性和趋向则是人类社会的，是人获得政治解放和平等、自由发展的必然结果。[③] 而反对者往

① 有学者指出，后现代主义是对现时代的人类实践和人类自身进行反思的思想运动，是对现代资本主义的文化批判，也是对传统思维方式的挑战和扬弃。王治河：《扑朔迷离的游戏》，第25页。

② 这些思潮往往具有内在关联性和互补性，就是旨在摧毁一切，让人们发狠并意欲放出猎犬予以追咬的后现代主义者，也是在“矫枉过正”。（参见王治河：《扑朔迷离的游戏》，第25—33页。）那些“解构大师”，也难免是“杀了上帝，仍然按上帝活着的时候安排生活。”参见信春鹰：《后现代法学：为法治探索未来》。

③ 《马克思恩格斯全集》，第1卷，第443页；另参见马长山：《公民意识：中国法治进程的内驱力》、《从市民社会理论出发对法本质的再认识》、《市民社会理论：法学现代化的重要基点》。

往从冲击/回应、西方/东方、传统/现代的二元对立之批判省思中，关注中国的"本土"情怀，并指出"市民社会论"有囿于这种二元对立逻辑之嫌，[①] 认为"国家与社会的二元对立是从那种并不适合于中国的近现代西方经验里抽象出来的一种理想构造。"[②] 实际上，市民社会与国家的二元对立只是早期市民社会理论的基点，这一简单抽象忽略了国家和市民社会"在深层次上的相互扶持和纠缠牵连"。[③] 而现代市民社会理论早已深入系统化，并关注到市民社会与国家的互动关系。[④] 更为重要的是，恰恰因为一些学者立足于西方历史和经验视角，才导致了冲击/回应、西方/东方、传统/现代的对立在市民社会理论与中国问题上的突显，如果我们不仅直观地把市民社会与国家的分立发展看成是"生发于西方"的，而是人类历史进程的必然表现的话，那么这种二元对立就会明显消解。

从这一维度出发，我们就不可能简单地以西方市民社会模式为依据和判准，来寻求中国与西方的相似或不同，[⑤] 何况西方也

---

① 参见邓正来：《国家与市民社会——一种社会理论的研究路径》，载邓正来、亚历山大编：《国家与市民社会》，第16—21页；汪晖：《当代中国的思想状况与现代性问题》，载李世涛主编：《知识分子立场——自由主义之争与中国思想界的分化》，时代文艺出版社2000年版，第114—118页。

② 黄宗智：《中国的"公共领域"与"市民社会"？——国家与社会间的第三领域》，程农译，载邓正来、亚历山大编：《国家与市民社会》，第420页。

③ 参见〔美〕帕特·查特奇：《关于泰勒的"公民社会模式"理论的一些看法》，曾东译，载《国外社会学》，1994年第2期。

④ 有学者已对市民社会理论在当代的新发展进行了概括。参见何增科：《公民社会与第三部门》导论。

⑤ 关于这一问题的争论和分析，请参见邓正来：《国家与市民社会——一种社会理论的研究路径》，载邓正来、亚历山大编：《国家与市民社会》，第16—21页。

一直对其市民社会和国家关系(包括政府和市场、自由和干预、公平和效率等)进行不断地反思和调适,即它也并不是完美的。但市民社会与国家的二元互动发展则是超西方的,就像民主、自由、平等和人权观源于西方,但它已不再专属西方,并且在内涵和范围上都超越了西方一样。为此,有学者指出,“自由民主的理论与实践是植根于西方历史和文化的产物。因而,当民主从西方输出到其他地区其他文化时,我们时常听到的是‘文化帝国主义’和‘带偏见的西方中心主义的模式’。但我并不认为这些理念因为发源地的缘故就应该被拒斥。民主是西方的发明并不意味着它就是一项糟糕的发明,或者是一种只适合西方消费的产品。”① 或者说,“西方模型只有在历史的意义上说是西方的,但在社会学的意义上说,则是全球性的。”② 而全球化进程虽然带有反映了文化背景的多样性的区域性变化,但同质化的确正在发生。③ 尽管对此我们不能简单苟同,但市民社会与国家的二元构架,则是现代化进程所不可避免的。只是我们不可简单模仿西方,而必须以“反思现代性”来对待之,并赋予其以社会主义制度框架。也许正是

---

① 〔美〕乔万尼·萨托利:《自由民主可以移植吗?》,杨光明译,载刘军宁编:《民主与民主化》,第142页。

② 参见金耀基:《从传统到现代》,中国人民大学出版社1999年版,第112页。赫夫纳也指出,把公民性理想说成是西方的,首先会忽视这一事实:民主和人人平等的价值观甚至在今天也不再仅属于西方文化,并且不久以前还相当缺乏保障。”(赫夫纳:《公民社会:一种现代理想的文化前景》,载何增科主编:《公民社会与第三部门》,第219页。)艾恺的研究还表明,现代化的到来是必然的,“现代化过程在不同的时代、社会和文化背景下出现了不同的形式,然而其实质都是相去无几的。”艾恺:《世界范围内的反现代化思潮》前言,第2—3页。

③ 参见斯塔夫里阿诺斯:《全球通史——1500年以后的世界》,第884页。

在这一意义上，才堪称“世界正在从根本上变得更加现代化和更少西方化。”[①]

其次，中国是否存在市民社会，或者说能否型塑一个中国的市民社会？这一问题也争议颇多。应当说，古中国的确是典型的“东方社会”国家，没有西欧那种城市市民社会和市民阶级的发展。为此，有些学者对以市民社会模式来描述和分析晚清帝国提出怀疑，甚至认为中国实际的社会政治变迁从未真的来自针对国家的社会自主性的持久追求，而是来自于国家与社会在“第三领域”中的关系的作用，[②] 也有西方学者不无正确地提醒中国共同社会与西方利益社会的重大差别及重复西方经验的肤浅性。[③] 但深入的历史分析表明，自晚清以来，市民社会也的确在孕育和发展之中(尽管很不成熟)，并对中国的现代化进程产生过比较明显的积极影响。[④] 应当说，西方市民社会具有突出的制衡国家的功能，而在后发外生型现代化国家，市民社会虽也有对国家的制衡作用，但更多的是与国家的互补作用。由于历史的原因，中国的市民社会始终处于发展不充分的雏形阶段，在中国政治、经济发

---

① 〔美〕塞缪尔·亨廷顿:《文明的冲突与世界秩序的重建》,周琪等译,新华出版社1998年版,第71页。

② 参见夏维中:《中国近期难圆的梦》,载《中国社会科学辑刊》(香港),1993年(总第5期);黄宗智:《中国的“公共领域”与“市民社会”?》、罗威廉:《晚清帝国的“市民社会”问题》,载邓正来、亚历山大编:《国家与市民社会》等。

③ 〔美〕布兰德利·沃麦克:《中国共同社会与西方利益社会》,刘桂珍等译,载《史学集刊》,1999年第4期。

④ 参见朱英:《转型时期的社会与国家——以近代中国商会为主体的历史透视》,华中师范大学出版社1997年版,第582—585页;章开沅等:《中国近代民族资产阶级研究》,华中师范大学出版社2000年版,第634—670页等。

展中未能有效地发挥其功能。[①] 尤其是中国市民社会的发展对政治具有很强的依赖性，[②] 这决定了中国市民社会不会再走西方市民社会那种以与国家“对抗”为起始点的老路。[③] 可见，这个“市民社会”不是“西方”的，而是“中国”的，最终却是人类社会的。这也在一定程度上表明了现代化进程及市民社会与国家矛盾发展的多线性、共时性、平面性和复杂性。诚如有学者指出的，从人类社会发展的复杂性和多样性角度来看，市民社会在不同的历史阶段以及不同的文化背景和国别，其含义、构成、作用和性质也会有所不同。市民社会不是一种自然的和不变的东西，而是一种历史现象；不是一致的共同模式，而是具有特质的社会现象。因此，应将市民社会放到特定的历史环境中加以考察。另一方面，市民社会又具有众多的共同特性，如以市场经济为基础，以契约关系为中轴，以尊重和保护社会成员的基本权利为前提等等。因此，要全面把握市民社会的本质，就必须将它的普遍性质和特殊形态，有机地结合起来。[④] 近几年，市民社会在中国日益勃兴，一些学者也开始探讨型塑中国市民社会的必要性和可能性，包括市民社会发展的驱动理论、发展阶段、建构特征及目标模式等等，[⑤] 并赋有较多的积极

---

① 朱英：《转型时期的社会与国家》，第576—577页，第585—588页。

② 鲁品越：《中国历史进程与市民社会之建构》，载《中国社会科学辑刊》（香港），1994年（总第8期）。

③ 已有学者对“民间社会”的对抗理路进行了讨论。参见甘阳：《“民间社会”概念批判》及季卫东：《评论：批判者的千虑与一失》，载张静主编：《国家与社会》。但不管怎么说，制衡与合作的互动关系，乃是中国市民社会发展进程的重要特征。

④ 邓正来、景跃进：《建构中国的市民社会》。

⑤ 参见鲁品越：《中国历史进程与市民社会之构建》、施雪华：《现代化与中国市民社会》等。

建构意义。[①] 这与西方市民社会所赋有的更多的演进意义是不同的。前面我们说过,当下中国是在现代性、反思现代性和全球化复杂交织的情境下追赶现代化的,肩负着建构、反思和超越的多重使命,这就使得中国市民社会的发展必然既是演进的,又是建构的。也即一方面中国市民社会在现代化进程中不断酝酿和发展,其趋势是显而易见的。我们知道,改革开放后,中国经济的市场化进程不断加快,加之"小政府,大社会"的政治体制改革,引发了中国社会结构的重大变迁。市场化、世俗化、自主化、个性化、契约化等等成为一种带有普遍性的追求。在城市,传统单位制度受到冲击,行政依赖性减弱(尽管是有限的),[②] 个体和私营经济迅速崛起,社会团体蓬勃兴起,使权力格局发生重大变迁。[③] 在农村,农村经济私有化和小集市发展迅速,小城镇和乡镇企业发展很快,城市化进程不断向前推进。农民流动、电视网络的普及和市场经济的发展,

---

① 还有学者指出,在 20 世纪初,中国市民社会在政治衰败与军阀混战的背景下得到了长足发展。中产阶级和知识阶层崛起,公共领域出现,契约关系逐渐展开,中间组织社会作用日益广泛。但由于国家的衰败和政治的四分五裂,不能给市民社会的发展提供可能的法律保障,社会与国家之间既不可以产生良性的互动循环,也未发展成互相对抗关系,而是处于某种隔膜状态。这一方面使现代化得以在社会底层迅速推进,另一方面又在更深层次上阻碍了其进一步的发展,并导致了"全能主义"政治。而"全能主义"政治又必然出现合法性危机和引发革命,形成一种历史循环。参见许纪霖:《中国:现代化政治变迁中权力聚散的循环》,载姚申主编:《东亚:经济、政治与文化阐释》,学林出版社 1999 年版。

② 参见曹锦清等:《走出"理想"的城堡——中国"单位"现象研究》,海天出版社 1997 年版;李路路等:《中国的单位组织——资源、权力与交换》,浙江人民出版社 2000 年版等。

③ 参见康晓光:《权力的转移——转型时期中国权力格局的变迁》,浙江人民出版社 1999 年版;秦晖:《政府与企业以外的现代化——中西公益事业史比较研究》,浙江人民出版社 1999 年版。

改变了“乡土社会”的社会结构、心理和行为模式。[①] 有学者通过对北京“浙江村”的实证研究，认为中国已出现了国家和社会的分野，且有实无名。这使得这个新的空间既不同于西方意义的“市民社会”，也不同于中国传统的“民间社会”，而是一个走向待定的“新社会空间”。[②] 当然，也有学者对中国能否建构市民社会提出了疑问，尤其认为中国农村问题难以解决，[③] 而且，相关实证研究也确实表明“乡土社会”传统的影响力和适应力。[④] 但是，农村的巨大变迁是不容置疑的，某些文化传统与社会变革的整合也是可能的。总起来看，改革开放后，中国社会的自由空间不断加大，资源流动不断加速，整体性、同质性社会开始解体，世俗化欲求以及自由、平等和自主性意识日益上升，市民社会已初具规模并不断向前发展。不过，中国的市民社会并不是过于理想化的，有的学者把它概括为自发性与人为性、民间性与官方性、自主性与依赖性、分离性与合作性相并存的四个特征。[⑤] 也正因为这样，才需要我们对中国市民社会予以积极推进。因此，另一方面，中国的市民社会又需要政府推动和理性设计建构，尤其以反思现代性来省察西方市民社会

---

① 参见周晓虹：《转型时期中国农民的社会心理——昆山周庄镇和北京“浙江村”的比较研究》、张敏杰：《改革中的温州农民心态》等，载贾德裕等主编：《现代化进程中的中国农民》，南京大学出版社 1998 年版。

② 项飚：《跨跃边界的社区——北京“浙江村”的生活史》，生活·读书·新知三联书店 2000 年版，第 499—500 页。

③ 夏维中：《市民社会：中国近期难圆的梦》。

④ 参见王铭铭：《村落视野中的文化与权力——闽台三村五论》，生活·读书·新知三联书店 1997 年版；王沪宁：《当代中国村落家族文化——对中国社会现代化的一项探索》，上海人民出版社 1991 年版等。

⑤ 陈晏清主编：《当代中国社会转型论》，山西教育出版社 1998 年版，第 108—114 页。

与国家矛盾发展的经验教训，并结合中国国情，对市民社会发展予以必要的引导和矫正。可见，市民社会在中国已不是一个“可能”的问题，而是一种社会现实，只是这个市民社会必须是社会主义市民社会。虽然这种现实不是理想化的和神话性的，但它无疑是中国步入现代化和全球化进程中的一个重要表现。

如上所述，发端于西方17—18世纪的市民社会与国家的二元化进程，是人获得“政治解放”和平等、自由发展的必然结果。但在资本主义制度框架下，二者难免处于对立紧张状态，为此，西方国家力图通过自由放任——福利国家——“第三条道路”而进行不断地调适和修正，并出现自由主义、社群主义、法团主义、社会民主主义乃至后现代主义等思潮的纷争。在相当程度上讲，都是企图通过重新厘定国家与市民社会的关系，调处公域与私域、自由和平等、普遍利益和特殊利益、个性与共性等复杂关系，以使权力与权利、权利与权利以及权利与义务达致某种均衡，从而最大限度地促进人的自由平等发展、实现经济的高速增长和社会的高度文明进步。但是，资本主义市民社会与国家的良性关系是难以确立起来的，其良好的愿望也难以化为现实。而在社会主义国家，由于过去对马克思主义理解和对社会主义认识上的偏差及政策失误，施行高度中央集权的政治经济体制，造成了国家包揽社会、权力侵吞权利及权利义务不一致、不均衡的状态，① 阻滞了社会发展并严重

① 传统社会主义往往以集中化的国家权力来规划、分配和管理一切，社会自主权利被侵蚀和消解。而且，统制配给经济及其相应的集权政治体制，还造成了社会等级身份(如国营、集体、街道企业的等级身份，以及工农、城乡的严重剪刀差，工人、农民、干部、知识分子的身份性待遇差别等等)，权利与义务也严重失衡。这种配置失效，不仅扼杀了人性，也严重阻滞了社会发展。

消解了社会主义制度优越性的发挥。① 所以社会主义国家也必须进行变革,重新调适国家与市民社会的关系。其政策取向的轴心,就是革除传统集权主义的弊端,进行市场化、民主化改革。尽管有前苏东的前车之鉴需要警醒,但改革毕竟是不可逆的,所以我们才要走有中国特色的社会主义之路。通过"小政府、大社会"的政治体制改革,推进民主和效率;通过发展市场经济,推进自由自主、平等互利的市民社会的形成;通过倡导"百花齐放、百家争鸣",推进思想自由和思想解放运动。其实质是把市民社会从国家的"监护"中解放出来,并确立二者的良性互动关系,确立国家与社会、国家与群体和个人、中央和地方之间的有机均衡和民主整合状态,实现权力与权利、权利与权利及权利与义务的合理有效配置,推进政治民主、经济腾飞和社会文明进步。从这一意义上讲,构建和发展中的社会主义市民社会,乃是扬弃了资本主义市民社会的"公民社会",这就是说,实现着对东方/西方、传统/现代的一定程度的反思和超越,②并力图提供解决分化的自由与统一之间矛盾张力的最

① 有学者对此问题有较深入系统的研究。参见唐士其:《国家与社会的关系——社会主义国家的理论与实践比较研究》。

② Civil Society 有"市民社会"、"公民社会"和"民间社会"等多种译法。有学者指出,"市民社会"往往有贬义,"民间社会"往往是中性的并边缘化,而"公民社会"则是褒义,它强调公民对社会政治生活的参与和对国家权力的监督与制约,故而应译称"公民社会"为好。(何增科:《公民社会与第三部门》导论)我们这里并不是在译法意义上的换称,而旨在表征当代中国市民社会应有的特质。西方市民社会的发育成长是与资本主义的兴起相伴随的,并借助于资本主义制度获得了解放和发展。虽然它具有巨大的历史进步意义,但也滋生了过多的个人主义和漫无止境的市民利得精神,进而造成了市民社会与国家的对立并产生了严重张力。尽管西方国家一直在对二者关系进行不断地调适和矫正,甚至出现了福利国家和全球化进程中国家与市民社会的渗透,但其市民社会的个人主义精神与特殊主义原则仍十分突出,并出现了一定程度的忧患与危

佳现代性方案。[1]中国的法治也必然建立在国家与市民(公民)社会的二元良性互动关系基础上,并为中国政治、经济和社会发展提供必要保障。

机,其"逃避自由"的倾向、深刻的无方向感、独立个体的困境和道德共识的离析等等,标志着其"天命"出了问题。(参见〔美〕E. 弗洛姆:《健全的社会》,孙恺详译,贵州人民出版社 1994 年版,第 288 页;〔美〕文森特·奥斯特罗姆:《政治文明:东方与西方》,载刘军宁等编:《经济民主与经济自由》。)而在东方,则一直是处于国家吞并市民社会状态,其团体本位的文化精神和国家主义原则,严重扼制了自由和权利追求,并导致了社会发展的停滞与滞后(参见本书第二章)。直到近代以降,在现代化运动和西方霸权的压力下,东亚国家与市民社会才出现分离发展。但国家优势地位和原则仍较为明显,新儒家也极力致力于儒学的复兴和现代转化,然而其中不乏道德理想主义色彩。(参见〔美〕狄百瑞:《东亚文明——五个阶段的对话》,何兆武译,江苏人民出版社 1996 年版等。)而市民社会在当代中国的发展,虽然仍体现市民社会与国家分离、矛盾的一般规律,但其本质上则应是非对抗性的。其理想是普遍利益与特殊利益、个性与共性、公共领域与私人领域、权力和权利等等,都能够获得双向互动的契合发展,即国家和市民社会的双重生活最终要统一于人的自由自主发展。因而,它需要实现对东西方国家与市民社会矛盾发展历史的积极扬弃,展现自主自律、平等互利、民主参与、开放沟通、自由创造和较高公共精神的公民文化,并努力实现对东方/西方、传统/现代的一定程度的反思和超越。正是在这一意义上,我们才说它是一种新型"公民社会"——市民社会的高层次表现。这不仅是中国的社会制度属性所要求的,也是克服国家和市民社会在西方"对立"发展和在东方"同一"发展之缺陷,立足于二元有机互动发展之历史发展趋势所要求的,体现着对多样性和共同性的寻求以及人类文明走向的企盼。(参见亨廷顿:《文明的冲突与世界秩序的重建》,第 369 页;张立文、李生平主编:《中外儒学比较研究》,东方出版社 1998 年版,第 2 页。)当然,这也是作为后发外生现代化(转型)国家,具有儒法传统和东方传统色彩的中国所应进行的理性选择。

① 台湾学者石元康指出,在市民社会中,个人的意志得到了肯定是现代性的最大成就。但是,在这种分化的自由基础上,能否再建立起一个统一,则是现代性所面临的最大课题。参见石元康:《市民社会与现代性》,载石元康:《从中国文化到现代性:典范转移?》,生活·读书·新知三联书店 2000 年版,第 220 页。

二、多元权利基础、公权力权威与良法之治

20世纪70年代末以来，以市场经济为取向、以“小政府、大社会”为模式的社会改革，加速了国家与社会的分离和社会主义市民社会的日渐形成。它既有多元特殊利益、个人权利和自由、私域自主等等的主张和要求，又有对普遍利益、公共领域及公共精神等等的期望和认同；既制约、平衡和控制国家权力，又与国家互动合作，赋予国家权威以必要的合理性与合法性。因此，国家与市民社会的这种二元有机互动构架和发展，一方面产生着日益浓重的社会主义民主与法治诉求，另一方面，又为社会主义民主和法治奠定着重要的社会基础。

（一）市民社会的多元自主性权利对权力的平衡和制约

民主和法治意味着对自由和权利的弘扬与保护，以及对权力的有效制衡和拘束，并立足于市民社会与国家的有机互动发展基础上。应当说，在社会主义条件下，消除了市民社会与国家的二元对立，因而能最大限度地贯彻国家服从服务于市民社会的“民主契约”精神，[①] 真正使“公共事务本身反而成了每个人的普遍事务，

① 参见马长山：《弘扬民主契约法律精神》，载《求是学刊》，1998年第2期。

政治职能成了每个人的普遍职能，"[①] 进而通过"民主制"实现普遍与特殊的真正统一和人的自由发展。[②] 然而，由于物质生活条件的制约，更由于权力本身的固有性质，它必然具有膨胀扩张性及腐化性，尤其是在社会主义初级阶段，并受传统不良因素的影响，情况更是如此。就是说，不受控制的权力无疑会形成专断和腐败，甚至在一定条件下还会形成"权力拜物教"和"国家主义"。尽管"权力拜物教"和"国家崇拜"、"国家主义"的产生条件不同，但其共同特点，就是否定、蔑视市民社会，导致对领袖和国家的迷信与崇拜，并都具有与民主契约精神相对抗的性质。因此，马克思恩格斯在阐发其民主观和国家观时，对其进行了深刻的揭露和批判：在中世纪，人对人的依赖关系是一种权力关系，政治权力直接地具有经济意义，"就单个的官僚来说，国家的目的变成了他的个人目的，变成了他升官发财、飞黄腾达的手段。"人们普遍形成了对权力的渴望和权力神秘性的崇拜，"'警察'、'法官'和'行政机关'不是市民社会本身赖以捍卫自己固有的普遍利益的代表，而是国家用以管理自己，反对市民社会的全权代表。"[③] 从而把人由主体降为客体，沦为依附别人、受别人摆布的"政治动物"。而"国家崇拜"则认为国家是永恒的真理和正义所借以实现的场所，产生对国家以及一切有关国家事务的崇拜，习惯于认为"全社会的公共事业和公共利益只能用旧的方法来处理和维护，即通过国家及其收入极多的官吏来处理和保护。"而实际上，国家最多也不过是无产阶级在争

---

① 《马克思恩格斯全集》，第 1 卷，第 442 页。

② 参见《马克思恩格斯全集》，第 1 卷，第 281 页—282 页。

③ 参见《马克思恩格斯全集》，第 1 卷，第 302 页、第 306 页。

取阶级统治的斗争胜利以后所继承下来的一个祸害,无产阶级“不得不立即尽量除去这个祸害的最坏方面,直到在新的自由的社会条件下成长起来的一代能够把这全部国家废物完全抛掉为止。”就是说,社会的发展进步“将把靠社会供养而又阻碍社会自由发展的寄生赘瘤——‘国家’迄今所吞食的一切力量归还给社会机体。”① 在社会主义初级阶段,国家仍有其存在的合理性和必然性,只是必须克服“权力崇拜”和“国家主义”,使国家权力真正从属于人民,真正服从于社会主义市民社会的需要。否则,就会侵吞人民民主权利和社会自由,践踏民主与法治,直至引起巨大的社会震荡。这方面的惨痛教训应该铭记。② 事实上,社会主义应是一种既限制极端个人主义,又体现国家权力向社会转移和回归的“公共社会”,“我们可以设想国家与社会之间的‘伙伴关系’,只要首创性总是来自社会,只要对社会生活的管理没有被一小撮国家精英所控制,只要国家本身根植于人民的力量并且总是从人民的力量中汲取能量。马克思说社会主义就是社会革命。市民社会的民主化和削弱国家的官僚制同样重要。”③ 因此,在推进社会主义民主与法治的进程中,固然要进行政治体制改革,精兵简政和强化分工制约,但更重要、更根本的,则是必须重塑国家与市民社会的关系,推进市民社会的自主性和多样化发展,以多元社会权利来平衡和制约国

---

① 参见《马克思恩格斯选集》,第2卷,上册,第336页、第377页。

② 前苏东国家主义模式的失败以及我国“文化大革命”的十年浩劫,就充分证明了这一点。

③ S. Hall, *The Hard Road to Renewal*,转引自陈燕谷:《文化研究与市民社会》,载《思想文踪——当代文化研究专辑》,暨南大学出版社1999年版,第37页。

家权力。只有这样,权力扩张和腐化才能得到有效控制,“国家主义”滋生和发展的土壤才能得以清除,民主与法治才能真正确立起来。我国20世纪70年代末以来的伟大社会变革,也正是循着这一逻辑展开的。

1、社会利益的复杂分化和市民社会多元权利的扩展伸张

改革开放前,在一定意义上呈现的是国家吞并市民社会状态。国家和集体利益具有不可置疑的先在性与独占性,个人处于行政依附地位,形成一种单元板结的社会结构。改革开放后,随着有计划的商品经济向社会主义市场经济的纵深发展,以及政治体制的民主化改革和思想观念的巨大解放更新,引发了巨大的社会结构变迁和利益的分化解组,进而推动了市民社会的形成和发展。

首先,多元利益的分化导致了社会分层的出现。即市场经济的发展和利益的分化重组,一方面,大大突破了传统的工人、农民、干部和知识分子的简单社会构成,涌现了大量的个体劳动者、私营企业主和企业经营者(企业家)并形成了新兴阶层,还有律师、会计师等专业阶层的形成,这使传统的“阶级”划分和“身份”确认都难以涵括和奏效;另一方面,社会分化也在原来的“阶级”内部不断发生,如“蓝领工人”、“白领工人”、退休职工、失业者、农民、乡镇企业职工、农民工等等。[①] 知识分子、官员以及军人内部也在不

---

① 我国有学者对中国社会的这种阶层化进行了详尽的分析。(参见朱光磊等:《当代中国社会各阶层分析》,天津人民出版社1998年版。)但也有学者认为,有些“群体”(如“企业家”)似乎不应称为“阶层”,而称“群体”更好些。袁方:《跨世纪的稳定:改革不可逆转》,载《中国社会结构转型》,中国社会出版社1998年版。

断分层化。[①] 这就形成了横纵(内外)的双重分层化,推进了中国现代化进程中从身份到契约的转化,大大改变了传统简单而僵滞的阶级构成和阶层结构。

其次,社会资源占有分散化、分布多元化。改革开放前,公有制独霸天下,非公有制成分几乎不存在。而现在,所有制结构多元化,即国有、集体所有、私有、外国资本及其他所有制并存。从1978年到1997年,国有经济所占比重由77.6%降至26.5%,集体经济所占比重由22.4%上升到40.5%,非公有制经济所占比重由0上升到32.9%。而进入90年代后,国有、集体和非公有制经济发展速度的差距进一步扩大,比值为1:2:3。[②] 这使得社会资源占有和经济力量日益分散化、多元化,大大改变了传统的国家或集体资源独占性。

再次,国家权力日益缩减,社会权利日益扩展并呈多元性。以联产承包责任制为轴心的农村经营体制改革,造就了脱离政府直接管制的两亿个农业家庭企业;以政企分开,建立现代企业制度为轴心的国有企业改革,培育了新型的"自主经营、自负盈亏、自我发展、自我约束"的市场竞争主体;多种非国有经济的充分发展,形成了众多独立自主、完全按市场规则运行的"经济人",加之市场取向的价格制度改革、市场基础设施的形成、重在调控的政府宏观管理体制改革等等,造成了"市场权力"的增长;而市场经济条件下对个

---

① 如在大学兴起的特聘岗位系列、国家公务员制度的推行、军衔制度的确立等等,都导致其内部的分层化。

② 参见《中国统计年鉴》(1993),第414页;《中国统计年鉴》(1998),第10页;齐桂珍:《中国所有制改革20年》,中州古籍出版社1998年版,第24页。

人择业和迁徙自由、结社自由、财产权利及公共舆论的权利保障，则促动了“社会权力”的增长，大大改变了权力的国家垄断性。[①]

复次，社会分工分化的加速，使社会组织日趋多元化。除传统企业、事业单位外，各类公司、合伙组织、联营、私营企业、民营非企业等大量涌现，尤其是代表不同利益和要求的社会团体发展迅猛，并在国家政治、经济和社会生活中发挥着重要作用，大大改变了国家组织（官办组织）“独占天下”的单一性。

最后，社会的重大分化解组，推动了社会价值观念的多元化。中国正处于现代化进程中的重要转型期，利益结构的变化及合理性观念的冲突，造就了价值评价及其标准的多元化，[②] 世俗化、个性化、多样化的大众文化也蓬勃兴起。[③] 自然主义生活图式下的依赖无为、安贫乐道、平均保守、等级身份、权力本位等传统主流价值观念受到冲击，展现利益诉求、个性自由、平等开放、自主自律、竞争参与、开拓创造等等的新型价值观念得以确立，并逐步呈现多样化和丰富性的生动发展，大大改变了思想观念的“权威一统性”。

---

① 康晓光先生对市场权力和社会权力的双重增长有较具体的分析研究。（参见康晓光：《权力的转移》，第63—142页。）我们认为，这种社会性权力无疑分割了国家权力，但相对于国家权力而言，应称为社会性权利（市场权利和社会权利）。

② 参见兰久富：《社会转型时期的价值观念》，北京师范大学出版社1999年版，第33—35页、第116—124页。

③ 有学者认为，中国社会逐渐具备了大众社会的基本特征：国民所得增加；社会流动频繁；闲暇时间增多；财富分配和各种机会渐趋平等化；传播、交通及教育有所发展；职业专门化。大众社会打破了中国社会格局的沉寂，在文化领域引发了一场“风暴”——大众文化的兴起。陈刚：《大众文化与当代乌托邦》，作家出版社1996年版，第9页。

由此可见，市场经济的发展启动了中国社会由单一性走向多样性的伟大历史进程，市民社会日渐形成，并推动了多元社会权利的扩展伸张。具言之，阶层和利益日益分化、资源占有分散化、社会权利广泛增长、社会组织日益多元化及思想观念的多样化发展，在一定程度上消解了传统集权体制的阶级结构基础、经济基础、组织基础和思想观念基础，塑造了多元化的社会权利。权利表示分化的原则，“这是一个权力增长的过程，但是，这一过程的发展是通过对权力的限制而不是通过权力扩张和膨胀（比如，通过监控网络）来实现的，”这使得基本权利成为了“现代市民社会的组织原则。”[①] 而公民人身权利、财产权利的法律确认、保障及刑事保护等都取得了长足的进步，[②] 公民权利意识（包括自我意识觉醒、人我界限日益分明、权利诉求强度加大等）也日益增强，[③] 这就为分割、平衡并制约国家权力，推进民主与法治奠定了重要基础。应当说，改革开放后我国民主与法治进程的每一步成就，都是与此密切相关的。然而需要指出的是，中国毕竟具有“国家主义”浓重、市民社会极端积弱的传统，而 20 世纪 70 年代末以来，中国市民社会的兴起，也毕竟是与国家的主动放权和政策驱动分不开的。事实上，

① 〔美〕简·科恩、安德鲁·阿雷托：《社会理论与市民社会》，载邓正来、亚历山大编：《国家与市民社会》，第 204—205 页。他们还坚持认为，他们是用组织原则这一概念来表示一个社会的制度核心的。社会制度核心是造成社会认同的原因，它位于社会和系统整合的交汇处。

② 参见张广兴：《社会发展中的人身权利》；陈甦、董郁玉：《公民财产权利的发展与保护》；陈泽宪：《刑事法制发展与公民权利保护》等，载夏勇主编：《走向权利的时代——中国公民权利发展研究》，中国政法大学出版社 2000 年版。

③ 参见高鸿钧：《中国公民权利意识的演进》，载夏勇主编：《走向权利的时代——中国公民权利发展研究》。

西方的市民社会是先于国家的，国家靠市民社会来扶植。而由特殊历史进程造就的现代中国则正好相反，政治社会先于市民社会而建立，并且由经济生活行政化和日常生活政治化而占领了市民社会的领域。因此，不是由市民社会呼唤和扶植国家，而是由国家呼唤和扶植市民社会。① 因而，中国市民社会对国家具有一定的依赖性，其发展仍是有一定的有限性，如社会利益分化和资源分散水平不高、市民社会权利对国家权力的制约不力、市民社会自主自律性较差等等。即一方面缺乏抵御权力的权利意识和主张，另一方面又容易形成狭隘的地域性和小团体力量，并极易产生"无政府"意识和蔑视理性规则与程序的"大民主"。② 而"国家主义"仍在一定程度和范围内存在，并对我国理念性、大众观念性法律文化和制度性法律文化具有浓重影响，③ 严重制约着中国民主与法治进程。而"要促成个人与团体真正丰富的多元性，使他们能够公开表达对他人的理想和生活方式的支持或者异议，那么，市民社会和国家机构分离，由公众对各个领域的权力进行监督，是必不可少的

---

① 参见鲁品越：《中国历史进程与市民社会之建构》。还有学者从动力组合、政府与政党作用和价值目标等方面，分析了中国市民社会构建道路与西方市民社会发展的差别，并强调政府的积极作用。（参见施雪华：《现代化与中国市民社会》）邓正来和景跃进先生则强调了中国市民社会构建的多方面因素，即由上而下的国家因素，由下而上的社会因素和由外而内的外部因素。并提醒注意市民社会尚未成熟，就超前过热地参与政治和运用传统民间社会观（"民反官"）来指导市民社会建构这两种极端倾向。参见邓正来、景跃进：《建构中国的市民社会》。

② 关于地域性和小团体力量这一点，有学者认为与自然经济传统、现行单位制度以及缺少西方"移民社会"所具有的"动物性人格"（自由意识、契约精神、"大社会"意识等，而中国人的传统则为"植物性人格"）有关。参见鲁品越：《中国历史进程与市民社会的建构》。

③ 吕世伦、贺小荣：《国家主义的衰微与中国法制现代化》。

两个条件。”[①] 同时，把“权力分散在具有多种否决权能的各种决策中心，发展其程度各不相同的多元的、交叠的政府机构，对于维持稳定的、在变化迅速的条件下能增进人类福利的政治秩序是必要的条件。”[②] 利益社群的自主自治也将在民主秩序中发挥重要作用。[③] 因此，必须加快和深化“小政府、大社会”取向的政治体制改革，进一步大力发展市场经济，促进市民社会的不断发育成熟，推进市民社会的自主性和多元化发展，进而建立起国家与市民社会的良性互动关系。具而言之，主要包括以下几方面：其一，按照公平与效率、自由和平等的价值原则与精神，构筑适应市场经济发展和时代要求的资源配置、权利和权力关系的经济、政治和社会制度体系，并纳入法制化轨道；其二，推进国有企业的公司化改制，着力单位制度“市场化”、民主化和社会化改造，[④] 精简政府机构和缩减政府职能，还企业以自主、还个人以自立、还市场以自律；其三，大力发展私有经济和合作经济，推进社会利益、阶层和资源的进一步合理分化和分散，扩大并保障私人领域的自由和权利，培养社会成员的自由、平等、契约、权利精神和自律意识，使之成为理性自由的市民社会主体；其四，推进国家政治民主，扩大地方自主权

---

① 〔美〕约翰·基恩：《费城模式》，载猪口孝、纽曼、基恩编：《变动中的民主》，第274页。

② 文森特·奥斯特罗姆：《美国公共行政的思想危机》，第116页。

③ 参见文森特·奥斯特罗姆：《复合共和制的政治理论》，第99页。

④ 路风认为，应通过功能分化、引入契约关系、促进资源流动、推进组织成长等环节进行单位制度改革，把个人和社会从单位以及任何具有人身依附和封闭特征的组织结构中解放出来，创造出新的适应市场经济发展和政治民主需要的组织体系。路风：《单位：一种特殊的社会组织形式》，载《中国社会科学》，1989年第1期。

和自治权，扩大市民社会对国家生活多元畅通的民主参与途径和渠道。进一步扩大并保障基层民主，[①] 尤其是群众自治性组织的民主管理、社会团体的民主参与、公共舆论自由及新闻监督等等。总之，通过缩减国家权力和转变职能，培养、扩大并保障多元化的社会权利，以实现多元权利对权力的分割、平衡和制约，进而推进国家政治生活民主化和社会多元自由自主性，使国家权力服从服务于社会权利，形成国家与市民社会、国家权力与社会权利的双向互动、均衡互补及民主合作关系，并且共同置于理性规则的规制之下，推进社会主义民主与法治。

2、基层群众组织的民主自治管理日益发展并赋有重要功能

中国曾是一个具有浓重儒法传统的乡村帝国，国家政权一直辐射到乡村。18 世纪时，里社保甲坊厢系列、家庭宗族乡族系列和行业组织与经济型乡族组织系列，构成了中国基层社会的三大社会组织，即便是反映一定市场有机环境和商品经济要求的行业组织与经济型乡族组织，也仍与传统生产方式和国家政权有相当程度的联系和依赖。[②] 但另一方面，也造就了某种程度的村落自

---

① 一些学者对县乡两级政治体制改革进行了调查研究。认为目前县乡行政体制是一种压力型体制，它不仅忽视了农民民主要求和低估了农民民主力量，也忽视了合作原则，容易形成“零和博弈”的思维和行为模式，不适应社会经济发展和时代要求。因而，需要进行由压力型体制向民主合作型体制转型的改革。（参见荣敬本等：《从压力型体制向民主合作型体制的转变——县乡两级政治体制改革》，中央编译出版社 1998 年版，第 88—92 页。）无疑，这种改革是推进基层民主的重要方面。

② 参见秦宝琦、张研：《18 世纪的中国与世界——社会卷》，辽海出版社 1999 年版，第 213—258 页。

治传统。[①] 清末曾施行过“地方自治”,但只不过是相对于官治并辅佐于官治的。民国初期对此予以沿袭,并颁布一些法令来建立地方自治制度,甚至在 1920 年还出现了“联省自治运动”,只不过有名无实。[②] 而以梁漱溟为首的知识分子则掀起“乡村建设”运动,企图以儒家传统来整合受到现代化运动冲击的中国社会,最终也以失败告终。[③] 这在一定意义上表明了国家权力的强大以及社会权利的明显阙如,同时也是国家吞并市民社会的一个重要后果。[④] 新中国建立后,实行中央集权的政治经济体制,尤其是人民公社化运动和“文化大革命”,导致了“国家主义”再度兴盛,基层民主自治权利受到严重抑制乃至剥夺。

改革开放后,中国在现代化进程中大力推进民主与法治,基层民主自治也就提到议事日程上来,并颁布了《居委会组织法》和《村委会组织法》等法律法规,在城市和农村加强基层政权建设和推进基层民主化。尤其是乡土中国的村民自治,是中国民主法治建设的重要组成部分,是市场经济发展带来的社会化、民主化运行机制总趋势的必然要求和反映。它赋有重要的民主法治启蒙功能,有助于形成平等、开放、横向的权利、利益联系和互动关系,有助于形成自主自律、自助互助和现代主体精神,也有助于培养广大农民的

① 日本学者安田信之认为,村落自治是东亚传统的基层民主形式,它表现了亚洲固有的民主主义。参见韩大元:《东亚法治的历史与理念》,第 29 页。

② 参见韦庆远:《中国政治制度史》,中国人民大学出版社 1998 年版,第 492—494 页。

③ 马振铎、徐远和、郑家栋:《儒家文明》,中国社会科学出版社 1999 年版,第 340—344 页。

④ 国家吞并市民社会,必然造成国家权力对社会权利的侵吞和扼制。自治运动在深层意义上说,是对这种状态的一种反动。

民主法治技能和适应力。[①] 因而，在民主法治进程中具有重要的意义和作用，以致外国学者得出结论，“中国的村委会选举是为了赋予中国 9 亿农民政治权利所采取的积极的和重要的发展步骤。”[②] 然而，由于多种因素的影响，村民自治并不是理想化的，如民主选举过程形式化、村民自治组织行政化和民主自治管理空泛化的情况，还在一定程度和范围内存在；[③] 民选村干部整体优化度较差；金钱、宗族势力和地方恶势力操纵选举和村政的情况时有发生；村民权利和利益遭侵犯的情况仍较严重和普遍等等。[④] 有学者还指出村民自治面临着人治与自治的紧张关系、国家与农村社会之间的内在紧张关系、村委会与村党支部的关系协调、中央政府——地方基层政府之间的拉锯式博弈的“四重困境”，[⑤] 甚至出现了对“乡村民主政治能走多远”的疑虑。[⑥] 但是，无论如何，它毕竟反映了农民公私分离、私私分离过程中的权利要求[⑦]，毕竟是中

① 参见马长山：《村民自治组织建设的时代意义及其实践反差》，载《政治与法律》，1994 年第 2 期。

② 参见刘智峰主编：《中国政治体制改革问题报告》，中国电影出版社 1999 年版。诸多海内外学者都十分关注中国的村民选举，视其为中国民主化的基点或新政治框架的基础。

③ 这些因素包括左的思想和工作作风积习、历史不良因素、农村经济文化发展程度及社会宣传乏力等等。参见马长山：《村民自治组织建设的时代意义及其实践反差》。

④ 吴理财：《民主化与中国乡村社会转型》，载《天津社会科学》，1999 年第 4 期；何清涟：《农村基层社会地方恶势力的兴起》，载《二十一世纪》（香港），1997 年 6 月号。

⑤ 胡永佳：《村民自治、农村民主与中国政治发展》，载《政治学研究》，2000 年第 2 期。

⑥ 党国印：《中国乡村民主政治能走多远?》，载《中国国情国力》，1999 年第 3 期。

⑦ 夏勇先生对公民的权利的生成有较详尽的研究。参见夏勇：《公民公法权利的生成》，载《走向权利的时代》。

国民主政治的生长点，锻炼和训练着数以亿计的人民群众参与民主过程，并对城市基层民主产生着重要影响。它展现了村级治理由国家主导——社区精英主导——大众主导的运行轨迹，[①]“可以向那些怀疑中国人民有普遍实行民主的能力的人，向相信现代民主的伟大社会作用的人，展示民主的宝贵的社会功能”，[②]并产生了一定的积极效果。它是“中国培育公民社会，重构现代市场经济基础上的统一民族国家，打破中国几千年来上层频繁变动、下层变化甚微的历史循环的一个基础性工程。”[③]它在一定程度上厘清了国家和农村社会的界限，[④]改变了国家对社会的传统权力压制型控制和治理模式，注入了民主和法制因素，形成了基层群众民主自治权利对国家权力的分割和制约。因而，对中国民主法治进程必然并已经产生了重要助推作用。[⑤]摆脱村民自治“困境”的办法，只能是通过理顺关系，改变体制，完善立法和强化措施来全力推进，[⑥]使基层群众民主自治能有效地发挥其自我管理、自我服

---

① 参见张厚安等：《中国农村村级治理——22 个村的调查与比较》，华中师范大学出版社 2000 年版，第 91 页。

② 朱光磊、程同顺：《在更大的背景下认识村民自治》，载《中国书评》（香港），1998 年 5 月号。

③ 胡永佳：《村民自治、农村民主与中国政治发展》。

④ 景跃进先生指出，村民自治制度的确立，使国家行政组织与村委会组织边界得到厘清，只是由于多种因素的影响，村民自治在实践中产生了一种内在紧张，即自治组织事实上成了乡镇政府的派出机构。（景跃进：《国家与社会关系视野下的村民自治》，载《中国书评》（香港），1998 年 5 月号。）在笔者看来，这只是过渡期（或转型期）的一种现象，而国家和社会边界的厘清，则意义十分重大，尽管这可能过于乐观。

⑤ 在某种意义上说，这是中国民主化进程的一个非常现实的选择。它既尊重了中国的国情，避免或减缓了转型期的社会震荡，又适时地推进了民主与法治。

⑥ 参见马长山：《村民自治组织建设的时代意义及其实践反差》。有些学者则提出通过推进村民自治来构建国家和农村社会的双强互动的关系。参见王旭：《乡村中国的基层民主：国家和社会的权力互强》，载《二十一世纪》（香港），1997 年 4 月号；贺雪峰：《国家与农村社会互动的路径选择——兼论国家与农村社会双强关系的构建》，载《浙江社会科学》，1999 年第 4 期等。

务、自我约束、自我发展的功能，抵御国家权力的滥用和扩张；增强权利意识、法制观念和程序观念。从而确立起权利和权力的双向互动的平衡与协作关系，推进基层民主和法治进程。当然，有关研究也使我们看到，20 世纪上半叶的中国政府，就曾始终面临着两难选择：不扩大政治参与，将削弱其合法性基础，无助于消减严重的权威危机；而扩大政治参与，推进地方自治，又与其面临的提高中央政府政治整合能力、加强对地方的控制和对社会渗透的严峻使命背道而驰。它最终以失败而收场，并提醒人们："当中央政府政治整合能力得到强化、合法性和权威性没有受到严峻挑战时，应该积极主动地承担起推进政治发展的角色，扩大政治参与，满足精英阶层的参与诉求，以激发政治体系的活力，扩大政府合法性基础。同时，应当承认在公共权力运作的精英原则与政治理想主义之间存在着某种难以协调的紧张关系，这就要求公共权力资源从封闭到开放应具有渐进性。消减张力、扩大开放的进程，都应以利于优先满足普通民众的利益诉求为标准，而不能仅以政治理想主义的理念为依托。当然，这一过程要求充分利用国家力量和政府行为，在政治发展中发挥推动和引导功能。这样，政府所追求的政治稳定这一优先目标和普通民众扩大政治参与的诉求将得到协调同步，并相互促进"。[①] 这无疑提醒我们在积极推进基层民主自治和法治进程的同时，也要吸取中国传统社会自治的经验教训，处理好国家权力合法性、现代性使命与公众民主参与的关系，并注意把

---

① 参见朱国斌：《近代中国地方自治重述与检讨》，载张庆福主编：《宪政论丛》，第 2 卷，法律出版社 1999 年版，第 413—414 页。

握渐进性。

3、民间社团组织广泛兴起，为民主与法治提供着必要的结构性支撑

与世界政治经济一体化和全球化浪潮相伴随，一场席卷全球的“社团革命”也奔涌而来，[①] 形成在政治、经济和社会生活中都具有重大影响的“第三域”或“第三部门”。作为市民社会的核心因素，它对发展中国家政治生活和政治改革的贡献尤为显著。[②] 尽管各国的社团组织状况千差万别，并且应消除其某些神话色彩，[③] 但是，它确实基于公民个人、民间机构及政府本身的各方面压力而兴起，“可能长久地改变国家与公民之间的关系”，并会与民主“第三次浪潮”一样地“影响民主体制和权威体制，发达国家和发展中国家”。[④] 改革开放以来，我国的民间社会团体获得了迅猛发展，导致了社会权利的增长并开始改变中国的权力格局，[⑤] 中国的“第三部门”无疑要背负沉重而特殊的历史使命。为此，有学者指出，西方的第三部门是在市民社会内部产生和发展起来的，无需为市民社会而奋斗，而中国的第三部门则要为市民社会而奋斗；中国

---

① 参见莱斯特·塞拉蒙:《第三域的兴起》，于海译，载李亚平、于海编:《第三域的兴起》，复旦大学出版社 1998 年版等。

② 参见〔美〕杰勒德·克拉克:《发展中国家的非政府组织与政治》，闫月梅译，载何增科主编:《公民社会与第三部门》。

③ 王绍光:《多元与统一》，第 423—427 页。

④ 莱斯特·赛拉蒙:《第三域的兴起》，第 8—9 页。赛拉蒙还认为，“社团革命”的推动力，来源于福利国家危机、发展危机、环境危机、社会主义危机和通讯革命及市民革命带来的全球经济发展。

⑤ 康晓光:《权力的转移》，第 114 页。

的第三部门不仅要克服西方的第三部门所面临的“政府失灵”和“市场失灵”，而且还要配合第一、第二部门为争取有效政府与有效市场做出努力；中国的第三部门应该避免西方的第三部门的自由主义与社会民主的方向之争，对其予以扬弃。中国的第三部门出现两个向度，一是城市中公民文化、公民意识的发展推动人们从事第三部门活动；二是农村出现了许多草根共同体、民间互助组织乃至“宗族复兴”现象，前者受体制约束与后者的文化缺陷都有可能使他们受到局限。但另一方面，前者摆脱约束与后者摆脱缺陷的过程如能形成良性互动，则会给他们各自发展开辟更广阔的前景。[①] 然而，从人类历史发展的深层视野来看，它必将成为中国民主与法治进程的重要结构性要素。

(1)结社活动的深层历史底蕴

政治和法律意义上的结社是一种狭义概念[②]，指人们为了一定的宗旨并按照一定的原则，自愿结成不以营利为目的的社会组织，也就是组织各种社会团体并采取团体行动的社会活动过程。它既是市民社会和政治国家矛盾发展进程中人们基于共同的需要结成利益集合体的过程，又是人们一种重要的自主联合的集体活动形式。它超越了严格依赖于社会分工的其他非志愿组织生活，因而体现着民主的、开放的、公共的生活选择和自由自主活动的深层底蕴。

其一，社会团体是国家权力回归社会的重要桥梁。

---

① 秦晖：《政府与企业以外的现代化》，第236—239页。

② 这主要是相对于社会学含义甚广的结社概念而言的。另外，这里主要指一般结社，不更多涉及政治结社(即政党)。

按照马克思主义经典作家的观点，人类活动表现在两个方面——“人们对自然的作用”和“人对人的作用”，而后者即为“国家的起源和国家同市民社会的关系”。[①] 也正是它，创造了波澜壮阔并令人执迷不返的恢弘文明图景。这幅图景在一定意义上表明了人类在特殊利益和普遍利益、个性和共性的悖论下，为摆脱自然界和人类自身的双重限制，消除普遍利益的“异化”，并使之统一于各个个人的特殊利益而寻求主体普遍自由发展的进程。[②] 因此，必然展现国家不断回归社会并逐渐消亡，并最终过渡到“自由人的联合体”的历史运动轨迹，从而实现人类社会的彻底解放。

人类起源于动物界，并且起初是混沌未开的。而随着氏族、家庭——特别是普路那亚家庭的出现，使氏族制度得以确立，并通过禁忌规范第一次在性关系上出现了此彼之别。到对偶婚时，虽然还“没有使早期传下来的共产制家庭经济解体”[③]，但这时具有伟大历史意义的利益关系已经萌发，非亲属血缘的基于性别和年龄的会社也已出现，[④] 以私有制对原始的自然长成的公有制的胜利为基础的第一个家庭形式——父权家长制的一夫一妻家庭就随后

---

① 《马克思恩格斯选集》，第1卷(上)，第41页。

② 马长山：《从市民社会理论出发对法本质的再认识》、《公民意识：中国法治进程的内驱力》。

③ 《马克思恩格斯选集》，第4卷(上)，第43页。

④ 美国人类学家哈里斯写道：虽然姻亲关系和继嗣关系在群队和村落氏族的政治生活中占有主要地位，但在一定范围内仍存在非亲属的政治组织——社团。常见的社团是全由男子或全由女子组成的会社，以及按年龄组成的会社。它们具有超越家族和世系亲属群的特殊团结意识，并履行重要的社会自我管理职能。见马文·哈里斯：《文化人类学》，第213—214页。

被发明出来。[①] 于是，在利益关系上，随着人类抗拒自然能力的增强和活动领域的扩大，社会利益总量的加速递增并日益分化、复杂和加剧冲突，此彼之别就不再满足于性关系上的独占及其强化，而是扩大到物质产品领域，并日益强烈地向更广泛的领域伸张；在公共事务管理上，产品绝对数量的增加，不断地使再分配形式和程序更加多样化、复杂化，首领与人民间的互惠关系逐渐被削弱乃至抛弃。他们开始利用手中再分配的权力从中获益，复杂的再分配网也使一个较庞大的非生产性公共机构的建立成为必要和可能；[②] 在社会组织上，除了具有先赋性质和亲属色彩的部落、氏族、家庭等社会组织得以进化外，以秘密会社为主要形式的结社也发展起来（秘密结社主要是为拒绝会外的人，有些结社也并不秘密），一个部落中常常包含着几个互相对抗的结社，[③] "它们的目的包括寻求友谊、娱乐、表示与区分身份以及管理功能和寻求保护经济利益"。[④] 作为特殊的公共利益的代表，它成为人类社会最初的自由联合和自主管理的重要形式。这样，氏族组织、家庭、社会阶层、私有财产及会社等塑造了最初的市民社会雏形。同时，最初由市民社会内部分工和氏族组织、家庭、社会阶层及社团"授权"、"让渡"权利而形成的公共权力，也开始逐渐异化为统治者谋求与市民社会权利及真正公共利益相分离和对立的私利的工具，"从社会的公

---

① 《马克思恩格斯选集》，第 4 卷(上)，第 60 页。

② 参见本书第三章。

③ 林惠祥：《文化人类学》，商务印书馆 1996 年版，第 180—182 页。

④ 哈维兰：《当代人类学》，第 424 页。

仆变成了社会的主人”，[1] 而“血族制度的各种机关便受到排挤而不再过问社会事务，它们下降为私人性质的团体和宗教会社”，[2] 形成了最初的政治国家形态。于是，市民社会与政治国家的矛盾发展进程就开始了。

可见，政治国家从一开始就是在异化中产生的，它一旦在市民社会的基础上确立起来，便要反过来力图吞并市民社会。在前资本主义社会，特别是中世纪和东方国家，政治国家以吞噬市民社会的形式实现了与市民社会的“同一”。个体自由自主权利、团体联合自治权利，几乎被全部集中成与之对立的高高在上的国家权力，集中成表彰王权威力的铁拳。也正因如此，奴隶反抗奴隶主、农奴反对封建主的斗争也从未停止过，其实质是市民社会力图捍卫自身权利，并努力使国家权力回归市民社会的伟大斗争。

资产阶级市民社会革命击碎了政治国家的千年神话，把被颠倒的关系重新颠倒过来，使政治国家成为世俗化的市民社会的“守夜人”，因而国家权力和公共利益最大限度地被分解为人权、公民权和特殊利益。应当说，这是政治国家回归市民社会的伟大试验。然而，资本主义“把人和社会连接起来的惟一纽带是天然必然性，是需要和私人利益，是对他们财产和利己主义个人的保护。”[3] 特别在资本主义初期，市民社会不仅成为“经济人”争权夺利的战场，而且特殊利益和普遍利益、市民社会与政治国家也产生了严重对立。这表明，过度利己主义并导致人与人相分离的资本主义市民

---

① 《马克思恩格斯选集》，第 2 卷（上），第 334 页。
② 《马克思恩格斯选集》，第 4 卷（上），第 114 页。
③ 《马克思恩格斯全集》，第 1 卷，第 439 页。

社会，并不是政治国家的合理归宿，并诱发了种种危机。[①] 因此，他们一方面竭力设计市场与政府活动界限的合理方案，寻求其市民社会与政治国家的合理权限；另一方面，个人本位观逐渐受到团体本位观的冲击，多元主义、公共社团主义等日显张扬，结社自由获得了充分肯定，各种"利益集团"蓬勃兴起，成为参与和影响政府决策、加强社会团结、树立公共精神、增进民主自律管理的重要社会力量，展现了普遍利益与特殊利益、市民社会与政治国家的平衡与协调。只是由于资本主义制度本身的局限性，其市民社会不能真正摆脱资本主义的过度利己精神，其政治国家也难以回归为市民社会的真正权利，回归为人民群众的真正权利。

马克思反对用"复古的办法来消除市民社会与政治国家的二元论"，[②] 认为只有"民主制"才能最终消除市民社会与政治国家的分离和对立，实现"普遍与特殊的真正统一"。[③] 而这种"民主制"的确立和发展，也就揭开了政治国家回归市民社会的历史新篇章，展现了"社会把国家政权重新收回"，"人民群众把国家政权重新收回"的伟大进程。[④] 从而使国家制度成为"人民的自我规定"，并"表现出来本来面目，即人的自由产物"。[⑤]

---

① 也许正是黑格尔认识到资本主义市民社会"每个人都以自身为目的，"才考虑到社团（同业公会）提供普遍活动而使其成为除家庭以外的"国家的基于市民社会的第二个伦理根源。"（黑格尔：《法哲学原理》，第197页、第251页。）可惜的是，他非但不认为社团是政治国家回归市民社会的中介，反而认为社团是市民社会过渡到国家的阶段。

② 《马克思恩格斯全集》，第1卷，第347页。

③ 《马克思恩格斯全集》，第1卷，第282页。

④ 《马克思恩格斯选集》，第2卷（上），第413页。

⑤ 《马克思恩格斯全集》，第1卷，281页。

然而,政治国家回归市民社会是个漫长而复杂的过程,并受多种条件和因素的影响和制约。在社会主义初级阶段,它表现为两条运动轨迹。一是,国家权力恢复其公共权力的本来面目,职能逐渐缩小,并服从服务于人民整体利益和市民社会需要,同时也保留着必要的政治性质和职能;二是,逐渐缩小的政府职能不断地还原为社会成员普遍的平等自由权利,使"人民为着自己的利益重新掌握自己的社会生活"。[①] 其中很重要的一个方面,就表现为人民群众组织社会团体的权利,实现其在社会主义市场经济条件下的自由联合和自主管理,从而构成国家权力回归为社会权利、回归为群众民主自治权利的重要桥梁。

首先,国家权力回归为社会权利,是把最初由市民社会权利集取而形成的公共权力,最大限度地还给市民社会,但这绝不是向氏族社会的蒙昧返祖,也不是像资本主义(特别是自由资本主义)那样采取的相隔离的私人权利的粗陋瓜分,而是趋向"每个人的自由发展是一切人的自由发展的条件"的"自由联合体"的高度升华,[②] 以至于恩格斯曾建议"把'国家'一词全部改成 Gemeinwesen['公团']。"[③] 因此,政治国家所归向的市民社会,必然是一个充分展现主体自由自主权利的同盟,社团就成为人们获得公共生活的重要组织形式,并在政治、经济、文化和社会等诸领域,承担一定的自助互助、自律协同和民主管理的重要职能。因而,是国家公共职能回归市民社会的重要载体,而且其蕴含的自由平等精神也正趋向

① 《马克思恩格斯选集》,第 2 卷(上),第 411 页。
② 《马克思恩格斯选集》,第 1 卷(上),第 273 页。
③ 《马克思恩格斯选集》,第 3 卷(上),第 30 页。

于“自由联合体”的价值导向。

其次，从前文所述可以看出，结社从一开始就是市民社会自我满足、自我管理、自我发展的自治组织形式，是国家之外的次级共同体，是“随着市民社会内部分工创造出新利益集团”来保护自身利益而抗衡剥削统治的有效途径。[①] 它在一定程度上使“行政机关不得不限于形式上的和消极的活动；因为哪里有了市民生活和市民活动，行政机关的权力就要在哪里告终。”[②] 因此，社会团体在一些理论家那里占有重要位置，成为说明政治国家和市民社会关系的重要理论支点，[③] 有学者甚至断言，“从亚里士多德到马克思，建立具有民主的结构和沟通性协作（communicative coordination）的自由而自愿的社会团体一直是市民社会的理想。”[④] 尽管这里难免有些武断，但是，相对于国家领域，社团是特殊领域；相对于个人领域，社团又是公共领域。它无疑是横亘在市民社会与政

---

① 《马克思恩格斯选集》，第2卷（上），第409页。

② 《马克思恩格斯全集》，第1卷，第479页。

③ 在黑格尔那里，由于社团是“私人利益和共同利益之间的道德关系的基础”，（参见〔英〕鲍桑葵：《关于国家的哲学理论》，汪淑钧译，商务印书馆1995年版，第268页。）因而，构造了“警察加社团”的理论模式；从孟德斯鸠、托克维尔到吉尔克等等自由主义理论家，也曾关注到公社〔Gemeinde〕和团体的重要作用。杜尔凯姆还认为，自治团体在纵横四溢的个人利己主义和国家的巨大且又有威慑性的力量之间，占据中间地位。（参见丹尼尔·贝尔：《资本主义文化矛盾》，第319页。）美国学者诺齐克则把“保护性社团”视为由自然状态生成国家的重要过程。（参见罗伯特·诺齐克：《无政府、国家与乌托邦》，何怀宏等译，中国社会科学出版社1991年版，第18—35页。）但我们不难从其中发现恩格斯的理论痕迹。参见《家庭、私有制和国家的起源》及《马克思恩格斯选集》，第3卷，上册，第218页。

④ 〔美〕A. 阿莱托、J. 科恩：《市民社会与社会理论》，载《国外社会科学》，1989年第7期。

治国家之间起中介作用的自组织力量，是制约国家权力，实现自治权利的重要领地。因而，也是国家权力回归为市民社会权利的重要形式和途径。在普遍利益与特殊利益不再分离、对立而取得根本一致性的社会主义条件下，则在更大程度上已是国家公共权力的重要补充；在“小政府、大社会”的政治建构中，扮演群众自主自律管理的重要角色。

再次，虽然社会主义条件下，普遍利益与特殊利益的对立关系已不复存在，但是，这不等于说形成了社会利益的单一同质共同体。事实上，随着科学技术的飞跃发展和人类文明的巨大进步，社会利益关系必然日益分化复杂，市场经济条件下更是如此。社团一方面可以通过积极而广泛地参与国家和社会事务管理，有效地维护和实现其群体利益；另一方面，也可以平衡群体成员需求，加强群体自律协作，从而成为推进民主与法治，实现社会化、民主化社会管理的重要运行力量。列宁曾指出：苏维埃民主制的性质之一，就在于“建立了劳动者先锋队的、即大工业无产阶级的最优良的群众组织，这种组织使劳动者先锋队能够领导最广大的被剥削群众，吸收他们参加独立的政治生活，根据他们亲身的体验对他们进行政治教育，——因而是空前第一次使真正的全体人民都学习管理国家，并且开始管理国家。”[①] 而60年代《苏联共产党纲领》强调，“在社会主义民主的进一步发展过程中，将实现国家权力机构向社会自治机构的逐步转化”。[②] 在我国，《国民经济和社会发展九五

---

① 《列宁选集》，第3卷，第524页。

② 参见〔南〕马尔科维奇等：《南斯拉夫“实践派”的历史和理论》，郑一明等译，重庆出版社1994年版，第277页。

计划和2010年远景目标纲要》也要求,要“把不应由政府行使的职能逐步转让给企业、市场和社会中介组织”。这在一定意义上表明了国家权力回归社会、回归为群众民主自治权利的历史进程。

其二,结社活动展现了人类自由自主活动的发展走向。

从人类实践活动角度讲,在人类以“类存在物”的形式为对象世界进行追求和创造的同时,人类自身由自在自发的自然状态,走向自为自觉的真正社会联系的伟大历史进程也就开始了。它使“自由自主活动”成为一种不断上升的必然要求,经过马克思所称的“三个自由发展阶段”,[①] 实现市民社会的“政治解放”和“人的解放”,展现着原始群体活动进化到基于社会分工的集体组织活动,再不断走向“自由个性”的自主联合活动的运动轨迹。

在前资本主义社会,“人的生产能力只是在狭窄的范围内和孤立的地点上发展着”,[②] 市民社会也一直在不同程度上被政治国家吞噬着。王权和等级特权严格限定了人们的交往形式和生活领域,亲族家庭是最基本、最主要的生活寓所,而且,国家生活本质上也是家庭(其直接表现为皇族王室)生活的放大和延展。因此,形成以王权特权枷锁和宗族血缘纽带为主要特征的简单、封闭、板结的社会结构,人们难以超越狭隘、片面、特定的社会交往和分散孤立、自在经验的生活图式,“成为一定狭隘人群的附属物”。[③] 与之相适应的是很不发达的纵向隶属的社会组织。即使是从原始社会就出现的具有自愿性的秘密结社,也建立了繁琐的入会仪式,并在

---

① 《马克思恩格斯全集》,第46卷(上),第104页。
② 《马克思恩格斯全集》,第46卷(上),第104页。
③ 《马克思恩格斯选集》,第2卷(上),第86页。

会员中形成可逐级上升的严格等级,使得“友爱与社会连结的原则以及纯粹由于虚构的血缘关系的称呼都为结社的要素。”① 而封建行会制度也同样包含着明显的等级要素。诚如马克思指出的,“我们越往前追溯历史,个人,也就是进行生产的个人,就显得越不独立,越是从属于一个更大的整体;最初还是十分自然地在家庭和扩大成氏族的家庭中;后来是在由氏族间的冲突和融合而产生的各种形式的公社中。只有到18世纪,在‘市民社会’中,社会结合的各种形式,对个人来说,才只是达到他私人目的的手段,才是外在的必然性。”②

资产阶级革命胜利后,确立了“自由”和“平等”的资本主义法权关系,市民社会获得了“政治解放”,使“已成为桎梏的旧的交往形式被适应于比较发达的生产力,因而也适应于更进步的个人自主活动类型的新的交往形式所代替。”③ 随着社会化大生产的发展,社会分工日益精细,出现了巨大的分化与整合,国家生活和社会生活在相互分离中瓦解了原来的同质性社会结构。在基础群体衰落的同时,产生了大规模、大数量的功能专门化的社会组织。它作为人类共同生活的高级形式,成为现代社会中最重要的结构要素和现代社会生活的普遍组合形式;同时,等级特权和宗法道德的禁锢被冲破,个性也获得了巨大解放。在合作、冲突、交换和竞争中,权利和利益成为人们的基本联结纽带,变等级屈从的依附关系为平等独立的契约关系,变天然的群体意识和自足的社会交往为

① 林惠祥:《文化人类学》,第183页。
② 《马克思恩格斯选集》,第2卷(上),第87页。
③ 《马克思恩格斯选集》,第1卷(上),第79页。

觉醒的个体意识和广泛的自由自主活动，变自然轮回的生活为开拓创新的生活。这就是说，原来封闭、分散、自然、经验的基于血缘和等级特权的群体活动形式，为基于分工和利益的现代大规模开放的有机组织活动形式所取代，人们也由自在自发状态走向理性自觉的主体状态，“个体化”和“非专门化”都获得了空前发展。①但是，资本主义生产的高速发展，并未使人们获得充分的自由自主活动。恰恰相反，逐渐出现了劳动、心理及日常生活的全面异化，特别是韦伯指出的日益增长的官僚化(或功能理性)的社会动向，其较高的功能专门化使个人日益脱离他对自己所参与的事业的控制，人成了这台官僚机器隆隆运转程序的附属品。贝尔则进一步指出，这是“现代社会强行促成了一种狭隘的角色专门化”，而且，“在组织内部，等级制度的形成、工作的专门化、详细明确的分工、定额制度、依序提升的规定加强了自我分裂的意识。”② 无所不在

① 弗洛姆认为，自由是人的存在特征，它取决于人们把自身作为一个独立和分离的存在物加以认识和理解的程度，即从自然母体和他人关系中突现出来的“个体化”进程。人的“个体化”使人赢得了自由的存在和发展。(参见万俊人：《现代西方伦理学史》，下册，北京大学出版社 1996 年版，第 210—212 页。)兰德曼则认为，动物的本能是其“专门化”，它规定了动物在每一场合中的固定行为(如动物特殊的生育季节、专吃植物或肉类的牙齿、特定的生存方式和场所等)，而人则是“非专门化”的。这意味着人“向世界的开放”，意味着人能决定自己的行为模式。因为，人具有摆脱本能控制而获得的自由和达到生产性自我决定的自由，故而具有超越动物的全面发展能力。参见〔德〕米夏埃尔·兰德曼：《哲学人类学》，张乐天译，上海译文出版社 1988 年版，第 201—202 页。

② 丹尼尔·贝尔：《资本主义文化矛盾》，第 140—142 页。他还指出，在 19 世纪，人们是根据各自的信仰确立身份的。而今，在关键的工作领域，任务和角色业已高度专门化，美国《职业名称词典》中列出了 20,000 多种不同的专门工作，《全国科学专门人才录》中也引述了大约 900 多个科学门类。

的现代“官僚制”组织，虽然因其程序化的形式主义、非人格化的普遍主义和遵章办事的规范主义，而使人们的社会活动更加理性化和高效率，并一度被视为代表具有正式结构的组织的绝对形式和理想类型。但是，其权威主义、形式主义、文牍主义和保守僵化的弊端，特别是“强迫的社会性”对“自我的个性”的侵蚀，使组织成员受到全面地严格控制而成为“机器人”。其实，马克思恩格斯早就指出，“只要分工还不是出于自愿，而是自发的，那么人本身的活动对人说来就成为一种异己的、与他对立的力量，这种力量驱使着人，而不是人驾驭着这种力量。”[①] 随着资本主义社会分工的日益精细，其社会化大生产与私有制矛盾的日益突出。而要克服这种异化，就必须超越资本主义而走向共产主义，从而“把个人的自由发展和运动的条件置于他们的控制之下”，[②] 真正实现人的自由自主活动。在这一伟大历史进程中，由于社团组织在政治、经济和社会生活中发挥着自我服务、自我管理、自我发展的重要功能，拓展着社会成员更加自觉、更加多样化的活动领域，展现着社会成员更高程度的民主法治精神，因而，成为克服官僚制异化，实现更广泛的自由联合和自主活动的重要组织形式。为此，贝尔认为“后工业社会”是一个群体社会，这里非市场性的公共决策方式开始得到发展，社会权利开始从群体（而非个人）的角度加以诠释，“没有人能够在市场上买到他应享有的‘清新空气’，人们必须采用公社组织的手段来对付‘这种污染’”。[③] 同样，帕森斯也把民主结社和科

① 《马克思恩格斯选集》，第1卷（上），第37页。

② 《马克思恩格斯选集》，第1卷（上），第83页。

③ 丹尼尔·贝尔：《资本主义文化矛盾》，第250页。

层制（即官僚制）组织、货币与市场、作为普遍规范的法的体系这三个要素，一起标志为现代社会的特征。[①]而在一些现代化理论中，也都把"社团普遍化"作为现代社会结构标志之一，或把"自愿团体的数量"列为"国家发展目标"的重要一项。[②]甚至有学者声称，"民主的未来在于强势民主——连同社团形式的复活。"[③]而在现实生活中，随着社会化大生产的发展，以及市场经济的成熟及世界化趋势，一些发达国家的社会团体确已成为社会上一支不可缺少的重要组织力量，[④]形成无所不及、错落有致的无形之网，发挥着重要的社会功能。日、韩、马来西亚等东南亚国家的社会团体也迅猛发展，并在国家政治、经济和社会文化生活中发挥着重要的作用。[⑤]

可见，从最宏观把握上，结社活动展现了政治国家回归市民社会和人类走向自由自主活动这两条轨迹。但实际上，这乃是一个运动的两个方面，即政治国家回归市民社会是人类走向自由自主活动的实现形式，人类自由自主活动正是政治国家回归市民社会的价值追求。而这一运动形式使社团构成了民主法治进程的重要

---

① 参见富永健一：《社会结构与社会变迁》，第137页。

② 胡格韦尔特等：《发展社会学》，白桦等编译，四川人民出版社1987年版，第79页。

③ 参见韩震：《公共社团主义的兴起及其理论》，载《中国社会科学》，1995年第2期。

④ 杜鲁门曾强调，随着专业化程度和社会复杂性的提高，社会需要更多的社团，也会出现更多的社团，因为新生社团满足社会需求是社会生活的基本特征。（参见〔美〕曼瑟尔·奥尔森：《集体行动的逻辑》，陈郁等译，生活·读书·新知三联书店1996年版，第147页。）亨廷顿也认为，组织数量的多少，规模的大小，以及效能的高低，是发达政治社会和不发达政治社会的主要区别。参见塞缪尔·亨廷顿：《变革社会中的政治秩序》，第31页。

⑤ 参见信春鹰、张烨：《全球化结社革命与社团立法》。

结构性支撑力量。

(2)社会团体:民主与法治的重要结构性支撑

虽然社团滥觞于人类村社状态,[①] 但结社自由,则是与“平等”、“自由”和“人权”一起勃兴于近代社会。民主政治和市场经济以其对公民权利和人的主体价值的广泛弘扬,为结社自由提供了必要条件和土壤;另一方面,社会团体以其对自主自律精神的主张及对权力的制约与分享,为民主与法治提供了动力和保障。尤其在科技飞速发展、社会利益关系纷繁复杂、社会结构异质变动的现代社会,社会团体对民主与法治的动力机制和结构支撑作用就更不可或缺。

其一,社会团体可强化权力制约和民主参与与监督。

限制权力和保障权利并使国家权力服从于权利,是民主与法治的轴心。我国有学者曾分析了关于国家的善恶两种政治观。[②] 实际上,公共权力和国家的产生最初是人类社会发展的需要,只不过它从产生那天起便被统治者异化了。经典作家在阐发马克思主义民主观和国家观时,曾多次深刻批判“权力拜物教”和“国家崇拜”,[③] 而公社作为人民获得解放的政治形式,是“国家政权、集中化行政权力的对立物”,“国家职务会限于几项符合于普遍性、全国性目的的职务”,[④] 并总是处于人民的切实监督之下。社会主义

① 林惠祥:《文化人类学》,第180—182页。

② 刘军宁:《善恶:两种政治观与国家能力》,载《读书》,1994年第5期。

③ 参见《马克思恩格斯全集》,第1卷,第302页、第306页;《马克思恩格斯选集》,第2卷(上),第335—337页、第409页等。在这里,马克思曾多次把国家视为市民社会身上的“赘瘤”。

④ 《马克思恩格斯选集》,第2卷(上),第411页、第415页。

国家政权已抛弃了剥削压迫属性而恢复了公共权力的本来面目，具有了人民民主的属性，其先进性、优越性是毫无疑问的。但受多种因素的作用和影响，消极腐败、官本位、权力滥用、官僚主义等现象尚未彻底根除，这严重损害着党和政府在人民群众中的威信和形象，也制约着民主与法治进程。因此，在实现党内监督、法律监督、群众监督和舆论监督的同时，加强社会团体的民主参与、制约和监督，就显得十分必要和重要。

在西方一些理论家那里，社团具有与国家权力相对抗的属性。他们认为，"民主在某一国家里的活动是与那个国家里的社会结构和社会趋向相关的。"[①] 而且，现代民主政体的特殊力量就在"它可以容纳如此众多的利益。"[②] 因此，仅有政治体制的分权制衡是不够的，还必须同时实现社会分权制衡，尤其是自治性、多元性、社会性、开放性社团组织的大量存在，是抗衡专权、监督权力的一只"独立之眼"。[③] 有学者还强调，在当今"复合社会"中，民主的一个必要条件是"独立于政府机构、政党制度和国家结构的公共空间"，借以抵御国家权力。[④] 这些观点固然是基于资本主义国家与市民社会严重紧张和冲突的现实而得出的，但是，社团应有的民主法治

---

① 〔法〕米歇尔·克罗齐、〔美〕塞缪尔·P. 亨廷顿、〔日〕绵贯让治：《民主的危机——就民主国家统治能力写给三边委员会的报告》，马殿军等译，求实出版社 1989 年版，第 5 页。

② 丹尼尔·贝尔：《资本主义文化矛盾》，第 320 页。林布隆也指出，"自由民主传统赞成利益、舆论和活动的多样性"。参见林布隆：《政策制定过程》，第 118 页。

③ 参见托克维尔：《论美国的民主》(上)，第 217 页；〔英〕John Reane：《民主与公民社会》，参见顾昕：《以社会制约权力》(达尔：《民主理论的前言》译者后记)。

④ 梅路西：《后工业民主的悖论：日常生活和社会运动》。

功能也是不可否认的。就是人道主义者也力倡“组织民主”和“社会民主”,并在《人道主义宣言》中主张一个开放的民主的社会。[①]我国的社会制度性质、文化传统及国家与市民社会历史发展的特殊性,决定了国家与社会、公共权力与人民权利在根本上应是良性互动的,社团代表的群体利益与国家利益在根本上也不应是对抗性的,而应是互利谐和、内在一致的。因而它不应具有西方那种“压力集团”的性质和功能,而是立足中国国情,并发挥着既有监督又有合作,既有积极民主参与和权利主张,又有理性自律管理的独特民主法治功能。十五大报告就再次强调,“工会、共青团、妇联等群众团体要在管理国家和社会事务中发挥民主参与和民主监督作用,成为党联系广大人民群众的桥梁和纽带。”

一方面,在建立市经济体制的过程中,政府要简政放权,转变职能,并限于强力的宏观调控,而大量微观的社会经济活动将通过社会化、民主化管理模式来实现。这样,国家可把一部分公共权力让渡给社会团体,形成群众团体自我管理和自由自主权利,使其能够有效地动员社会力量和资源进行现代化建设;能够从党和政府在市场经济条件下不便管、管不好、无力管也不应管的社会事务管理,以自身力量来解决社会问题,化解社会矛盾。这样,就有效地把一部分国家权力分解为社团权利和自我管理职能,并成为与国家权力相契合、相衔接、相补充的民间运营渠道,成为造就“小政府、大社会”格局的重要社会民主管理形式,是人民群众掌握自己

① 〔美〕科利斯·拉蒙特:《人道主义哲学》,贾高建等译,华夏出版社 1990 年版,第 256 页、第 280 页。

生活的重要途径,因而应把社会团体纳入政治体制改革。①

另一方面,社会团体作为不同层次、不同范围、不同领域群体利益的代表,通过不同途径和不同形式参政议政,代表所属群众向党和政府反映其利益群体的呼声和愿望,提出不同建议、意见和要求,能够有效地推进决策公开化、科学化、民主化和规范化。同时,作为群体利益和自治力量的代表,社团横亘于国家权力与社会(个人)权利之间,成为分享权力、抗衡权力滥用、扼制腐败和护卫权利的天然屏障,从而为社会主义民主与法治奠定重要的结构基础。

其二,社会团体促使不同群体的合法权益获得有效的实现和保障。

首先,社团是实现群体利益主张和权利要求的重要通道。马克思恩格斯深刻指出:"分工和私有制是两个同义语,讲的是同一件事情,一个是就活动而言,另一个是就活动的产品而言。"② 可见,只要有社会分工存在,社会利益关系就不可能是单维同质的。历史表明,社会愈是发展进步,人类活动的物质领域和精神领域愈是广阔,社会分工就愈精细,社会利益关系也就愈加分化和复杂。因此,现代民主政治必然是一种高度分化与整合的多元利益政治,它必然也必须为现代社会日趋活跃和递增的不同范围、不同领域、不同层次的利益群体,提供平等保护和自由自主活动空间。然而需要指出的是,资产阶级革命打碎了撑在个人头上的王权神权及血缘宗族的"监护伞",使之成为具有独立利益并自主自力和自我

---

① 参见马长山:《应把社会团体作为政治体制改革的重要内容》,载《民主》,1993年第6期。

② 《马克思恩格斯选集》,第1卷(上),第83页、第37页。

负责的单个个人,故而也是单薄无力、极易受到公共权力威胁的个人。为此有西方学者写道:“现代大众主权学说已经把绝对权力的根源从君王手里转移给‘人民’。然而,这一权力转换并不必然意味着每个公民更加能够制约日益膨胀的行政国家的侵权行为。”[①]西方社会的“压力集团”就是其阶级矛盾及国家权力与公民权利斗争的晴雨表,而我国社会主义民主,则能够真实、广泛地代表和反映各领域、各层次、各方面人民群众的愿望和要求。但在市场经济条件下,社会阶级阶层高度分化、利益关系交织复杂、权利要求多种多样,这就需要进行必要的协调与平衡,也需要抑制公权力对私人利益、私人权利和私人领域的非法、不当干预和侵犯。因此,具有相同利益和需要的人们就要结合成团体力量,以其团体行为参政议政,发挥单个人无法实现的利益表达、维护及主张功能;同时,也为国家和社会成员之间开通了必要的政治、经济、文化信息交流渠道,并设定了利益矛盾冲突得以化解、社会不满得以宣泄的“安全阀”——社会稳定机制,以弱化和削减非理性、无序化的大众行为,[②]从而推动民主机制的有效运转,使不同群体的利益和权利要求得以有效实现。

其次,结社自由使少数获得尊重、安全和保护。多数原则、少

---

① 西奥多·A.哥伦比斯、杰姆斯·H.沃尔夫:《权力与正义》,华夏出版社1990年版,第70页。

② 在集体行动中,社团活动是民主开放而富有理性的,而大众行为(如抗议集会、示威、暴力骚乱等)则是相对无序而非理性的。如果民主政治过程没有或排斥社团理性的民主参与,那么,就会增加大众行为的可能性,削弱政治权威的合法性基础,民主和法治秩序也就会受到严重威胁。我国“文革”就是一种非理性的大众行为的泛滥。当然,其原因更为复杂。

数原则和程序原则,是民主的必要条件,尤其是对不同意见和利益要求宽容、尊重的少数原则,更不可或缺。[①] 为此,恩格斯早就指出,不管任何条件只强调少数服从多数,"那就是一种违反自由原则的罪行,就是承认会导致权威主义和专政的原则!"[②] 在现代社会,防止"多数专制",保护少数,促进民主的有效途径,就是维护和弘扬结社自由。托克维尔曾强调,结社自由是反对"多数专制"的一项必要保障,因此,"要是人类打算文明下去或走向文明,那就要使结社的艺术随着身分平等的扩大而正比地发展和完善。"[③] 罗素也针对卢梭过于强调普遍意志和公共利益而懈怠相互冲突的个人利益的思想批判道,"一个把这些方针奉为圭臬的国家,势必不管什么私人组织,尤其那些抱有政治和经济目的的,一概予以禁止。这样我们就具备了一种极权主义制度的全部要素。"[④] 可见,结社是少数防止"多数专制"的重要壁垒。在"多数专制"面前,少数人可以充分利用结社自由聚合成社团力量,发挥其集体行动的能量和影响,一方面可使少数人和不同主张免受歧视和暴力;另一方面,也可使少数通过努力有成为多数的机会,确保民主与法治的正常运行。

再次,社团展现了"代表"与"参与"的融合。民主的基本内涵是"人民的统治"或"人民当家做主",也就是说,直接民主制是民主

---

① 像希特勒那样的极权者也在"国家社会主义"(纳粹)口号下赞扬民主,但却对犹太人采取血腥的种族灭绝政策;而苏格拉底被判死刑,不能不说是雅典人民大会"多数专制"的悲剧。

② 《马克思恩格斯选集》,第2卷(上),第447页。

③ 托克维尔:《论美国的民主》(下),第640页。

④ 伯特兰·罗素:《西方的智慧》,第315页。

的理想模式。然而,由于现代民族国家都不是“小国寡民”的小单元社会,知识和教育程度差别很大,且整体上也未达到直接民主制的理想要求,特别是由于社会分工和社会利益的巨大差异,使得代议制的间接民主成为现实的必然选择。但也极易出现代表人不按选举人意愿行事,乃至形成自身独特利益而导致代表职能变异的情况,从而侵蚀人民民主权利和妨碍民主机制自身功能的正常发挥。要克服这一弱点,就必须扩大参与民主制,也就是说,“大众社会的政治问题的核心是参与的扩展”。[①] 由于社团的生成具有自愿性,组织形式具有自律性,社会活动具有自主性,因此,它始终代表并且展示着很高的民主参与精神,也在实际上享有和行使着相当的民主参与权利;同时,社团又是一定利益群体的集中代表,它积极参政议政,乃至影响一定的政治方针决策,使本群体的利益得到尊重和维护。因此,实现了“代表”与“参与”的必要融合,从而为民主与法治运行机能的正常发挥创造了有利条件。

其三,社会团体是实现社会自律秩序,维护社会稳定的重要力量。

民主和法治要求有效地进行权力制约和权利保障,它以扩大和增强市民社会自主领域和自律能力为指向。因而,在国家权力控制范围缩小的同时,社会自律秩序的确立就成为民主与法治必不可少的条件。由于结社活动所形成的社团生活塑造了人,“每个人都学会了各种技艺,获得了各种看法,懂得了尊重各种规则,从

---

① 布鲁姆、塞尔茨内克、达拉赫:《社会学》,第 691 页。亨廷顿也强调,“政治现代化包括权威的理性化、结构的分化以及政治参与的扩大。”塞缪尔·亨廷顿:《变革社会中的政治秩序》,第 92 页。

而使得他或她在那个称之为社会的巨大抽象实体中成为一个能起作用的参与者”,[①] 因而,构成实现社会自律秩序的中坚力量。

第一,作为国家和市民社会之间重要纽带的社团组织,在制约权力滥用的同时,能有效地防止个人权利的滥用。结社是一种志愿组织,要求入社成员在享受社团保护和优惠的同时,也要接受团体自治规范,以保证组织的权威性和一致行动。而且,随着团体规范“趋向一致性的压力进一步增强,迫使个人更趋向于规范的方向。”[②] 由于社团组织活动是自主自律而富有理性的,因此,它一方面能够以理性精神来实现民主自由权利,避免非理性的集体行动;另一方面,也使成员形成团队“类生活”,认识到并加强个人权利的社会关联与合作,从而能克服个人权利行使的自发性、孤立性和不稳定性,避免无政府主义及极端个人主义的思想倾向,消减权利滥用对民主与法治的威胁。

第二,作为“特殊公共领域”的社团组织,担负着政治社会化和有序化的重要职责。帕森斯就把社团组织列为政治目标组织和整合组织之中。[③] 实际上,早在黑格尔那里,社团组织就是其成员参加“普遍活动”的领地,是现代国家所不能经常提供而又为市民社会所必需的“普遍物”。[④] 因此,它成为社会成员获致合理角色、提高参与能力、培养秩序和合作精神的重要政治社会化和再社会化

---

① 查尔斯·E.林布隆:《政策制定过程》,第105页。

② 〔日〕古畑和孝:《人际关系社会心理学》,王康乐译,南开大学出版社1986年版,第107页。

③ 帕森斯:《现代社会的结构与过程》,第37—38页。

④ 黑格尔:《法哲学原理》,第251页。

的场所。它不仅能塑造成员适宜的政治价值理念、政治角色意识及操作技能,还可以利用其组织协调活动,来加强其成员对公权力、法律规则的普遍有效认同,提高成员与社会规范及国家价值目标的整合性,进而提高公权力的效能和法治对复杂社会的控制权威。

第三,作为不同群体利益代表的社团,能够实现纵向沟通和横向协调。多元利益的冲突与整合是市场经济条件下的重要社会特征,如果没有一种开放、畅通的熔炉式利益表达和实现机制,就会加剧多元利益的摩擦、冲突,妨碍社会稳定。而社会团体则能为这一机制的确立提供重要支持。在我国,众多的社团组织能迅速把群体利益要求和主张传递给党和政府,也把党和政府的方针政策宣传贯彻给群众,密切党群政群关系和增强社会凝聚力。另一方面,在社会共同体中,社会团体之间既有利益趋同,也有利益摩擦,既有相互监督和竞争,也有互利协调与合作。因此,在利益矛盾和意见分歧面前,能够以自组织力量的形式,进行互谅互让、放眼全局的自我协调和化解,从而促动着自觉、稳定的社会秩序的形成。西方学者杜鲁门甚至声称,社会团体是社会系统"最终均衡态"的惟一决定因素,而且,这种"集团均衡"一般是公正的、合适的,"以致可以将社团形成率用作社会稳定指数,将社团数用作社会复杂性指数。"[①] 实际上,它展现了群体利益与国家利益的沟通,以及市民社会内部力量的自我协调与平衡,为民主与法治提供市民社会具有稳定指向的"原生秩序"基础。

---

① 参见曼瑟尔·奥尔森:《集体行动的逻辑》,第 147—148 页。

其四,社会团体使民主与法治价值的合法性得以确认和弘扬。

民主与法治在终极意义上,是人类自由自觉、民主自律活动价值取向的必然要求和反映。用马克思的话说就是,“民主制”作为“国家制度一切形式的猜破了的哑谜”,是“人民的自我规定”和“人的自由产物”;[①] 而法治的法律至上要求则使规则秩序受到偏爱,并体现着自由、平等和正义精神。在“民主制”中,“不是人为法律而存在,而是法律为人而存在”,[②] 因此,国家“必须实现法律的、伦理的、政治的自由,同时,个别公民服从国家的法律也就是服从自己本身理性的即人类理性的自然规律”。[③] 由此可见,结社自由与民主和法治具有相通的内在价值。康芒斯就把社团组织看作是“民主的生命线”,而吉尔克和梅特兰则把自愿社团视为“现代法制思想的基础”。[④] 因此,从一定意义和程度上,可以把结社自由看成民主与法治的微缩景观,它使民主与法治价值的合法性获得稳定的社会支持。

首先,在实质意义上,社会团体为民主与法治提供了重要的价值源泉。志愿性、开放性、社会性是社团的固有特征。尽管社团这类民主组织也在某种程度上受寡头政体结构这类“铁的规律”的主宰,但由于它有产生和监督领导人的正式程序,因而对寡头政治倾向的抵制胜过任何其他组织。[⑤] 在组织原则上,它建立起自治管

---

① 《马克思恩格斯全集》,第 1 卷,第 281 页。

② 《马克思恩格斯全集》,第 1 卷,第 281 页。

③ 《马克思恩格斯全集》,第 1 卷,第 145 页。

④ 曼瑟尔·奥尔森:《集体行动的逻辑》,第 141 页、第 138 页。

⑤ 莫里斯·迪韦尔热:《政治社会学》,第 161—162 页。

理模式，社团章程、团体活动代表着群体整体意志和利益，每位成员都自由自主地参与共同体生活并决定其方式和内容，都平等、公正地享有成员权利和承担成员义务，维系着理性自觉的团体生活秩序；在社团活动上，它是与国家权力相对应的自治组织力量，既与国家权力相衔接，也制约着权力滥用，并实现着本团体利益领域内一定的自我发展、自我管理、自我服务、自我约束和自我满足。从而能有效培养和提高其成员自助协同意识和适应并改变危机情境的能力，塑造成员理性自由观念、平等互助精神及自主自律的行为模式，强化归属感、责任感、正义感、民主意识和公共精神。因此，有西方学者认为，只有在积极的公民控制的社团中才能建立真正的民主制，创造符合人性的生活，甚至有人以建立在特定社团分享的理解基础上的正义模式以取代个人自由的正义模式。[①] 可见，社团生活排斥外在强制而具有自主性，拒绝先赋角色而具有平等性，否定自然乌合而具有规则秩序性。因而，它能成为市民社会中民主与法治精神的天然因子，结社活动愈加普遍和多样，民主与法治的合法性就愈加巩固。

其次，从形式意义上，社会团体为民主与法治提供了技能基础。随着全球“社团革命”的到来，人们逐渐意识到，“使民主的政治成为可能的文明风气只有在社团组织的网络里才能得到助长；而维持社团网络的大致均等和分布广泛的能力则必然由民主的国家予以扶植”。[②] 在自由结社过程中，从团体生成、团体活动再到

① 参见韩震：《公共社团主义的兴起及其理论》。

② 〔美〕迈克尔·华尔泽：《公民社会的思想——社会重建之路》，载《国外社会学》，1994 年第 2 期。

团体受益，[①] 都贯彻着民主原则和精神。特别是社团民主管理中不受其他内在、外在条件限制的代表制、直接参与制及日常民主监督程序和规则等，不仅使成员能切身体验、感悟民主，也能使成员学会民主技能，养成民主习惯，并善于运用民主手段实现自由自主活动的价值理想。另一方面，社团章程、社团规则及其共同道德规范，既体现着民主自治原则，也贯彻着团体规范权威，对成员具有切实的约束作用。因而，使社团成员能够自觉接受和承认团体规范的限制和效力，并在规则秩序下享受团体生活和采取团体行动，养成良好的"公民性"心理及照章行事的行为模式。因此，从一定意义上讲，结社活动过程成为民主与法治的"习武堂"，从而为民主与法治创造了有利条件，并使民主与法治更具普遍有效性。

综上所述，社会团体是民主与法治不可或缺的重要结构性要素，但是，这并不等于说结社自由对民主与法治的积极作用是无条件的。实际上，结社自由有时也会对民主与法治产生消极影响。极力推崇结社自由的托克维尔也认为，"这是用一种危险去平衡另一种更为可怕的危险，"[②] 因为社团毕竟是一种集团利益的代表，体现着社会利益的冲突与整合，也难免有与民主法治原则相悖的"劣性"社团出现的可能，但结社自由促进民主与法治的主流作用是不可否认的。在西方国家，社团更多地具有"压力集团"的功能，"一切政治生活都还原为诸压力集团的斗争，以及在

---

① 参见马长山:《论我国的结社权利》,载《政治与法律》,1993 年第 5 期。

② 托克维尔:《论美国的民主》(上),第 217 页。

许多情形下不符合民主方法精神的各种行动。"[①] 因而造成其对民主与法治的积极作用的有限性，尤其是社团自由自主要求与社会控制的张力难以从根本上解决。而在社会主义条件下，要消除国家、群体和个人利益的对立，而且，中国亦有互利谐和的文化传统因子，因此，结社自由对民主与法治的积极作用就会更充分、更有效地发挥出来。

(3)保障结社自由权利，制止非法结社活动，推进社会主义民主与法治

改革开放以来，伴随着巨大的社会利益解组和社会结构变迁，社会团体获得了空前发展。现已成为与机关、企业和事业单位并列的第四大社会组织形态，[②] 并在改革开放和现代化建设中发挥着重要作用。甚至基层社会的乡镇社团组织也表现出旺盛的生命力，并预示着未来基层社会组织重构中的一个方向。[③] 因此，弘扬社会主义民主，建立法治国家，就必须规制结社活动，充分发挥其对民主与法治的结构性支撑作用。

第一，加强结社立法，充分确认和保障人民群众的结社自由权利。我们是人民民主的社会主义国家，扩大并保障人民群众当家做主及自由自主活动权利是一项根本任务。而社会团体是党和政府联系人民群众的纽带和桥梁，为人民群众参与国家和社会事务

---

① 参见〔美〕阿尔蒙德：《资本主义与民主》，载《现代外国哲学社会科学文摘》，1993 年第 5 期。

② 参见马长山：《结社：中国社会结构变迁的重要现代化要素》，载《社会工作研究》，1995 年第 5 期。

③ 参见孙炳耀：《乡镇社团与中国基层社会》，载《中国社会科学辑刊》（香港），1994 年（总第 9 期）。

管理提供着最直接、最经常的途径，是与人民代表大会制度相补充的当家做主渠道。特别是在大力发展市场经济，建立法治国家的新时期，就更需要社会团体发挥其权力制约、权利保护、社会自律及弘扬民主法治价值的重要作用，从而使民主与法治获得更稳固的基础。实际上，“公共社团主义”之所以成为西方颇具影响的政治理论派别，[①] 很大程度上也是由于民主与法治历史脉动中权力回归为权利的结社活动发展所致。“第三条道路”及全球“治理”和“善治”浪潮，其很重要的方面，则是充分发挥民间团体的民主参与和自主合作管理功能。因此，必须对结社自由权利予以充分确认和保障。我国宪法早已规定了公民结社自由权，国务院还颁布了《社会团体登记管理条例》，这对保障结社自由权利起到了重大作用。但是，由于《条例》仅是程序性的法规，而无实体立法，因而还不能适应新形势下结社自由保护和社团管理的需要。因此，必须加快结社实体立法进程，使结社自由权利获得充分有效地保障，以发挥社会团体在民主法治进程中的重要作用。

第二，确保社团独立法律地位，赋予其必要的民主权能。由于多种因素影响，我国社会团体普遍存在着行政化倾向：社团由行政手段组建；主管部门对社团实施行政化管理；社团负责人由行政手段委任或行政首长兼任；社团人员和活动经费均靠“皇粮”；社团活动由主管部门进行行政安排等等。[②] 这种“半官半民”性质固然有

---

① 韩震：《公共社团主义的兴起及其理论》。

② 参见马长山：《略论我国团体的法律地位及淡化其行政化倾向》，载《政治与法律》，1992 年第 3 期。

其历史和现实根据,并发挥其特有的中介功能,[①] 但是,在根本上则有悖社团性质和结社自由精神,也消解了结社活动所蕴含的国家权力回归为社会权利及群众自主自律活动的价值取向,更不利于社会团体在民主法治进程中充分发挥其应有的结构性支撑作用和功能。因此,我们固然不能营造中国的"压力集团"和西方式的社团与国家的对抗,但必须以有效保障结社自由权利为立法导向,赋予社团以相应的法律地位和民主法治权能。[②] 即按照国家社团登记管理部门的"三自"(经费自筹、活动自主、人员自聘)要求,克服其行政化附庸权利,确保其独立法律地位和自主活动权利。同时,赋予其充分的咨询建议权、参与决策权、协调管理权和民主监督权,[③] 保证其在市场经济条件下的社会化、民主化社会管理中扮演重要角色。

第三,限制结社自由权利的滥用,为民主法治提供必要保障。如前所述,结社自由在促进民主法治的同时,也会带有一定负面影响和作用。为此,即使极力主张结社自由,并从"预防制"转向"追惩制"的西方国家,也对结社权利的滥用予以防范,否则就不会有普遍的结社自由,民主与法治也会发生分裂或出现崩溃。历史地看,"自愿协会是在民主法治国家机制的框架内部组成的"。[④] 而

---

① 参见王颖、折小叶、孙炳耀:《社会中间层——改革与中国的社团组织》,中国发展出版社1993年版;景跃进等:《主题书评:〈社会中间层〉》,载《中国书评》(香港),1996年2月号(总第9期)。

② 参见马长山:《论我国的结社权利》。

③ 参见马长山:《论我国社会团体的法律地位及淡化其行政化倾向》、《应把社会团体作为政治体制改革的重要内容》。

④ 哈贝马斯:《公共领域的结构转型》(1990年版序言),第31页。

在我国,由于缺少民主法制传统、结社自由传统及运用结社自由权利的习惯,人口众多而经济欠发达,国民教育和公民民主法治意识有待提高,尤其是尚存在少数非法结社和社团非法活动,因此,对结社活动就更不可放任自流,而必须纳入法制化、规范化轨道。即以不使他人结社权利、民主法治和社会秩序受妨碍为原则,制止非法结社和社团非法活动,实现对结社自由权利的法律规制,维护正常社会秩序。当然,我们不可因此去消极对待结社活动,恰恰相反,正因为我国结社活动的条件"先天不良",才需要采取一切有效措施和创造有利条件,培养和塑造公民的结社自由意识、权利意识及法治观念,积极保障结社自由权利、社团独立法律地位及其合法权益,充分发挥其政治、经济和社会文化功能,从而推进民主与法治。

(二) 公权力的合法性权威与民主法治进程

中国是在现代化进程中推进民主与法治的。而对于现代化中国家,首要的问题是创建一个合法的公共秩序,"很显然,人类可以无自由而有秩序,但不能无秩序而有自由。必须先有权威,然后才能对它加以限制。"① 就是西方自由主义者也认为,自由主义与那些否认国家机器、法律制度和政府机构的必要性的观点有着天壤之别,"那种将自由主义与无政府主义思想联系在一起的看法是一个极大的误解。自由主义认为,国家作为人民的联合体,其存在是

① 亨廷顿:《变革社会中的政治秩序》,第 8 页。

绝对必要的,因为国家担负着保护私有财产、保卫和平这些极为重要的任务。”[①] 罗尔斯也强调,“即使一个组织良好的社会中,为了社会合作的稳定性,政府的强制权力在某种程度上也是必需的。”[②] 只是一切超出保卫人身安全和健康、保护人身自由和私有财产、抵御任何暴力侵犯和侵略这些职能范围的政府行为都是“罪恶”。不履行自己的职责,“而去侵犯生命、健康,侵犯自由和私有财产的政府,必然是一个很坏的政府。”[③] 因此,要确保民主与法治得到稳健而有序地推进,就必须确立公权力的合法权威。

改革开放二十余年来,一方面是巨大的社会成就与进步,另一方面是国家控制能力的下降。我国有学者经过调查研究,指出目前中国的国家能力严重下降,并产生了一定的后果。故而认为中国政府并不是一个威力无边的强政府,而是一个外强中干的弱政府,因此,应加强国家在市场转型期的主导作用。[④] 对此,有人批评其使人们看到和闻到了国家万能论的味道及神化国家的企图,并依据政府和社会相互关系与联结方式的四种模式,提出中国只能走“社会和政府由不相适应(前者发育不足,后者又过分膨胀)、到较低水平的适应(前者发育、后者消肿)、再到共同提高的

---

① 〔奥〕路德维希·冯·米瑟斯:《自由与繁荣的国度》,韩光明等译,中国社会科学出版社1995年版,第79页。

② 〔美〕约翰·罗尔斯:《正义论》,何怀宏等译,中国社会科学出版社1988年版,第230页。

③ 路德维希·冯·米瑟斯:《自由与繁荣的国度》,第90页。

④ 参见王绍光、胡鞍钢:《中国国家能力报告》,辽宁人民出版社1993年版。亦可参见王绍光、胡鞍钢:《中国政府汲取能力的下降及其后果》,载张静主编:《国家与社会》。

道路。"[①] 另有学者不无正确地指出，国家能力与国家权力是不可混淆的，"一个集权的政府，即享有宽泛权力的政府，完全可能是一个在能力上比较软弱的政府。"而"中国目前国家能力下降正是国家权力过大的结构性后遗症"，"这种公共权威的危机恰恰是公共权力过分扩张的结果之一。"[②] 实际上，伴随着全球化进程的加快，国家与社会的关系模式必然发生变化。它一方面削弱了国家职能，另一方面又使社会的力量在整体的联系中得到增强，即国家由全能型政府模式向有限型职能型方向发展、由全权型政府模式向有限权力型方向发展、国家/社会不再是一种此消彼长模式，而是一个多维的开放体系，社会联系不断强化和社会系统的自我协调机制的作用日益提升。[③] "第三条道路"由政府管理向治理的转变，也是旨在重构国家和社会的关系，强调社会的参与和自我协调。[④] 因此说，在推进中国民主法治进程中，必须确立和重塑公权力的合法权威。但是，这绝不意味着国家的再度集权化和权力扩张，而必须通过缩减并转变职能、强化国家宏观调控能力和水平，尤其是要提高社会系统的民主参与、自我协调和自主自律能力来

---

① 张曙光：《国家能力与制度变革和社会转型——兼评〈中国国家能力报告〉》，载《中国书评》（香港），1995年（总第3期）。

② 李强：《评论：国家能力与国家权力的悖论》，载张静主编：《国家与社会》。

③ 李景治、李鑫炜：《全球化进程对国家的影响》，载《教学与研究》，1998年第11期。

④ 由政府管理向治理的转变，主要表现在4个方面：①建立政府和市民社会之间的合作互助关系；②改革中央和地方的关系，发挥地方积极性、主动性和创造性；③协调政府各机构之间的关系，建立"整体型"政府；④实现国际和全球范围的治理。参见杨雪冬：《新路还是旧途》，载杨雪冬、薛晓源主编：《"第三条道路"与新的理论》，第13页。

实现。我国以“小政府、大社会”为目标的政治体制改革,也一直是沿着这一方向行进的。最近,我国又在全面推行乡镇政权机关的政务公开制度,这是加强基层民主建设和推进依法行政的又一重大举措。[①] 就是说,在多元权利对公权力的分割、平衡和制约的同时,强化多元权利的自主自律发展及与公权力的互动合作,通过民主参与,使公权力为权利和公益而合理有效地设定和运行,进而赋予公权力以稳固的权威性和合法性。这既是民主与法治进程的必然要求,又是民主与法治进程的重要保证,同时也与市民社会和国家的良性互动关系的构建相契合。尽管我们应注意转型期国家控制能力所面临的问题及其特殊性,[②] 但是,塑造公权力权威的这一基本导向是不容置疑的。

(三)正义法精神的弘扬与“良法之治”

我们说,要推进中国民主与法治,就必须实现多元社会权利对国家权力的分割制衡,也必须确立公权力权威,从而形成多元权利与公权力的互动博弈,实现由线状控制向网状控制的转化,并共同服从于赋有正义精神的理性规则的有效规制。目前,我国从“依法治国”——“依法治省”——“依法治市”——“依法治县”——“依法

---

① 参见《中共中央办公厅、国务院办公厅关于在全国乡镇政权机关全面推行政务公开制度的通知》,载《光明日报》,2000 年 12 月 26 日。

② 关海庭先生通过中俄(苏)转型期国家控制能力的对比分析,指出中国采取“渐进”转型方式的必要性。关海庭:《中俄(苏)体制转型方式与国家控制能力》,载《教学与研究》,1999 年第 9 期。

治乡”等的依法治理活动，预示着治国方式由“人治”和“德治”向法治的转轨。然而，进一步的观察分析使我们看到，“依法治理”过程中出现了浓重的工具主义、实用主义及懈怠主义倾向，[①] 严重背离了法治目标。这既有人治思想传统浓重、民主法治精神先天不足的影响，也有我国法治进程尚在起步的障碍因素及政治经济体制改革方面的制约作用，但更重要的，则是把“依法治理”这一法治要求当成了法治本身，忽略了更为根本的正义法精神和法治原则的弘扬与确立。

人类生活实践表明，“只有当我们在辨析对与错、公正与不公正、合法与不合法的标准上达成共识时，我们才能企望人类关系的合理秩序。人类社会是建立在对工具知识和人的基本价值的共同理解的基础上的。”[②] 中国正在走向法治，正在力图构建普遍有效的法治秩序，弘扬正义法精神就已成为一种时代要求：第一，在我国，剥削阶级作为一个阶级已经被消灭，因而，建立在市民社会和政治国家二元基础上的法律，已不再具有阶级压迫职能，而真正是普遍利益与特殊利益的调适器，[③] 其调适准则就必然要反映广大人民群众的普遍要求，展现真正的“类精神”——社会正义；第二，市场经济亦是法治经济，其自主自律、多元开放、公平竞争、关注效率与和谐共进的价值取向，必然要求中立的法律规则以正义精神予以凸现和弘扬；第三，建立法治国家，就是要实现由伦理（政治）

---

① 马长山：《依法治国必须弘扬正义法精神》，载《求是学刊》，2000 年第 6 期。

② 奥斯特罗姆：《工艺与人工制品》，载麦金尼斯编：《多中心治道与发展》，第 491 页。

③ 马长山：《从市民社会理论出发对法本质的再认识》。

社会向法治社会的转型，因而，国家和社会生活不再是政治泛化的政治共同体和道德泛化的道德共同体，而是以权利义务为基本维系纽带的法治共同体，这就要求法律呈现为“良法”并具有至上地位，以其正义价值合理界定权力与权利、权利与权利及权利与义务，从而有效地调适普遍利益与特殊利益，确立起理性法治秩序。因而，正义必然成为法的时代精神之轴心。然而，这种正义法精神绝不是以往狭隘的一视同仁、公平和公正伦理，而是具有深厚历史底蕴和丰富、鲜活时代追求的价值准则。

1、对自由和平等价值的至上关怀

尽管古往今来的正义有“普洛透斯”似的面孔，但大多数理论“不是用平等就是用自由作为探讨正义问题的焦点的。”① 直到把自由和平等提升为正义的主题。对此，美国哲学家阿德勒在分析了自由和平等的矛盾冲突后认为，自由和平等是受条件局限的，因而均非根本的价值和终极的善，“只有在正义的制约下，自由和平等才能和谐地达到它们各自的最大限度，也只有意识到这一点，才能匡正自由意志论和平均主义的谬误。”② 实际上，正义作为正当性、合理性崇高价值理想的化身，作为人类本性的需要，作为市民社会与政治国家矛盾发展进程中人类解放和自由自觉活动要求的反映，必然要以社会历史发展进程中对自由和平等的至上关怀为轴心。也正因此，“在马克思的理论研究中，对法权（它始终只是某

---

① 博登海默：《法理学——法哲学及其方法》，第 242 页。

② 〔美〕马尔蒂莫·J. 阿德勒：《哲学的误区》，汪关盛等译，上海人民出版社 1992 年版，第 165 页。

一特定社会的经济条件的反映)的考察是完全次要的;相反地,对特定时代的一定制度、占有方式、社会阶级产生的历史正当性的探讨占据着首要地位。”[①] 在他们看来,只要与生产方式相适应、相一致,就是正义的,否则就是非正义的。“真正的自由和真正的平等只有在共产主义制度下才可能实现,而这样的制度是正义所要求的。”“真正的自由和平等,即共产主义。”[②] 可见,自由和平等并非是与正义相并列的价值,而是正义的价值核心和根本表现。

在前资本主义社会,政治国家吞噬了市民社会而呈“同一”状态,王权神权也吞没了社会成员的自由平等追求。直到资产阶级革命的胜利,社会成员才以公民身份获得法律上的自由平等权利。但是,过度发展的个体自由和利己主义精神却侵蚀了社会平等,形式上的机会均等也内在地否定着现实的机会均等,进而造成其“形式合理性”与“实质合理性”的严重矛盾。号称“后自由主义哲学”的社团主义伦理学的出现,就“反映了自由主义的过分发展和局限性”,[③] 而力图为解决西方社会矛盾寻求理论药方的罗尔斯,其提出的著名正义二原则的轴心也是对平等权的尊重和扩大。[④] 社会主义制度的确立,为充分保障自由和平等并最大限度克服二者的悖论提供了前提和基础,然而,这并不意味着万事大吉。“文革”就曾使个人权利和自由在“斗私批修”的政治狂潮中被扼杀;另一方

---

① 《马克思恩格斯全集》,第21卷,第557页。着重号为笔者所加。

② 《马克思恩格斯全集》,第1卷,第582页、第576页。着重号为笔者所加。

③ 〔美〕M. 戴利:《社团主义:一种新公共伦理学》,韩震译,载《国外社会科学》,1997年第2期。

④ 参见罗尔斯:《正义论》,第56页。

面,却实现了以大锅饭为基础的"平等",而这种平等的结果,却是共同贫穷化的均等和漠视个人成就差别的反平等。可见,它是具有与资本主义相反倾向的实践过程,可是,其"普遍的禁欲主义和粗陋的平均主义"取向,① 使起码的形式自由和平等也未得到保证。前苏东国家社会主义的经验教训在某种程度上也表明,"一个国家如果完全背离了公民社会,是不可能长久存在下来的。它甚至比它自己的强制机器都命短。简单地说就是枯竭而亡。忠诚、谦让、政治才能和对权威信任的生产和再生产决不是国家本身的作用,一意孤行的话,如极权主义所奉行的道路,是注定要失败的。"②

实践表明,市场经济是适应社会主义初级阶段生产力发展水平的最佳资源配置形式和经济运行形态。它能确立起动力机制(起点平等、自由竞争)、公平机制(规则公正、一视同仁)和保障机制(以强扶弱、共同富裕),使地位平等、机会均等和共同发展精神得以贯彻;它使公权力在市场经济生活面前相对少为,并以提高人民群众生活水平,保护和促进人的自由进步为根本目的,使市民社会成为社会成员自主创造、公平交换、竞争向上和自律发展的大舞台,积极自由和消极自由得以有效确认和保障。③ 法律就必须根

---

① 《马克思恩格斯选集》,第1卷(上),第281页。

② 迈克尔·华尔泽:《公民社会的思想——社会重建之路》。

③ 由社会主义市民社会和政治国家、普遍利益与特殊利益的根本协调一致性所决定,这里的平等绝非是静止拉平,以抑制自由为代价的消极平等(传统社会主义"大锅饭");自由也不是放任无拘,趋向分化,以牺牲平等为代价的片面自由(自由资本主义的两极分化),而是体现有效差异和公平发展要求的自由平等价值取向,以实现二者的有机统一。

据时代要求，对这一正义价值取向予以充分确认、保护和弘扬。

其一，在调整市民社会与国家的关系上，即纵向关系上，主要贯彻自由原则。法律要明确、合理界定公域与私域、权力与权利的范围及界限，充分确认和保障社会主体的广泛自由。我们说社会主义“民主制”能够实现“普遍与特殊的真正统一”。[①] 但各个个人仍需在普遍利益与特殊利益“这种分离的界限里活动”，[②] 社会主义初级阶段更是如此。因此，必须设定代表公共利益的公权力，只是它不应再有自身特殊目的和利益，而完全服从于人民对自由、公正、安全和秩序的需要。故而，它能把市场经济条件下社会生产力所创造的自由条件，最大限度地转化成社会成员广泛而真实的自由自主权利，使自由“只受它自己的生活条件的限制。”[③] 因此，法律就要限制国家自由，保障市民社会自由。诚如马克思曾精辟指出的：“自由就在于把国家由一个站在社会之上的机关变成完全服从这个社会的机关；而且就在今天，各种国家形式比较自由或比较不自由，也取决于这些国家形式把‘国家的自由’限制到什么程度。”[④] 因此，必须以保障市民社会正常的自由秩序，作为对公权力的赋权边际原则，其职能限于：①基于公共利益而对市场经济进行必要的宏观调控管理和处理对外事务；②规制市场竞争、促进效率与公平竞争的环境；③增进社会福利和公平分配；④维护社会秩序，为公民实现自由民主权利提供平等条件、公平机会和基本保

---

① 《马克思恩格斯选集》，第1卷(上)，第281页。

② 《马克思恩格斯选集》，第1卷(上)，第39页。

③ 《马克思恩格斯全集》，第46卷(下)，第158—159页。

④ 《马克思恩格斯选集》，第3卷(上)，第20页。

障。公权力之外的领域,皆应是市民社会主体的自由活动空间和自主自律发展的广阔天地(即"小政府、大社会")。而且,公权力有限的职能,也必须严格依法享有和行使,禁止法外权力及违反法定程序的权力运作对社会主体自由权的侵犯。从而使法律成为人的行为本身必备的规律和人的生活的自觉反映,成为"肯定的、明确的、普遍的规范,在这些规范中自由的存在具有普遍的、理论的、不取决于个别人任性的性质,法典就是人民自由的圣经。"①

其二,在调整市民社会内部关系即横向关系上,主要是贯彻平等原则:①要实现资格和权利义务分配上的普遍平等,确立立法上的同等赋权原则(主体平等的法律地位、相同的法律人格、平等分担权利义务、赋有同等自由并受同等保护)和司法程序上的公开、无差别地普适人权保护原则,实现自"身份法"向"行为法"的现代转型;②权利义务设定要使所有社会主体在预期利益面前具有均等、开放的机会和公平的成就条件,也即权利义务的设定,要使社会成员在社会交换和竞争中公平地处于同一情境之中,变"能者多劳"为"能者多得",使劳动贡献与其成就回报成比例。② 当然,对于先天不足和在竞争中劣败的社会弱者,应给予必要的最低生活保障,使其能够享有起码的生存权和发展权,以便能够有均等机会来面对社会预期利益和美好事物;③对公权力主体,只要它旨在参与市民社会生活关系,就失去"公权力"身份而具有一般市民社会生活主体的角色,就不能再享有任何特权和豁免。

---

① 《马克思恩格斯全集》,第1卷,第71页。

② 前一方面在更大意义上是一种形式平等的要求,后一方面在更大意义上是一种实质平等的要求。

这样,在一定意义和程度上讲,平等成为自由的条件和形式,而自由则成为平等的基础和内涵。当然,也要以他人同等自由和平等权利不受干扰和侵犯为约束边际原则,确立对自由权利的滥用进行必要限制的自主自律理念,而且,赋予公权力以必要的合理性价值基础和合法性权威(信仰),并基此构成辐射国家政治、经济、文化和社会诸领域的基本法治精神。

2、对权利的充分确认和保障

法律是以权利义务规范来确证自己的,而这种权利义务规范又根植于国家和市民社会的权力与权利关系之中。因此,其正义价值也必然以权利和权力的关系形式反映出来。同时自由和平等必然要求以法律来表现自己,因而以自由和平等为内核的正义法精神所要求的,必然是人权精神与原则及权利的充分确认和保障,而这一取向则根植于历史必然性。

在前资本主义社会,个体自由自主权利和团体自治权利几乎全部被集中成与之对立的君权和等级特权,使"权利、自由和社会存在的每一种形式都表现为一种特权,一种脱离常规的例外。"①因而,人民大众在法律上更多的是承担义务而不是享有权利。为此,力图捍卫和夺回市民社会权利、反对政治国家的伟大斗争,也一直是推动历史进步的根本动力。资本主义制度的确立,极大地推动了人类自由自主活动和个性解放的历史进程,在相当程度上把国家权力和等级特权化解为社会成员普遍享有的自主权利。但

① 《马克思恩格斯全集》,第1卷,第381页。

历史表明,过度利己主义并导致人与人相分离的资本主义市民社会,[①] 使其国家权力向社会自由平等权利的回归必然受到一定的局限。而社会主义,则要克服这一局限,以展现社会、人民群众把国家政权重新收回的伟大历史走向。[②] 可见,人类不断实现自由平等至善追求的进程,也是不断由君权、特权及国家权力走向普遍权利的进程。诚如马克思指出的,“各种自由向来就是存在的,不过有时表现为特权,有时表现为普遍权利而已。”[③] 它们都是政治国家回归市民社会伟大历史运动中的必然反映和要求。

在社会主义初级阶段,国家权力已恢复其公共权力的本来面目,只是同时还保留着必要的政治性质和职能。另一方面,逐渐缩小的政府职能和国家活动领域,要不断地还原为市场经济条件下社会主体普遍的自由平等权利和自主活动领域,使“人民为着自己的利益重新掌握自己的社会生活。”[④] 而个人权利的第一要义就是指“在人们追求幸福的过程中保护私人领域、目标多样化和多重性。人权是自由政治秩序的关键要素。”[⑤] 因此,社会主义法律,

---

① 贝尔指出,美国最大的困难在于:它在气质上过于个人主义化,在趣味和爱好上过于资产阶级化,而它却从未完完全全地学会依靠集体解决问题的艺术,或者说,它从未真正地学会欣然接受公众利益至上的主张,以反对个人利益。它也是人们忽视社会公共事业,忽视其他集体需要的根源。因而需要建立“公众家庭”以解决其危机。(参见丹尼尔·贝尔:《资本主义文化矛盾》,第275页、第319页、第72页。)马克思早就对这种私人利益和权利的片面发展进行过批判。参见《马克思恩格斯全集》,第1卷,第439页。

② 《马克思恩格斯选集》,第2卷(上),第413页。

③ 《马克思恩格斯全集》,第1卷,第63页。

④ 《马克思恩格斯选集》,第2卷(上),第411页。

⑤ 马克·普拉特纳:《自由主义与民主:二者缺一不可》,樊吉社译,载刘军宁编:《民主与民主化》,第73页。

就必然要把以自由自主活动为内核的市民社会权利上升为法律权利,把国家集权分解为市民社会的多元自治权利并上升为相应的法律权利,进而对权利的正当性、合理性予以充分肯定和弘扬。《中国的人权状况》白皮书就郑重宣告:"中国愿意同国际社会一道,为建立一个公正、合理的国际关系新秩序,实现联合国维护和促进人权与基本自由的宗旨,继续作出不懈的努力。"我国现在又签署了《经济、社会和文化权利国际公约》和《公民权利和政治权利国际公约》。因此,在构建市场经济法律体系过程中,就要坚决杜绝工具主义、实用主义、权力法律化和消极的义务本位倾向,切实、牢固地确立社会主义人权原则,使法律成为权利的保障而不仅仅是权力运作的工具。即要对人权精神与原则及权利的现实化创造条件,使权利义务统一体真正化作市民社会生活中活生生的自由理性规则,充分展现人的主体价值和要求,因而使"法律为人而存在"而不是"人为法律而存在"(前者体现了人权精神与原则,后者体现了权力精神与原则)①。这样,立法活动就主要表现为三大职能:其一,制约国家权力,并竭力使不必要的集中权力转化为社会成员普遍共享的法律权利;其二,把市场经济条件下社会经济进步所带来的自由发展条件,尽快、全面地转化为普遍权利;其三,在权利义务的设定、匹配上,义务要服从、服务于权利的需要。这也正与当代国际人权保护的历史运动相契合。

---

① 《马克思恩格斯全集》,第1卷,第281页。

3、对法制民主化的目标追求

民主作为人类历史发展过程中国家制度的文明、进步形式，是与自由和平等紧密联系在一起的。西方学者就宣称："民主制度就是尽可能使其人民同时获得更多的自由和最多的平等的政治制度。"① "政治上的公平即民主"。② 因为只有能够自由而平等地主宰自身命运和参与公共事务，才能切实成为自己、社会和国家的主人。无论是原始民主制中的"议事会"、古希腊民主制中的"市民大会"，还是近代以来的民主"代议制"，都莫不如此。只是，享有自由和平等权的社会阶级不同，决定了民主的范围、程度及其阶级属性也大不相同而已。而从希腊城邦民主制时代开始，在人们把民治政府的理想付诸实践的过程中，就一直存在着各种张力。这里存在的一种辩证关系是，"既要实现集体的公共物品，聚合共同的价值，又不使个人的私人权利和自由受到威胁。"③ 这只有通过建立市民社会与国家的良性互动关系才能解决。为此，列宁指出，"消灭国家权力，是以马克思为首的一切社会主义者的目的，不实现这个目的，真正的民主即平等和自由是不能实现的。只有苏维埃的或无产阶级的民主才能实际达到这个目的，因为它吸引劳动者的群众组织经常参加管理，为国家的完全消亡作好准备。"④ 可见，

---

① 〔美〕李普森：《民主的基本原理》，载《交流》，1986 年第 3 期。

② 〔英〕伯特兰·罗素：《权威与个人》，肖巍译，中国社会科学出版社 1990 年版，第 76 页。

③ 猪口孝、纽曼、基恩：《引言：变动中的民主》，载猪口孝、纽曼、基恩编：《变动中的民主》，第 3 页。

④ 《列宁选集》，第 3 卷，第 725 页。

从民主自身本质上讲，它是人类对自由平等价值追求在国家制度上的集中反映，是人类实现自由自主活动的必然要求，是人追求自我实现及获得主体性存在的重要途径。所以马克思断言，“从人出发”的“民主制”是“一切国家制度的实质”，[①] 是人民的自我规定和存在环节，而与之相反的“国家崇拜”和“权力拜物教”，则是国家反对市民社会的集中表现。[②] 故此，“民主的巩固需要市民社会拥有更大的自由，负起更大的责任。”[③]

另一方面，作为自由和平等反映的民主也必然要求其自身的法制化，确立民主化法制（即现代法治）。因为，抛开某种能使选民具有融贯意志的法律框架而谈论民众政府是毫无意义的。“通俗地讲，如果不绑住他们自己的手脚，人民就没有手脚。”[④] 而且，“在理性人为自身所确立的最大的平等自由的协议中，法治原则具有坚实的基础。为了确实拥有并运用这些自由，一个组织良好的社会中的公民一般都要求维持法治。”[⑤] 而要使人们的基本生存和权利得到保障，使个人自由不受任意的侵犯，“民主国家必须以

---

① 《马克思恩格斯全集》，第1卷，第281页。

② 《马克思恩格斯选集》，第1卷，第306页。

③ 詹姆斯·科顿：《东亚民主政体的进步与局限》，载刘军宁编：《民主与民主化》，第290页。

④ 史蒂芬·霍姆斯：《先定约束与民主的悖论》，潘勤译，载〔美〕埃尔斯特、〔挪〕斯莱格斯塔德编：《宪政与民主——理性与社会变迁研究》，生活·读书·新知三联书店1997年版，第256页。而西阶尔斯特德则认为，民主和法治是处理国家与社会之间矛盾的两种不同方法。“法治要约束国家的权力，而民主则是要在行使国家权力的过程中动员社会。”（弗朗西斯·西阶尔斯特德：《民主与法治：关于追求良好政府过程中的矛盾的一些历史经验》，谢鹏程译，载《宪政与民主》，第152页。）应当说，这道出了民主与法治之间的一定张力。但是，二者之间的互动相倚关系也不应受到忽视。

⑤ 罗尔斯：《正义论》，第230页。

法治为基础”,[①] 必须拒斥人治下的法制。它不仅实现着法律的非人格化,而且构造着法律至上的民主秩序,从而为民主提供着必要条件和保障。可见,民主化法制是正义法精神的制度化表现。这就要求廓清并重构国家和社会的关系,进一步健全和扩大政治民主、经济民主、社会民主和推进法治,以社会多元权利来制约、抗衡国家权力的滥用和侵犯性:①在完善人民代表大会制度、政治协商制度及扼制腐败的同时,削减和限制不适应市场经济发展和民主法治要求的国家职权及其活动范围,并使之服从、服务于市民社会发展的需要而不是相反;②充分加强民间社会团体在民主参与和民主监督中的重要地位和作用,发挥社会中介组织抵御公权力滥用和扩张、捍卫和保护私权利的重要堡垒作用;③充分扩大基层的多元化民主,切实推进政治决策公开化、程序化、科学化和民主化;④以“小政府、大社会”构造自主创造、自主发展、自律管理的市民社会生活秩序,扩大并确保市民社会自治领域和自由空间,使自由自主、权利本位和理性自律精神得以有效弘扬和实现;⑤强化立法、执法和司法过程的参与性和回应性,并把国家政治、经济及社会生活全面纳入制度化、规范化、法制化轨道,克服传统的人治、“青天”思想和法律工具主义的御用意识,确立限制权力、保护权利的法治精神。

4、对司法独立与正当程序的合理诉求

正义法精神不仅是对实质正义的价值追求,也必须赋有形式

---

① 米哈利·西麦:《民主化进程和市场》,载猪口孝、纽曼、基恩编:《变动中的民主》,第153页。

正义和程序正义的价值追求,[①] 因为形式正义和程序正义是实质正义的前提和保障,而且法治在相当程度上是取决于"正当程序"的。这已成为人类历史和法治实践所无数次证明的不争的事实,以至美国著名大法官福兰克弗特声称,"自由的历史基本上是奉行程序保障的历史。"[②] 然而,它们之间的关系却是复杂而时常发生紧张的。西方国家有着悠久的形式理性的法律传统,但随着福利主义法治国家的出现和发展,出现了形式理性消解的"再实质化"。"由于削弱了形式法(至少在理论上)为对抗国家恣意行为而提供的种种保护;同时,由于取消了为防止国家干预一直属于人们交往的地方性领域或私人领域(家庭、邻里、学校)而设定的障碍,这一趋势也可能危及到个体存在(individuality),"[③] 进而促动着西方法律传统的危机。为此,西方法学家在寻求救治良方。在我国,法律文化传统中缺少程序正义的传统,而且,就是在大力推进法治进

---

① 罗尔斯对正义作出了实质正义、形式正义和程序正义的区分。实质正义是一种制度安排,它是正义的主题;形式正义是一种规则性正义,它强调规则的一致性、无差别适用。但"形式正义要求的力量或遵守制度的程度,其力量显然有赖于制度的实质性正义和改造它们的可能性";而程序正义存在于一种正义的社会基本结构(政治结构和经济与社会制度安排)的背景下,它是对实质正义和形式正义的一种程序正当性、公平性的保证,是实现实质正义和形式正义必要而可靠的途径。(参见罗尔斯:《正义论》,第50—85页。)波斯纳也认为,法律平等保护的根本含义,就是信奉规则在范围上的普遍性和在运用上的公平,这是法律有利于社会中的弱者和孤独成员的特点,是独立于专门为了这些人的利益而制定的任何其他原则的。因而,"一方面是在文字上具有普遍性且运用中也不考虑具体人的规则或标准,而另一方面是一个人的具体权利和责任取决于他是什么人这样一种制度。"〔美〕波斯纳:《法理学问题》,苏力译,中国政法大学出版社1994年版,第402页。

② 参见季卫东:《程序比较论》,载《比较法研究》,1993年第1期。

③ 图依布纳:《现代法中的实质要素和反思要素》,矫波译,载《北大法律评论》,第二卷(第2辑),法律出版社2000年版,第581页。

程的今天，重实体轻程序的倾向仍十分浓重，[①] 这不仅使实质正义难以有效实现，而且还会造成权力滥用及其对权利和自由的侵犯。因此，有学者写道，"如果我们要实现有节度的自由、有组织的民主、有保障的人权、有制约的权威、有进取的保守这样一种社会状态的话，那么程序可以作为其制度化的最重要的基石。"[②] 可见，要使公平正义得到切实的实现，要推进法治，就必须认真地对待形式正义尤其是程序正义，即强调程序的独立价值乃至优先性。[③] 不过，我以为，强调程序对于实体的优先性并不是绝对的，或者说在更大程度上是限于操作层面。尽管我们应赋予程序以独立地位和价值，但在最终意义上并不是为了程序而程序，而是为了实质正义的实现提供必要保障和途径。也许是基于此，罗尔斯才强调社会制度安排是正义的主题。弗里德曼也讲，"有许多原因，为什么守法的人们感到他们应该服从法律。程序上的合法性可能仅仅是认识到一般是对的法律的一种方法。真实的原因可能根本不是程序性的，而是实质性的。就是说，我们应该服从法律，因为法律一般是正确的，或者假如我们不这样做，就会出现暴力和无政府状态，或者人们可能感到总的说来，法律符合他们的利益或他们集团的利益，既然如此，人们应该支持法律，即使偶尔法律对他们不利"。[④] 另有学者指出，公平性完全取决于由这些规则是否总的

---

① 参见吕世伦、贺小荣：《国家主义的衰微与中国法治现代化》；江必新：《用程序捍卫公平正义》，载《工人日报》，1999 年 7 月 10 日。

② 季卫东：《程序比较论》。

③ 陈兴良：《程序的独立价值必须强调》，载《工人日报》，1999 年 6 月 12 日。

④ 〔美〕弗里德曼：《法律制度》，第 135—136 页。

来说有助于产生公正的结果，尽管即使在最严格地遵循规则的情况下，也不可能保证在每一件特定的案例中都会产生公正的结果。[①] 而回应型法的合法性理想，甚至“要求一种能够超出形式上的规则性和程序上的公平而迈向实质正义的法律体系。”[②] 而且，立法机构和执法机构决不是因其程序模式的正当性而被合法性的。它同样是由一种支持着整合统治系统的一般解释赋予合法性的。[③] 当然，实质正义、形式正义和程序正义的关系是十分复杂的。在这里，我的意思是说，强调程序正义亦不可矫枉过正。这就要求确立实质正义、形式正义和程序正义有机平衡和协调的原则，并藉此加速司法改革和司法独立进程，[④] 建立统一协调、逻辑严密、普遍有效、健全而自治的法律规则体系；确立程序公正理念，[⑤] 赋予程序以公正、中立、参与、平等、理性、公开、反思等应有的“内在价值”；[⑥] 培养公权力主体、司法执法主体和社会成员的普遍守法精神与程序正义观念，并努力提高司法执法人员适应法治要求

① 参见〔美〕J. 范伯格：《自由、权利和社会正义——现代社会哲学》，王守昌等译，贵州人民出版社 1998 年版，第 172 页。

② 诺内特、塞尔兹尼克：《转变中的法律与社会》，第 122 页。

③ 参见哈贝马斯：《合法化危机》，第 131 页。

④ 希尔斯指出，拥有一个奉行法治、保障个人和机构自由的独立的司法制度，是市民社会免遭国家扩侵并维持其作为市民社会的制度的重要方面。爱德华·希尔斯：《市民社会的美德》，载邓正来、亚历山大编：《国家与市民社会》，第 39 页。

⑤ 参见肖建国：《程序正义的理念及其实现》，载《法学研究》，1999 年第 3 期。

⑥ 美国学者贝勒斯在其综合性程序价值理论中，提出了参与、平等、理性、自愿、和平、及时、终结等程序的“内在价值”，以最大限度地降低经济性错误成本、道德性错误成本和直接成本，实现程序正义。（参见陈瑞华：《走向综合性程序价值理论——贝勒斯程序正义理论述评》，载《中国社会科学》，1999 年第 6 期。）这对我们具有很大参考意义。

的职业和道德素质，进而确立程序公正的价值和功能的实现机制。[①] 需要特别指出的是，对守法精神的培养，我们想到的和面对的往往只是社会主体(公民、社会组织等)。而实际上，在法治社会中，守法精神首先是公权力主体、司法执法主体所应具有的基本素质，其次才是对社会主体的素质要求。只有这样，普遍的法律服从和规则的一致适用才是可能的。而只强调后者的守法，忽视前者的守法，则不仅有悖法治精神与原则，甚至还会出现御用主义、工具主义精神，形成“人治”下的“法治”。甚至把“法治”理解为“你不守法我就治你”，其后果与简单专制相比可能有过之而无不及。从另一方面来看，我国法律实施效果不好的因素很多，但很重要的一个就是“好经”(法律)被“歪和尚”(素质差的司法执法人员)念歪了。公平正义观念、民主法治观念、自由权利信念及敬业精神如何，是衡量一个司法执法人员的一个重要标准，也是法治得以确立及运行的重要环节。对此，有西方学者指出，“假如我们审视法律，就会发现法律中最大的问题不是来自于法律本身或其规则，而是来自于执法者的人为因素。出色的法官和好的法庭可以增加不完善体制的灵活性和变通性。即便有最好的体制，但法官和法庭的层次跟不上，那也只能招致报怨”。[②] 可见，公权力主体、司法执法主体守法精神和程序正义观念的培养和确立是何等的重要。因

---

① 季卫东先生对程序的意义、价值、结构、功能、作用及中国法律程序建设等都有较深入的研究。参见季卫东：《程序比较论》。

② 参见〔美〕约翰·麦·赞恩：《法律的故事》，刘昕等译，江苏人民出版社 1998 年版，第 374 页。另外，钱福臣先生曾对美国宪政形成和发展中的主体因素也进行了分析研究。钱福臣：《主体因素：美国联邦宪法形成和发展中的能动力》，载《求是学刊》，2000 年第 2 期。

此，司法改革和司法独立进程必须是全方位的、根本性的和系统化的。只有这样，才能通过正当程序，更有效地保障权利和制约权力，才能更切实、更全面地弘扬正义法精神，进而才能更好地实现“良法之治”和推进中国法治进程。

三、回应与契合：依法治国与市民社会理性规则秩序

应当说，中国法治化进程是由国家启动的，然而在根本意义上，则是市民社会与国家二元分化的必然要求和反映。“依法治国，建设社会主义法治国家”的治国方略，无疑具有其重大历史转折和进步意义，而且，在后发现代化进程中走向法治，也应注重国家的必要推进作用。但是，冷静的思考分析和对“依法治理”现状的观察，我们不难发现其中蕴含着某些传统形式主义“法治国”因素，甚至出现“三治三不治”的不良现象，即“治下不治上”、“治外不治内”、“治民不治官”。应当说，这种情况在“依法治省”、“依法治市”、“依法治县”、“依法治乡”、“依法治村”等“依法治理”过程中并不少见。行政机关往往借助手中的“立法权”，纷纷使行政权力扩张法律化，也借助手中执法权力及对司法权的影响，来扩大其职能和实现其效用，以“维护社会秩序”，权力制约、权利保障和民主法治精神因此而受到侵蚀。这种“依法治理”严重悖离了法治精神与原则，在一定程度上是古代法家“垂法而治”的再版。这也是导致立法交叉冲突、执法效果差的一个重要原因。长此以往，这不仅会使民主法治进程受阻，建立社会主义法治国家的目标难以实现，而

且还会危及社会秩序。导致这种状况的因素是复杂的,但其中十分重要的,则是未能自觉有效地立足于国家与市民社会的二元互动关系基础上,而这正是推进中国法治进程的关键。

(一) 依法治国对社会的回应

如前所述,世界政治、经济和文化的复杂多变,以及国家与市民社会关系的互动发展,既给西方现代法治带来了挑战,也带来了新的发展境遇,使得“探索回应型法已成为现代法律理论的一个持续不断的关注点。”[①] 它具有一种反思导向,力求通过确定各种机会结构,“使法律规则能够应付各种社会问题,同时又不会对有价值的社会生活模式造成必然的破坏,”[②] 以建立回应社会需要的“回应型法律秩序”,从而走出法律传统危机而适应“后现代社会”的挑战。在一定意义上,这展示了现代法治的发展走向。然而,“法治秩序在突破民族国家的藩篱过程中,碰到了空前规模的价值冲突和地域性问题”。[③] 中国是在现代化中确立建立社会主义法治国家目标的,虽然不会出现西方那种“法律传统的危机”,但遇到的挑战和问题也十分严峻和复杂,比如转型国家法律文化水平低、法律秩序可能受到的威胁和法律体系的适应性问题

---

① 诺内特、塞尔兹尼克:《转变中的法律与社会》,第 81 页。

② 图依布纳:《现代法中的实质要素和反思要素》,载《北大法律评论》,第 2 卷(第 2 辑),第 617 页。

③ 季卫东:《从边缘到中心:20 世纪美国的“法与社会”研究运动》,载《北大法律评论》,第 2 卷(第 2 辑),第 577 页。

突出，[①] 亚洲国家将政体理论和传统思想与文化相结合的独特性等等，[②] 在中国同样存在。而且，中国现代化进程中的本土条件、国际关系及领导人推行的政策等诸多方面又都与众不同，[③] 这必然影响到国家和市民社会关系的型塑、互动发展样态及相应民主和法治秩序的构建。因此，作为推进法治的重要表现和途径的"依法治国"，就必须要克服传统御用精神和工具主义，[④] 以正义法精神统摄"依法治理"，真正立足于社会而不是国家，立足于权利而不是权力，立足于"治理"而不是"统治"，从而使依法治国能够回应社会的需要和应付社会问题，使法律规则能够适应市民社会和国家良性互动发展的要求。西方学者在建构"回应型法"时，认为其"秩序是协商而定的，而非通过服从赢得的"，[⑤] 而法律的任务既不是发展其自身的有目的的规划，也不是裁定对立政策之间在目标上的冲突，而是"为了保证相互之间彼此进行协调的过程，并强迫达成协议。"[⑥] 虽然我们要考察中国国情而不能对此简单地如法炮制，但至少是可以借鉴的。我们之所以强调"依法治国"对

---

① 参见米哈利·西麦：《民主化进程和市场》，载猪口孝、纽曼、基恩编：《变动中的民主》，第153页。

② 詹姆斯·科顿：《东亚民主政体的进步与局限》，载刘军宁编：《民主与民主化》，第291页。关于东亚及中国现代化问题的研究，另见罗荣渠主编：《现代化理论与历史经验的再探讨》，上海译文出版社1993年版；〔美〕西里尔·E. 布莱克编：《比较现代化》，杨豫等译，上海译文出版社1996年版。

③ 〔美〕吉尔伯特·罗兹曼：《中国的现代化》，国家社会科学基金"比较现代化"课题组译，江苏人民出版社1995年版，第5页。

④ 参见马长山：《依法治国必须弘扬正义法精神》。

⑤ 诺内特、塞尔兹尼克：《转变中的法律与社会》，第105页。

⑥ 图依布纳：《现代法中的实质要素和反思要素》，载《北大法律评论》，第2卷(第2辑)，第620页。

社会的回应，就是要克服受“阶级斗争工具”极左思想影响而导致的法的“压制性”，[①] 增强法的自治性和回应性，消解传统权力秩序，构造民主的、开放的、多元的权利秩序，建立国家和市民社会、权力和权利的双向协调关系，从而推进民主与法治，这也正是服从服务于社会和人民群众权利和利益需要的社会主义国家性质所决定的。

（二）市民社会理性规则秩序的确立

哈耶克在其自由主义法治思想中，阐发了著名的二元秩序观。[②] 可以说，其自生自发秩序是一种扎根于市民社会的规则秩序。现代市民社会理论也认为，压迫关系不是市民社会的结构性特性而是其机能障碍，[③] 市民社会是一种以利益、权利和契约为纽带的自治社会。自由自主、理性自律的“经济人”是其首要的基础。[④] “国家制定法律，从而设定了个人与集体行动的界限。但在

---

① 诺内特和塞尔兹尼克指出，压制型法最独特、最系统的特征表现在：①法律机构容易受政治权力影响，法律被认同于国家，并服从于以国家利益为名的理由；②法律官员首先关注的是权威的维护；③警察等社会控制力量变成独立的权力中心；④“二元法”体制通过强化社会服从模式并使它们合法正当，把阶级正义制度化；⑤刑法典反映居支配地位的道德态度，法律道德主义盛行。（诺内特、塞尔兹尼克：《转变中的法律与社会》，第35页）我们不难看出，极左思想下的法本质、法作用观及其法律实践，都或多或少、或隐或显地具有上述特征的某些影子。

② 参见哈耶克：《法律、立法与自由》（第一卷），第52—75页；《自由宪章》，第44—63页、第81—106页；《致命的自负》，冯克利等译，中国社会科学出版社2000年版，第28—37页。关于哈耶克这一思想的评述，可参见本书所附参考文献中邓正来、石元康的著作和论文。

③ 参见陈燕谷：《文化研究与市民社会》，载《思想文综》(4)，第33页。

④ 参见川岛武宜：《现代化与法》，第11页、第21页、第38—39页。

这些界限内——在一个市民社会中,这些界限通常是宽松的——个人与集体的行动或者是自由选择的,或者是依据参与者之间的明确协定而采取的,或者是基于个人或集体利益的考虑而作出的,或者是根据所构成的集体的规则采取的。正是在这个意义上,市民社会是与国家分离的。"[①] 在这样的社会关系中,法不只是靠国家来加以维持的,没有使法成为法的作为法主体的个人的法秩序维持活动,是不可能的。因此,"大凡市民社会的法秩序没有作为法主体的个人的守法精神是不能维持的。""市民社会正是把这种守法精神的形成以及其内化作为其存在和成立所不可缺少的条件并使之现实化。"[②] 这就使市民社会自发生成一种理性秩序,它不仅能够建立人人共同遵守的契约性规则,保障权利义务的相对平等和有序,而且还能够减缓宗族血缘冲突和减弱政治变动带来的社会震荡。[③] 如果说"依法治国"是一种意在建构的"外生秩序"的话,那么,市民社会理性规则秩序则是一种基于"市民认同"的自主自律的"内生秩序"。托克维尔就曾指出,"民情"(人在一定的社会情况下拥有的理智资质和道德资质的总和)对于维持民主政体和法制具有重大作用。[④] 而现代西方社会学家也强调,当我们把这种"秩序"当作是"我们"的组成部分,而不是某种外部强加的秩序来认识和体验时,这种秩序(在"规范"的意义上)才能形成或影响

---

① 爱德华·希尔斯:《市民社会的美德》,载邓正来、亚历山大编:《国家与市民社会》,第 33 页。

② 川岛武宜:《现代化与法》,第 19 页、第 77 页。

③ 参见朱英:《转型时期的社会与国家》,第 581 页。

④ 托克维尔:《论美国的民主》,上卷,第 354—362 页。

某个社会。规范并不是抽象的法律体系，而是与某种特定社会所共有的一套传统、目标、价值观和准则相关联的人群和社团。当然，这套准则和价值观也在法律中得到表达，但与超凡的方面相联系的，不是促成规范的法律，而是社会现实中患难与共的体验。[①]这都表明"市民社会美德"对"内生秩序"的重要性。不过，也有学者提醒人们，对后发外生型现代化国家来说，"市民社会"与现实社会及政治结构是同质的，并导致其内部的理性化尚未完成。因此，这些国家的市民社会发展所面临的首要问题，是如何实现其内部的理性化，因此应发挥强政府的促成作用，而不能走西方式的自由放任道路。[②] 应当说这固然值得注意，然而，虽然我们不能忽视这一特殊历史条件下政府的作用，但是，这种理性化过程完全靠强政府是难以奏效的，甚至可能会使市民社会在襁褓中"畸形"成长。而经验表明，解决问题的办法，还是应放在市民社会理性规则秩序的建立上，放在公民国家的建立上，[③] 以免公共生活受到国家和

① 霍利：《全球化和社会失范——走向世界新秩序途中的问题和机遇》。

② 方朝晖：《对 90 年代市民社会研究的一个反思》，载《天津社会科学》，1999 年第 5 期。

③ 西方学者指出，在那些长期以来市民社会与国家一直是一种负面关系的地方，仅仅有选举，有一部宪法，以及其它这类体系严密的机制，未必就会创生出民主文化。自下而上的私人协会、地方民主和市民社会是经过长年的政治社会化过程演化而来的，在这类行为受到抑制的社会里，未必能抓住实现自由和自由民主制度的机遇，因为人们要学习（或重新学习）公民的主动行为（civic activism）与所承担责任的规范。（猪口孝、纽曼、基恩：《引言：变动中的民主》，载猪口孝、纽曼、基恩编：《变动中的民主》，第 8 页。）而改革开放后尤其是进入 90 年代以来，我国社会转型也不仅仅是按照国家预定的目标行进，而是多种力量的交织共同起作用的结果，民间力量直接参与社会的目标定向、利益分配并通过各种形式影响国家政策的利益走向，同时也形成了一些非正式交往渠道和游戏规则。参见李金：《从国家与民间力量的关系看中国社会的整合问题》，载《探索》，2000 年第 3 期。

社会力量的威胁。[①] 这就要求稳步而长期地推进基层民主自治、民间社会组织的自治管理以及公民意识的普遍培养，提高市民社会的自主自律能力和塑造其理性自由精神，从而建构起市民社会的理性规则秩序。

(三) 依法治国与市民社会理性规则秩序的有机契合

市民社会意味着一种非强迫的社会秩序，但它并不是自足的，就像国家是公共权威的代表，但却不能自足一样。因此，才形成了国家与市民社会的双向互动关系。

市民社会是社会独立自主的生存模式，[②] 它不仅以其人与人之间的自愿性契约联合而提供了适应市场经济的社会结构，而且，还通过积极参与政治和制衡国家权力，来捍卫自由和保证民主的实现，并成为防止集权政制的最后屏障。[③] 因此，市民社会必然“要求限定国家(或政府)的行为范围，要求国家受法律的约束，但同时又要求国家能够有效地实施保障市民社会多元性及其必要自由的法律”，[④] 从而保障市民社会自主自律性；另一方面，市民社

---

① 参见罗伯特·W. 赫夫纳：《公民社会：一种现代理想的文化前景》，载何增科主编：《公民社会与第三部门》，第 225 页。

② 朱英：《转型时期的社会与国家》，第 581 页。

③ 参见张汝伦：《市民社会的神话》，载张汝伦：《思考与批判》，第 587 页；邓正来、景跃进：《建构中国的市民社会》；石元康：《市民社会与现代性》，载石元康：《从中国文化到现代性：典范转移?》，第 191 页。

④ 爱德华·希尔斯：《市民社会的美德》，载邓正来、亚历山大编：《国家与市民社会》，第 39 页。

会也需要国家以提供普遍规则和进行仲裁协调的方式,来予以必要的干预和调节,[①] 要求"市民社会内的权利受到尊重,义务得到履行,"[②] 从而使市民社会和国家在法律的框架内运作。然而,这一法律框架却在一定程度上依赖于市民认同的支撑和补充,因为它具有市民社会管理者的功能,限制冲突、制约离心倾向并促进协和,"假如没有这种市民认同,一个多元化的社会就可能沦落为一场每个人对所有人的战争。"[③] 就是说,正是市民认同,奠定了法律规则秩序的必要基础。[④] 更为重要的是,市民社会亦可沿着民主路线来重新界定和创制公共政治游戏规则,[⑤] 通过广泛互动交往来创制市民社会游戏规则,[⑥] 从而奠定了法律规则框架的必要基础。它不仅要努力把自身利益和权利要求上升为法律,使法律在原则上承认和体现"市民社会中起支配作用的价值或规范"。[⑦]

---

① 邓正来、景跃进:《建构中国的市民社会》。

② 爱德华·希尔斯:《市民社会的美德》,载邓正来、亚历山大编:《国家与市民社会》,第46页。

③ 爱德华·希尔斯:《市民社会的美德》,载邓正来、亚历山大编:《国家与市民社会》,第45页。

④ 法律规则秩序需要社会成员自主自律精神及积极守法意识的合法性支撑,才能稳定而长久地建立起来。而仅仅是在大量颁布法律规章,并不足以建立法律规则秩序,甚至适得其反。美国政体的一个重要弊端,就是大量颁布细致入微的法律规则,可谓法律"成灾"。因而,美国是"世界上规矩最多,又最难守规矩的。"(约翰·麦·赞恩:《法律的故事》,第371页。)其犯罪和社会问题突出也并不是源于法律自身的缺陷,而是"起因于应该支持法律的道德共识的分崩离析。"巴尔:《三种不同竞争的价值观念体系》。

⑤ 〔英〕戈登·怀特:《公民社会、民主化和发展:廓清分析的范围》,何增科译,载何增科主编:《公民社会与第三部门》,第72—73页。

⑥ 民法素有"市民法"之称,商法、合同法、公司法等等都根植于市民社会互动交往关系,是对市民社会中人身、财产及契约自由和权利的规范性概括和升华。

⑦ 川岛武宜:《现代化与法》,第78页。

而且,也要努力把自身自主自律秩序表现为一种理性规则秩序。这表明,市民社会理性规则秩序既是国家和市民社会法律框架运作之根基和源泉,又为法律框架运作提供了必要支撑和补充。由此看来,法治秩序之根本乃在于市民社会的理性规则秩序。当然,国家对法律框架的设定和实施也是十分必要的,它对市民社会"内生秩序"具有重要保障和促进作用。但是,正如哈耶克指出的,尽管在一个自生自发的现代社会秩序中,公法有必要组织一种能够发挥自生自发秩序更大作用的架构,保护先已存在的自生自发秩序和强制实施自生自发秩序所依据且遵循的部分规则,但是,作为组织规划的公法却绝不能因此而渗透和替代作为自生自发秩序所遵循的一部分内部规则的私法。以免内部秩序和根植于其间的个人的行动自由蒙受侵犯并遭到扼杀。① 也就是说,二者应该是有机契合的。我国目前正在实施"依法治国"的宏伟治国方略,这对于后发现代化中国家的法治进程来说,是至关重要的助推力量。然而,这种"外生秩序"的构建必须立足于并体现市民社会的"内生秩序",在立法、执法和司法环节必须抛弃权力本位意识和国家主义情怀,努力回应市民社会的利益主张和自由权利保障要求;而市民社会的多元权利主体则应积极参与国家法律框架的设计和运作,使市民社会的权利、利益和自主自律要求尽可能地注入国家法律框架之中。同时,市民社会主体也要克服"大民主"和乌托邦精神,在多元权利和利益的冲突与整合中,强化和提高其理性自律精神、自主协调能力、遵规守章意识和"市民认同"水平,进而形成一

---

① 参见邓正来:《法律与立法的二元观——哈耶克法律理论的研究》。

种市民社会“隐秩序”,[①] 并为国家法律框架提供合法性和理性自律秩序基础。这样,就形成了“依法治国”和市民社会理性规则秩序的契合互补,从而推动社会主义法治国家的早日建立。

四、公民意识重塑与法治国家合法性

以制约权力和保障人权为核心的现代法治,是与民主政治和商品经济相伴生的伟大制度化运动。伴随国家和市民社会分立互动发展而来的民主政治和市场经济,在尽可能的程度上把权力分解为权利,并形成集合权利对有限权力的抗衡,从而为法治提供了前提和基础;而法治则通过使民主政治和市场经济制度化,并把二者在规范意义上整合起来,从而为其提供条件和保障。但进一步的实证分析使我们看到,法治进程中还有一支不可缺少的重要内在推动力量,那就是公民意识。如果说民主政治和市场经济是法治得以存在和发展的正式制度要素的话,那么,以主体自由追求和理性自律精神为内核的公民意识,则是其非正式制度要素。正是二者的契合,才使具有普遍理性主义的现代法治得以呈现内在自觉、动态整合的非单一线性的总体性进程。

按照马克斯·韦伯的观点,统治系统由自愿服从和信仰体系构成,而后者具有关键作用。只有确立对统治的合法性的信仰,才能使社会成员对现存制度予以认可而得以维系。[②] 帕森斯也认为,

---

① 参见马长山:《法治社会中法与道德关系及其实践把握》,载《法学研究》,1999年第1期。

② 参见马克斯·韦伯:《经济与社会》(上),第238—241页;苏国勋:《理性化及其限制》,第189—190页。

"合法是在作为个性内化成分的价值与规定社会关系结构的制度化模式两者之间的重要环节。"[①] 然而,在以人治为主要特征的前资本主义社会,[②] 统治阶级只能是把这种使人民群众严重对象化、客体化统治的合法性信仰,建立在虚幻的宗教神谕基础上,因而,这种信仰自然与人的主体精神相悖离而具有外生性、自守性和异己性。资本主义市民社会革命的胜利,使现代法治得以确立。这一重大人类文明成果在更深的意义上,展现了人类由天然自在的自然状态走向自为自觉的社会联系的伟大进程,使人摆脱了政治国家与市民社会的同一异化状态的奴役,而日益获得自由自主的主体性存在,其个性化、多元化、开放化、现实化的特征,使得任何虚幻神秘的神谕说教都丧失其效力。面对主体自由和社会强制的矛盾,统治合法性信仰只能建立在体现人的自由理性的理念基础上,使合法性信仰与制度价值相吻合而具有内生性、自觉性和有序性。就是说,"一切社会制度若要得到民众最大的支持,必须拥有为全社会所接受的、行使社会权威的道德正当性。"[③] 这种信仰的轴心就是公民意识。如果说前资本主义社会的人治统治,以武力强制辅以外生性信仰尚可短期维持的话,那么,现代法治如果没有这种内生性信仰,没有积极的守法精神和法治的"文化霸权",则寸步难行。

公民意识是市民社会和政治国家二元化进程中政治解放和人

---

① 帕森斯:《现代社会的结构与过程》,第 143 页。

② 前资本主义社会出现的"法治",实质是人治的御用形态,不具有现代法治意义。

③ 丹尼尔·贝尔:《资本主义文化矛盾》,第 124—125 页。

的解放的产物，它呈现的是与民主政治和市场经济相适应的主体自由追求和理性自律精神，[①] 因而，是市民社会和国家互动发展的精神黏合剂。[②] 世界民主进程的历史也一再昭示，公民文化的培育和弘扬，是民主与法治稳健运行的基础和保障。[③] 当代欧洲的福利国家危机就在某种程度上造成了公民与国家关系的恶化和社会的分裂，产生了"消极公民"，因而，他们在设法重建公民资格来培养"积极公民"，以协调公民和国家的关系并进而走出个人主义和代表性危机。[④] 事实表明，公民意识通过其合理性意识、合法性意识和积极守法精神，不仅为国家和市民社会运作的法律框架、权力制约和权利保障、普遍利益和特殊利益冲突与整合提供着价值基础，也为法律制度和法治秩序提供了合法性认同和内化。而且，还能通过反思理性赋予法律制度和法治秩序以回应性，使法治秩序立足于市民社会和国家的有机互动关系基础上，从而为法治国家提供必要的合法性支撑。因此，要建立法治国家，就应塑造公民意识，并使之成为法治国家的意识形态，法治秩序也才能真正确

---

① 参见马长山：《公民意识：中国法治进程的内驱力》。

② 罗素曾说过，"没有公民道德，社会就会灭亡，没有个人道德，他们的生存也就失去了价值。"罗素：《权威与个人》，第 95 页。

③ 参见阿尔蒙德、维伯：《公民文化》，第 517—553 页；猪口孝、纽曼、基恩：《引言：变动中的民主》，载猪口孝、纽曼、基恩编：《变动中的民主》，第 8—10 页、第 19 页；赫夫纳：《公民社会：一种现代理想的文化前景》，载何增科主编：《公民社会与第三部门》，第 217—226 页。20 世纪 20—30 年代美国出版著名的《公民的形成》丛书，就是一个典型。参见宋迎法：《西方政治教育和政治社会化研究概述》，载《国外社会科学》，1995 年第 7 期。

④ 参见吴晓玲：《欧洲国家的社会危机与公民资格重建》，载《欧洲》，2000 年第 2 期。

立起来。

在我国,现实的法律不再是与自身相脱离的、异己的、望而生怯的绳索,而是人民的自我规定和存在形式,也即社会主义法治在本质上必须更为内在自觉、更具“自由理性”[①] 和更加普遍有效,因而就更仰赖于普遍、先进的公民意识。就是说,优良的公民意识,是我国法治动态发展、更加文明进步和恒久有序的重要保证。目前,我国是在社会体制、社会结构、价值规范的整体转型过程中,也即是在确立新的目标导向和价值准则,重新调整利益分配格局,建立新型社会运行机制和社会秩序的社会变革中建立法治国家,培养和重塑公民意识尤为关键。

应当指出,近年来快步伐的法制建设、阶段性的“严打”、社会治安综合治理及实施普法规划等,极大地推进了我国的法治进程。但是,由于多种因素的作用和影响,普遍有效的公民意识却仍未形成。[②] 这主要表现在:

其一,传统伦理取向与法律价值相悖离。日本法学家川岛武宜认为,传统社会向现代商品经济社会转型过程中,基于利益计算的法的非伦理性必然与传统伦理相冲突。因此,要实现现代法治,就必须把现代法精神内化为市民社会成员的法意识,并在正义原

---

① 马克思曾指出:“不应该把国家建立在宗教的基础上,而应建立在自由理性的基础上。”参见《马克思恩格斯全集》,第 1 卷,第 127 页。

② 中国是个典型的东方社会国家,民本主义和德治传统浓重而缺乏民主法治传统,以至直到 20 世纪初,才移植来具有国家主人地位含义的国民概念(相当于西方的“公民”),而“五四”启蒙才算真正开始公民精神的建构。参见张锡勤:《中国 20 世纪初“国民”问题讨论述评》,载《求是学刊》,1994 年第 1 期;高力克:《五四伦理革命与公民精神》,载《浙江社会科学》,1999 年第 3 期。

则上使法与伦理相统一,从而使法秩序得以建立和维持。[①] 我国是一个具有浓重儒法伦理传统的国家,更多的是一种亲情伦理而非市民伦理,[②] 民主与法制精神先天不足,现代法与传统伦理的冲突就表现得更为突出。[③] 加之社会变革中出现的价值震荡和真空状态,极易造成社会成员价值选择的迷茫和失范。由于对市场经济和法治所倡导的平等、自由、竞争、正义等主体价值缺乏普遍的、科学的理性体认,便会使其以所留恋的传统义利观、仁德观、均等观及盲目受纳的西方极端个人主义思想,来误读现行法律原则和规范,因而,对法律规范内在价值缺少足够的认同,进而产生对法律的异己感、外在感,不能有效地内化为其自觉的价值尺度和行为准则。这样,使得公民意识难以确立,逃避法律、抵制法律的消极对抗情况随之增多,法治秩序的建立也就步履艰难。另一方面,这种冲突的价值观念和取向也会反作用于法律制度本身,使其内含价值受到一定程度的左右,[④] 因而也必然影响到现代法治价值的确立和实现。

其二,权力本位意识与法治观念相悖离。现代法治是以法律对权力的限制和约束为逻辑起点的,相信法律至高无上。而在中

① 参见川岛武宜:《现代化与法》,第一、二章。

② 范忠信:《中华法系的亲伦精神——以西方法系的市民精神为参照来认识》,载人大《法理学法史学》,1999 年第 8 期,另见李金泽:《中国人的关系意识与中国社会的法化》,载《法制与社会发展》,1999 年第 2 期。

③ 在世界的现代化乃至全球化进程中,怀旧和乡愁是一种较为普遍的现象。(参见罗兰·罗伯森:《全球化——社会理论和全球文化》,第 232 页。)但像中国这样的儒法传统国家,其怀旧和乡愁感会更重,道德理想主义与现代法治的冲突会更明显。

④ 我以为,我国目前婚姻立法中,就存在着一定的道德法律化倾向。

国几千年的封建传统中,法律始终是在王权之下发挥其御用的工具性价值,没有自身的独立地位。这种法律文化沉淀为潜在的社会意识,影响着中国的民主法治进程。“文革”期间高度社会化的“极权政治”对民主法制的粗暴践踏,就是这种意识在一定程度上的复活和反射。改革开放二十余年来,民主与法制建设取得了巨大成就,建立法治国家也成为全体人民的共同要求,然而,以言代法、以权代法、权力滥用等权力扩张情况仍时有发生。除了制度性因素外,这一方面体现了权力本位和特权思想的巨大惰性;另一方面,表明了权利主体对法上权力、法外权力及权力的非合目的性运作的宽容,① 同时,也表明了权利主体对自身自由和权利的某种程度的疏怠。“权大法大”的怪圈,难免造成对权力本位意识的强化和法治观念、公民意识的淡化乃至扼制,并不同程度地渗透到立法、司法、执法和守法各个环节,给权力制约和人权保障的现实化带来障碍,因而制约着中国民主法治进程。

其三,主人意识与现代守法精神相悖离。现代法治以弘扬人的主体自由理性为价值取向,因此,现代守法精神既摒弃奴性守法观,也排斥拒受约束的极端自由主义和无政府主义。它体现的是正义和理性原则下的自由与责任、权利与义务的和谐一致,即基于

---

① 有关调查显示,中国民众往往误将民本主义和开明专制当作民主,法治意识(权力制约、公民权保护和尊法重法等)不强,并具有一定程度的“权威人格”倾向。(参见闵琦:《中国政治文化——民主政治难产的社会心理因素》,云南人民出版社 1989 年版,第 138—142 页、第 164—167 页。)而公众认为守法的人当中,最主要的是军人,知识分子是第二位,第三位才是国家干部(董璠舆:《中日法律意识比较研究——以北京、东京调查为中心》,载《社会科学探索》,1997 年第 1 期。)。这不能不令人省思。当然,近年来,我国公民权利保护和公民权利意识也在不断发展和提高。

形式法律的价值合理性而赋予其合法性，进而形成对形式法律设定的权利义务权威性的认同和服从。为此，有西方学者这样写道："在一个民主政治中，一个公民可以无拘束地谴责某项法律，并通过政治过程寻求对它的变更，但是，直至这项法律被变更，它都应该得到他的服从。"① 虽然这充满着一种约束精神，但其"公民性"的取向却是必要的。然而，由于我国以往政治教育重于法制教育，且形成政治教育在法制教育上的泛化，使"人民"观念远远重于"公民"观念，而从"人民"观念中引申出来的"主人"意识，又具有超政治化、高度泛化和庸俗化、惰性化的倾向。② 这一方面使其对法律与自身的关联性缺少足够的感知和觉悟；另一方面，又往往游离于法律而进行政治价值选择和评判，尤其有时与法是专政工具的观念相结合，形成法律是"对付敌人"的这一片面认识，这就给正确认知法律价值合理性、合法性造成一定障碍。也使得自觉守法精神和"公民性"难以确立。特别是在变革中的制度规范触及其既得利益，或其利益不能依新的制度规范而如愿以偿时，便会产生由"主

---

① 参见诺内特、塞尔兹尼克：《转变中的法律与社会》，第 76 页。

② 参见马长山：《从主人意识走向公民意识》，载《法律科学》，1997 年第 5 期。"人民"和"主人"观念深入人心，是社会主义国家中"人民当家做主"优越性的重要体现，作为一个政治概念是值得提倡的。但在法治社会，我们必须注意到它的局限性。主人意识赋有更多的政治内涵，民主有余而法治不足，这就容易造成"大民主意识"和助长卢梭式"极权主义"。（参见伯特兰·罗素：《西方的智慧》，第 238 页；罗素：《西方哲学史》，下卷，第 239—243 页；朱学勤：《道德理想国的覆灭——从卢梭到罗伯斯庇尔》，上海三联书店 1994 年版，第 73—101 页。）而公民意识则是赋予民众政府和公民行动以法律框架，"通过束缚自己的手脚而增加自己的权力"，因为"有限制的非民主化有助于持久的民主治理"。（史蒂芬·霍姆斯：《先定约束与民主的悖论》，载埃尔斯特、斯莱格斯塔德：《宪政与民主》，第 257 页。）因此，把主人意识纳入公民意识，实现由主人意识向公民意识的转型，是推进法治的重要一环。

人"到"公民"的巨大心理落差,从而产生某种程度的对法律的异己感、排斥感,因而难以形成充分内在自觉的守法精神。[①]

可以看出,公民意识作为非正式制度要素与正式制度要素的严重不协调,使得为建立社会主义法治国家的种种努力大打折扣,这也是导致法治建设与法治效果、立法数量与法律权威形成较大反差的一个极为重要的原因,并严重制约着法治秩序的建立。川岛武宜在研究了日本法治进程后得出一个可资借鉴的结论:"说法律生活的近代化,决不只意味着引进近代国家的法制进行立法",更重要的是"把这种纸上的'近代法典'变成我们生活现实中的事实。"[②] 因此,我国在推进法治进程中,就必须改变公民意识淡薄乃至错位的状况,在积极推进民主政治和法制建设的同时,大力加强公民意识的倡导和培养,并使之获得"意识形态性",从而为建立现代法治国家提供内生原动力。

第一,把握培养和重塑公民意识的关键环节。首先,要进一步加强民主政治和市场经济体制建设。在政治生活中,使人民群众能够以不同形式和途径,充分享有并切实行使民主权利,成为现实的"主权享有者";在社会经济生活中,使人民群众能够享有广泛而有可靠保障的自由、平等权利,成为现实的人权所有者,激发社会成员形成自由理性、自主自律的主体精神,实现由主人意识向公民意识的转型;[③] 其次,要转变法制教育导向,变单纯的守法教育为

① 对比研究发现,我国公民守法意识要较日本、韩国等国家的公民守法意识差。参见董璠舆:《中日法律意识比较研究》。

② 川岛武宜:《现代化与法》,第52页。

③ 马长山:《从主人意识走向公民意识》。

公民意识的培养,特别是普法教育、宣传媒介等更应把引导和强化公民对国家制度、法律制度的合理性、合法性认同,作为重中之重,进而塑造公民积极的守法精神。同时,对领导干部要格外加强法律权威教育,消除其权力本位和特权意识,培养其自觉带头护法守法、自我规束、依法办事的法律意识;再次,结合政治经济体制改革,大力培育市民社会。市民社会不仅是法治国家的基础,也是公民意识得以存在的土壤。“作为公民价值观的潜在储备库,公民社会必须保持活跃。”[①] 它通过展现社团功能来推进社会多元化,以权利制约权力,从而培养社会成员的民主参与、自主自律和公共精神;最后,加强法制建设,在立法、执法和司法各环节建立健全有效的监督制约机制,贯彻法律至上、以法制权和依法办事的原则,形成良好的法治环境,从而为培养普遍的公民意识确立正确导向,创造有利条件。

第二,要提高公民素质,确立符合时代要求的公民意识。我们说法治进程离不开公民意识功能的驱动,但这种功能驱动并非是没有任何局限的。如果公民思想、道德及文化素质不高,就会妨碍符合社会发展需要和体现时代精神的公民意识的普遍形成,因而公民意识的功能也就得不到有效发挥,法治进程也就会受到一定的影响和制约。经验和事实也表明,民主与法治得以确立和运行的一个重要条件,就是公民的素质和能力。[②] 因此,提高公民素质,使全体社会成员正确认识个人与社会、社会与国家的良性互动

---

① 〔美〕戈兰·海登:《公民社会、社会资本和发展:对一种复杂话语的剖析》,周红云译,载何增科主编:《公民社会与第三部门》,第 125 页。

② 参见达尔:《论民主》,第 193—197 页。

关系,确立理性的价值追求和选择,则是公民意识功能得以充分发挥的必要前提。特别是我国历史上具有绵长的小农经济和封建传统,民主与法制精神先天不足,且受“极左”思想影响,主人意识和政治意识重于公民意识和法律意识,有时还带有宗教伦理色彩,加之目前国民教育程度相对较低,因此,公民素质的提高尤为重要。这就要求在推进依法治国的进程中,加大公民素质培养力度,克服传统思想意识和极“左”观念,培养其现代意识和价值观念,使公民牢固树立民主法治观念、权利本位意识和自由平等精神,进而形成体现自由理性精神的正义价值观,提高民主参与意识和能力,充分实现公民意识的导引功能、耦合功能和反思功能①,推动法治社会的早日到来。

第三,推进民主政治改革,建立公民意识功能的实现机制。法治是以民主为基础的,而公民意识的普遍确立及其功能的充分发挥,同样只能根植于民主土壤之中,也可以说是民主的必然反映和要求。因此,要发挥公民意识在法治进程中的积极作用,必然要把公民意识纳入民主机制框架之中,使公民意识的功能传递着民主的功能,实现民主与法治的整合和动态发展。这样,法律的最高权威才能建立在公民共同体合理性、合法性信仰的坚实基础之上,使法律规范最大限度地内化成社会成员自觉的生活准则和行动指南,法治秩序也才能最终建立起来。

第四,把公民意识纳入意识形态构建工程之中,推进民主法治进程。任何社会的意识形态都具有一定的阶级性,其核心任务是

① 马长山:《法治进程中公民意识的功能及其实现》。

对其所反映和维护的经济、政治及社会制度提供信仰基础，也就是要进行合理化论证和合法性确认，从而使其社会统治得以确立和维持。我们社会主义国家的意识形态完全反映了人民群众的利益和要求，具有全民性，并服务于我国新时期民主政治、市场经济、精神文明和法治建设。因此，公民意识的合理性、合法性价值追求，必然成为这一信仰基础的重要组成部分。在一些发达国家，十分注重公民意识的教育和培养。国际政治社会化和教育研究委员会在 1992 年的圆桌会议上，则把"制度转换中的政治意识和公民教育"列为主题。[①] 美国、法国也通过"全国品德周"、"公民约会"等活动来强化其公民意识的培养和塑造。[②] 这反映了法治时代的意识形态的构建走向。因此，只有走出简单的、机械的"姓资姓社"的思想误区，以公民意识为重要内容来构建新时期的意识形态，才能有效地赋予我国现行政治、经济、文化和法律制度以合理性价值基础，并有效地强化其在社会成员中的合理性、合法性内化和认同，才能更好地建立起适应市场经济发展和依法治国需要的良好的社会秩序，公民意识的功能也才能有效地发挥出来，从而推进中国民主与法治进程。

---

① 参见宋迎法：《西方政治教育和政治社会化研究概述》。

② 〔美〕赫伯特：《儿童的道德教育》，力文译，载《现代外国哲学社会科学文摘》，1997 年第 1 期。

参 考 文 献

一、著作

1. 顾准:《顾准文集》,贵州人民出版社 1994 年版。
2. 张光直:《中国青铜时代》,生活·读书·新知三联书店 1983 年版。
3. 刘学灵:《东方社会政治形态史论》,上海远东出版社 1988 年版。
4. 朱孝远:《近代欧洲的兴起》,学林出版社 1997 年版。
5. 金观涛等:《西方社会结构的演变》,四川人民出版社 1985 年版。
6. 王亚平:《权力之争——中世纪西欧的君权与教权》,东方出版社 1995 年版。
7. 施治生、郭方:《古代民主与共和制度》,中国社会科学出版社 1998 年版。
8. 陈曦文:《基督教与中世纪欧洲社会》,中国青年出版社 1999 年版。
9. 钱乘旦:《现代文明的起源和演进》,南京大学出版社 1991 年版。
10. 应克复等:《西方民主史》,中国社会科学出版社 1997 年版。
11. 王挺之等:《新世纪的曙光:文艺复兴》,中国青年出版社 1999 年版。
12. 陈乐民等:《欧洲文明扩张史》,东方出版中心 1999 年版。
13. 马克尧:《英国封建社会研究》,北京大学出版社 1992 年版。
14. 金耀基:《从传统到现代》,中国人民大学出版社 1999 年版。
15. 韦庆远:《中国政治制度史》,中国人民大学出版社 1998 年版。
16. 马振铎等:《儒家文明》,中国社会科学出版社 1999 年版。
17. 朱寰:《世界上古中古史》,高等教育出版社 1999 年版。
18. 谢维扬:《中国早期国家》,浙江人民出版社 1995 年版。
19. 黄春高:《西欧封建社会》,中国青年出版社 1999 年版。

20. 〔美〕爱德华·麦克诺尔·伯恩斯、菲利普·李·拉尔夫:《世界文明史》(1—4卷),罗经国等译,商务印书馆 1995 年版。
21. 〔美〕威尔·杜兰:《世界文明史——希腊的生活》,幼狮文化公司译,东方出版社 1999 年版。
22. 〔英〕基托:《希腊人》,徐卫翔等译,上海人民出版社 1998 年版。
23. 〔美〕爱德华·W. 萨义德:《东方学》,王宇根译,生活·读书·新知三联书店 1999 年版。
24. 日知:《中西古典学引论》,东北师范大学出版社 1999 年版。
25. 朱晞:《为马克思辩——原始社会向奴隶社会发展是一种伪马克思学说》,学林出版社 1999 年版。
26. R.H. 巴洛:《罗马人》,黄韬译,上海人民出版社 2000 年版。
27. 杨共乐:《罗马社会经济研究》,北京师范大学出版社 1998 年版。
28. 〔美〕H.G. 威尔士:《文明的溪流》,袁杜译,江苏人民出版社 1998 年版。
29. 侯建新:《现代化第一基石——农民个人力量与中世纪晚期社会变迁》,天津社会科学院出版社 1991 年版。
30. 〔美〕詹姆斯·亨利·伯利斯坦:《走出蒙昧》(上、下),周作宇等译,江苏人民出版社 1998 年版。
31. 〔美〕斯塔夫里阿诺斯:《全球通史——1500 年以前的世界》、《全球通史——1500 年以后的世界》,吴象婴等译,上海社会科学院出版社 1988 年版。
32. 〔法〕基佐:《欧洲文明史——自罗马帝国败落起到法国革命》,程洪逵等译,商务印书馆 1998 年版。
33. 〔美〕威尔·杜兰:《世界文明史——信仰的时代》,幼狮文化公司译,东方出版社 1999 年版。
34. 〔美〕詹姆斯·W. 汤普逊:《中世纪经济社会史》(上、下),耿淡如译,商务印书馆 1961 年版。
35. 〔美〕帕尔默、科尔顿:《近现代世界史》(上、中、下),孙福生等译,商务印书馆 1998 年版。
36. 〔美〕马文·佩里:《西方文明史》,胡万里等译,商务印书馆 1993 年版。
37. 〔德〕马克斯·韦伯:《文明的历史脚步——韦伯文集》,黄宪起等译,生活·

读书·新知三联书店 1988 年版。
38. 〔美〕道格拉斯·诺思、罗伯特·托马斯:《西方世界的兴起》,厉以平等译,华夏出版社 1989 年版。
39. 〔美〕詹姆斯·W.汤普逊:《中世纪晚期欧洲经济社会史》,徐家玲等译,商务印书馆 1996 年版。
40. 〔法〕费尔南·布罗代尔:《15 至 18 世纪的物质文明、经济和资本主义》(1—3 卷),顾良等译,生活·读书·新知三联书店 1992 年版。
41. 张广智等:《史学,文化中的文化——文化视野中的西方史学》,浙江人民出版社 1996 年版。
42. 秦宝琦等:《18 世纪的中国与世界——社会卷》,辽海出版社 1999 年版。
43. 〔德〕罗曼·赫尔佐克:《古代的国家——起源和统治形式》,赵蓉恒译,北京大学出版社 1998 年版。
44. 严建强等:《西方历史哲学》,浙江人民出版社 1997 年版。
45. 〔德〕黑格尔:《历史哲学》,生活·读书·新知三联书店 1956 年版。
46. 〔美〕卡尔·A.魏特夫:《东方专制主义——对于极权力量的对比研究》,徐式谷等译,中国社会科学出版社 1989 年版。
47. 〔南〕马尔科维奇等:《南斯拉夫"实践派"的历史和理论》,郑一明等译,重庆出版社 1994 年版。
48. 〔美〕梯利:《西方哲学史》,葛力译,商务印书馆 1995 年版。
49. 〔美〕列奥·施特劳斯、约瑟夫·克罗波西:《政治哲学史》(上、下),李天然等译,河北人民出版社 1993 年版。
50. 〔英〕罗素:《西方哲学史》(上、下),何兆武等译,商务印书馆 1996 年版。
51. 〔英〕梅因:《古代法》,沈景一译,商务印书馆 1996 年版。
52. 苏力:《法治及其本土资源》,中国政法大学出版社 1996 年版。
53. 〔俄〕B.B.拉扎列夫等:《法与国家的一般理论》,王哲等译,法律出版社 1999 年版。
54. 张文显:《二十世纪西方法哲学思潮研究》,法律出版社 1996 年版。
55. 张文显:《法学基本范畴研究》,中国政法大学出版社 1993 年版。
56. 朱景文:《对西方法律传统的挑战——美国批判法律研究运动》,中国检察出版社 1996 年版。

57. 王人博等:《法治论》,山东人民出版社 1998 年版。
58. 谢晖:《价值重建与规范选择——中国法制现代化沉思》,山东人民出版社 1998 年版。
59. 〔美〕泰格、利维:《法律与资本主义的兴起》,纪琨译,学林出版社 1996 年版。
60. 〔美〕伯尔曼:《法律与革命——西方法律传统的形成》,贺卫方等译,中国大百科全书出版社 1993 年版。
61. 〔英〕弗雷德里希·奥古斯特·哈耶克:《自由宪章》,杨玉生等译,中国社会科学出版社 1999 年版。
62. 〔德〕K. 茨威格特、H. 克茨:《比较法总论》,潘汉典等译,贵州人民出版社 1992 年版。
63. 〔法〕勒内·达维德:《当代主要法律体系》,漆竹生译,上海译文出版社 1984 年版。
64. 〔日〕大木雅夫:《比较法》,范愉译,法律出版社 1999 年版。
65. 〔古希腊〕柏拉图:《理想国》,郭斌和等译,商务印书馆 1986 年版。
66. 〔古希腊〕亚里士多德:《政治学》,吴寿彭译,商务印书馆 1997 年版。
67. 〔古希腊〕柏拉图:《法律篇》,载《西方法律思想史资料选编》,北京大学出版社 2000 年版。
68. 〔古罗马〕西塞罗:《论共和国·论法律》,王焕生译,中国政法大学出版社 1997 年版。
69. 〔英〕詹姆士·哈林顿:《大洋国》,何新译,商务印书馆 1996 年版。
70. 〔法〕孟德斯鸠:《论法的精神》,张雁深译,商务印书馆 1995 年版。
71. 〔法〕卢梭:《社会契约论》,何兆武译,商务印书馆 1996 年版。
72. 〔美〕E. 博登海默:《法理学——法哲学及其方法》,邓正来等译,华夏出版社 1987 年版。
73. 〔德〕黑格尔:《法哲学原理》,范扬等译,商务印书馆 1996 年版。
74. 沈宗灵:《现代西方法理学》,北京大学出版社 1996 年版。
75. 沈宗灵:《比较法研究》,北京大学出版社 1998 年版。
76. 〔英〕罗杰·科特威尔等:《法律社会学导论》,潘大松等译,华夏出版社 1989 年版。

77. 〔美〕昂格尔:《现代社会中的法律》,吴玉章等译,中国政法大学出版社1994年版。
78. 张晋藩:《中国法律的传统与近代转型》,法律出版社1997年版。
79. 梁治平:《法辩》,贵州人民出版社1992年版。
80. 武树臣:《中国传统法律文化》,北京大学出版社1994年版。
81. 〔美〕诺内特、塞尔兹尼克:《转变中的法律与社会》,张志铭译,中国政法大学出版社1994年版。
82. 公丕祥:《法制现代化的理论逻辑》,中国政法大学出版社1999年版。
83. 〔英〕S.F.C.密尔松:《普通法的历史基础》,李显冬等译,中国大百科全书出版社1999年版。
84. 周枏:《罗马法原论》,商务印书馆1996年版。
85. 〔英〕巴里·尼古拉斯:《罗马法概论》,黄风译,法律出版社2000年版。
86. 〔英〕彼得·斯坦、约翰·香德:《西方社会的法律价值》,王献平译,中国人民公安大学出版社1990年版。
87. 〔英〕W.IVOR.詹宁斯:《法与宪法》,龚祥瑞等译,生活·读书·新知三联书店1997年版。
88. 〔日〕室井力:《日本现代行政法》,吴微译,中国政法大学出版社1995年版。
89. 龚祥瑞:《比较宪法与行政法》,法律出版社1987年版。
90. 韩大元:《东亚法治的历史与理念》,法律出版社2000年版。
91. 孙国华:《马克思主义法理学研究》,群众出版社1996年版。
92. 〔荷〕亨利·范·马尔赛文、格尔·范·德·唐等:《成文宪法的比较研究》,陈云生译,华夏出版社1987年版。
93. 〔法〕莱昂·狄骥:《公法的变迁——法律与国家》,郑戈译,辽海出版社、春风文艺出版社1999年版。
94. 张乃根:《西方法哲学史纲》,中国政法大学出版社1997年版。
95. 〔法〕莱昂·狄骥:《宪法学教程》,王文利等译,辽海出版社、春风文艺出版社1999年版。
96. 〔美〕劳伦斯·M.弗里德曼:《法律制度——从社会科学角度观察》,李琼英等译,中国政法大学出版社1994年版。
97. 〔美〕罗·庞德:《通过法律的社会控制——法律的任务》,沈宗灵等译,商务印书馆 1984 年版。
98. 肖金泉:《世界法律思想宝库》,中国政法大学出版社 1992 年版。
99. 〔英〕哈耶克:《法律、立法与自由》(上、下),邓正来等译,中国大百科全书出版社 2000 年版。
100. 〔日〕川岛武宜:《现代化与法》,王志安等译,中国政法大学出版社 1994 年版。
101. 〔英〕麦考密克、〔奥〕魏因贝格尔:《制度法论》,周叶谦译,中国政法大学出版社 1994 年版。
102. 〔美〕埃尔斯特、〔挪〕弗朗西斯·西阶尔斯特德:《宪政与民主》,潘勤等译,生活·读书·新知三联书店 1997 年版。
103. 〔美〕波斯纳:《法理学问题》,苏力译,中国政法大学出版社 1994 年版。
104. 〔美〕约翰·麦·赞恩:《法律的故事》,刘昕等译,江苏人民出版社 1998 年版。
105. 邓正来:《自由与秩序——哈耶克社会理论的研究》,江西教育出版社 1998 年版。
106. 〔英〕哈特:《法律的概念》,张文显等译,中国大百科全书出版社 1996 年版。
107. 吕世伦:《当代西方理论法学研究》,中国人民大学出版社 1997 年版。
108. 吕世伦等:《法哲学论》,中国人民大学出版社 1999 年版。
109. 吕世伦:《现代西方法学流派》,中国大百科全书出版社 2000 年版。
110. 吕世伦:《西方法律思潮源流论》,中国人民公安大学出版社 1993 年版。
111. 〔日〕千叶正士:《法律多元》,强世功等译,中国政法大学出版社 1997 年版。
112. 〔美〕罗斯科·庞德:《法律史解释》,曹玉堂等译,华夏出版社 1989 年版。
113. 梁治平:《寻求自然秩序中的和谐》,中国政法大学出版社 1997 年版。
114. 〔英〕戴维·M.沃克:《牛津法律大辞典》,邓正来等译,光明日报出版社 1988 年版。
115. 沈宗灵:《法理学》,高等教育出版社 1994 年版。
116. 谷春德:《西方法律思想史》,中国人民大学出版社 2000 年版。
117. 〔葡〕叶士朋:《欧洲法学史导论》,吕平义等译,中国政法大学出版社

1998 年版。
118. 〔美〕孟罗·斯密:《欧陆法律发达史》,姚梅镇译,中国政法大学出版社 1999 年版。
119. 由嵘:《外国法制史》,北京大学出版社 1998 年版。
120. 〔英〕M. J. C. 维尔:《宪政与分权》,苏力译,生活·读书·新知三联书店 1997 年版。
121. 〔日〕杉原泰雄:《宪法的历史——比较宪法学新论》,吕昶等译,社会科学文献出版社 2000 年版。
122. 〔英〕A. J. M. 米尔恩:《人的权利与人的多样性——人权哲学》,夏勇等译,中国大百科全书出版社 1995 年版。
123. 〔德〕奥特弗利德·赫费:《政治的正义性——法和国家的批判哲学之基础》,庞学铨等译,上海译文出版社 1998 年版。
124. 〔美〕卡尔·J. 弗里德里希:《超验正义——宪政的宗教之维》,周勇等译,生活·读书·新知三联书店 1997 年版。
125. 夏勇:《人权概念的起源》,中国政法大学出版社 1992 年版。
126. 〔英〕哈耶克:《致命的自负》,冯克利等译,中国社会科学出版社 2000 年版。
127. 〔德〕尤根·哈贝马斯:《合法化危机》,刘北成等译,上海人民出版社 2000 年版。
128. 〔德〕哈贝马斯:《交往与社会进化》,张博树译,重庆出版社 1989 年版。
129. 〔日〕猪口孝、〔英〕爱德华·纽曼、〔美〕约翰·基恩:《变动中的民主》,林猛等译,吉林人民出版社 1999 年版。
130. 《马克思恩格斯选集》,人民出版社 1972 年版。
131. 《马克思恩格斯全集》,人民出版社 1965 年版。
132. 〔英〕伯特兰·罗素:《西方的智慧》,马家驹等译,世界知识出版社 1992 年版。
133. 姜建设:《周秦时代理想国探索》,中州古籍出版社 1998 年版。
134. 程汉大:《英国政治制度史》,中国社会科学出版社 1995 年版。
135. 〔美〕保罗·肯尼迪:《大国的兴衰》,王保存等译,求实出版社 1988 年版。
136. 〔美〕贾恩弗兰科·波齐:《近代国家的发展》,沈汉译,商务印书馆 1997

年版。
137. 〔美〕潘恩:《潘恩选集》,马清槐等译,商务印书馆 1981 年版。
138. 〔德〕哈贝马斯:《公共领域的结构转型》,曹卫东等译,学林出版社 1999 年版。
139. 〔英〕阿伦·布洛克:《西方人文主义传统》,董乐山译,生活·读书·新知三联书店 1997 年版。
140. 丛日云:《西方政治文化传统》,大连出版社 1996 年版。
141. 钱乘旦等:《寰球透视:现代化的迷途》,浙江人民出版社 1999 年版。
142. 余英时:《从价值系统看中国文化的现代意义——中国文化与现代生活总论》,生活·读书·新知三联书店 1987 年版。
143. 〔美〕格尔哈斯·伦斯基:《权力与特权:社会分层的理论》,关信平等译,浙江人民出版社 1988 年版。
144. 〔美〕乔治·麦克林:《传统与超越》,干春松等译,华夏出版社 2000 年版。
145. 〔英〕安东尼·吉登斯:《社会的构成》,李康等译,生活·读书·新知三联书店 1998 年版。
146. 〔美〕E. R. 塞维斯:《文化进化论》,黄宝玮等译,华夏出版社 1991 年版。
147. 〔日〕富永健一:《社会结构与社会变迁》,董光华译,云南人民出版社 1988 年版。
148. 张汝伦:《思考与批判》,上海三联书店 1999 年版。
149. 〔美〕汉娜·阿伦特:《人的条件》,竺乾威等译,上海人民出版社 1999 年版。
150. 〔美〕马文·哈里斯:《文化人类学》,李培荣等译,东方出版社 1988 年版。
151. 〔美〕威廉·A. 哈维兰:《当代人类学》,王铭铭等译,上海人民出版社 1987 年版。
152. 〔美〕马文·哈里斯:《文化的起源》,黄晴译,华夏出版社 1988 年版。
153. 〔美〕罗伯特·F. 莫菲:《文化和社会人类学》,吴玫译,中国文联出版公司 1988 年版。
154. 〔美〕丹尼斯·贝尔:《资本主义文化矛盾》,赵一凡等译,生活·读书·新知三联书店 1992 年版。
155. 〔日〕猪口孝:《国家与社会》,高增杰译,经济日报出版社 1989 年版。

156. 唐士其:《国家与社会的关系》,北京大学出版社 1998 年版。
157. 〔英〕鲍桑葵:《关于国家的哲学理论》,汪淑钧译,商务印书馆 1995 年版。
158. 俞可平:《全球化时代的“社会主义”》,中央编译出版社 2000 年版。
159. 〔法〕托克维尔:《论美国的民主》(上、下),董果良译,商务印书馆 1991 年版。
160. 徐济明等:《当代非洲政治变革》,经济科学出版社 1998 年版。
161. 荣剑:《社会批判的理论与方法》,中国社会科学出版社 1998 年版。
162. 〔美〕R.H.奇尔科特:《比较政治学理论——新范式的探索》,高铦等译,社会科学文献出版社 1998 年版。
163. 〔古罗马〕西塞罗:《西塞罗三论——老年·友谊·责任》,徐奕春译,商务印书馆 1998 年版。
164. 〔意〕萨尔沃·马斯泰罗内:《欧洲政治思想史——从十五世纪到二十世纪》,黄华光译,社会科学文献出版社 1992 年版。
165. 徐大同:《西方政治思想史》,天津教育出版社 2000 年版。
166. 浦兴祖:《西方政治学说史》,复旦大学出版社 1999 年版。
167. 〔苏〕涅尔谢相茨:《古希腊政治学说》,蔡拓译,商务印书馆 1991 年版。
168. 张桂林:《西方政治哲学》,中国政法大学出版社 1999 年版。
169. 王彩波:《西方政治思想史——从柏拉图到约翰·密尔》,吉林大学出版社 1997 年版。
170. 万俊人:《现代西方伦理学史》,北京大学出版社 1996 年版。
171. 〔英〕安东尼·吉登斯:《第三条道路——社会民主主义的复兴》,郑戈译,北京大学出版社 2000 年版。
172. 徐鸿武:《当代西方民主思潮评析》,北京师范大学出版社 2000 年版。
173. 俞可平:《社群主义》,中国社会科学出版社 1998 年版。
174. 张静:《法团主义》,中国社会科学出版社 1998 年版。
175. 李强:《自由主义》,中国社会科学出版社 1998 年版。
176. 俞可平:《权利政治与公益政治——当代西方政治哲学评析》,社会科学文献出版社 2000 年版。
177. 杨雪冬等:《“第三条道路”与新的理论》,社会科学文献出版社 2000 年版。
178. 亨廷顿:《第三波——20世纪后期民主化浪潮》,刘军宁译,上海三联书店1998年版。
179. 〔英〕戴维·赫尔德:《民主的模式》,燕继荣等译,中央编译出版社1998年版。
180. 〔美〕梅尔·格托夫:《人类关注的全球政治》,贾宗谊译,新华出版社2000年版。
181. 〔法〕邦雅曼·贡斯当:《古代人的自由与现代人的自由》,阎克文等译,商务印书馆1999年版。
182. 〔荷〕克拉勃:《近代国家观念》,王检译,商务印书馆1957年版。
183. 〔美〕查尔斯·霍顿·库利:《人类本性与社会秩序》,包凡一等译,华夏出版社1989年版。
184. 〔美〕詹姆斯M.伯恩斯、杰克·W.佩尔塔森、托马斯·E.克罗宁:《民治政府》,陆震纶等译,中国社会科学出版社1996年版。
185. 〔美〕L.布鲁姆、P.塞尔茨内克、D.B.达拉赫:《社会学》,张杰等译,四川人民出版社1991年版。
186. 〔英〕L.罗宾斯:《过去和现在的政治经济学——对经济政策中主要理论的考察》,陈尚霖等译,商务印书馆1997年版。
187. 〔美〕罗伯特·达尔:《论民主》,李柏光等译,商务印书馆1999年版。
188. 〔美〕L.亨金:《权利的时代》,信春鹰等译,知识出版社1997年版。
189. 〔法〕莫里斯·迪韦尔热:《政治社会学——政治学要素》,杨祖功等译,华夏出版社1987年版。
190. 曾繁正等编译:《西方政治学》,红旗出版社1998年版。
191. 〔美〕约翰·肯尼思·加尔布雷思:《权力的分析》,陶远华等译,河北人民出版社1988年版。
192. 〔美〕塞缪尔·亨廷顿:《变革中的政治秩序》,李盛平译,华夏出版社1988年版。
193. 〔美〕戴维·波普诺:《社会学》(上、下),刘云德译,辽宁人民出版社1988年版。
194. 〔美〕罗伯特·A.达尔:《现代政治分析》,王沪宁等译,上海译文出版社

1987 年版。
195. 〔美〕达尔:《民主理论的前言》,顾昕等译,生活·读书·新知三联书店、牛津大学出版社 1999 年版。
196. 王沪宁:《比较政治分析》,上海人民出版社 1987 年版。
197. 〔美〕丹尼斯·C. 缪勒:《公共选择理论》,杨春学等译,中国社会科学出版社 1992 年版。
198. 〔美〕文森特·奥斯特罗姆:《美国公共行政的思想危机》,毛寿龙译,上海三联书店 1999 年版。
199. 〔美〕查尔斯·霍顿·库利:《社会过程》,洪小良等译,华夏出版社 2000 年版。
200. 〔美〕戴维·伊斯顿:《政治生活的系统分析》,王浦劬译,华夏出版社 1999 年版。
201. 〔美〕汉密尔顿、杰伊、麦迪逊:《联邦党人文集》,程逢如等译,商务印书馆 1980 年版。
202. 〔美〕乔纳森·H. 特纳:《社会学理论的结构》,吴曲辉等译,浙江人民出版社 1987 年版。
203. 〔美〕彼德·布劳:《社会生活中的交换与权力》,孙非等译,华夏出版社 1988 年版。
204. 〔英〕拉尔夫·达仁道夫:《现代社会冲突》,林荣远译,中国社会科学出版社 2000 年版。
205. 〔美〕L. 科塞:《社会冲突的功能》,孙立平等译,华夏出版社 1989 年版。
206. 〔美〕查尔斯·E. 林布隆:《政策制定过程》,朱国斌译,华夏出版社 1988 年版。
207. 〔德〕马克斯·韦伯:《经济与社会》(上、下),林荣远译,商务印书馆 1998 年版。
208. 〔德〕弗兰茨·奥本海:《论国家》,沈蕴芳译,商务印书馆 1999 年版。
209. 〔德〕马克斯·韦伯:《民族国家与经济政策》,甘阳等译,生活·读书·新知三联书店 1997 年版。
210. 毛寿龙等:《西方政府的治道变革》,中国人民大学出版社 1998 年版。
211. 〔美〕道格拉斯·凯尔纳、斯蒂文·贝斯特:《后现代理论——批判性的质疑》,张志斌译,中央编译出版社 1999 年版。

212. 王治河:《扑朔迷离的游戏——后现代哲学思潮研究》,社会科学文献出版社 1998 年版。

213. 王岳川:《后现代主义文化研究》,北京大学出版社 1992 年版。

214. 〔英〕弗里德里希·奥古斯特·哈耶克:《通往奴役之路》,王明毅等译,中国社会科学出版社 1997 年版。

215. 〔美〕阿瑟·奥肯:《平等与效率——重大的权衡》,王忠民等译,四川人民出版社 1988 年版。

216. 〔美〕查尔斯·林德布洛姆:《政治与市场:世界的政治——经济制度》,王逸舟译,上海三联书店、上海人民出版社 1994 年版。

217. 〔美〕查尔斯·沃尔夫:《市场或政府——权衡两种不完善的选择》,谢旭译,中国发展出版社 1994 年版。

218. 〔荷〕阿诺德·赫特杰编:《政府为什么干预经济——政府在市场经济中的角色》,郑秉文译,中国物资出版社 1998 年版。

219. 〔美〕萨缪尔森:《经济学》(上、中、下),高鸿业译,商务印书馆 1990 年版。

220. 傅殷才等:《自由经营还是国家干预——西方两大经济思潮概论》,经济科学出版社 1995 年版。

221. 〔英〕约翰·基恩:《公共生活与晚期资本主义》,马音等译,社会科学文献出版社 1999 年版。

222. 〔德〕乌·贝克、哈贝马斯等:《全球化与政治》,王学东等译,中央编译出版社 2000 年版。

223. 〔美〕大卫·雷·格里芬:《后现代精神》,王成兵译,中央编译出版社 1999 年版。

224. 〔美〕艾恺:《世界范围内的反现代化思潮——论文化守成主义》,贵州人民出版社 1991 年版。

225. 佘碧平:《现代性的意义与局限》,上海三联书店 2000 年版。

226. 傅永军:《控制与反抗》,泰山出版社 1998 年版。

227. 〔英〕安东尼·吉登斯:《超越左与右——激进政治的未来》,李惠斌等译,社会科学文献出版社 2000 年版。

228. 〔美〕塞缪尔·亨廷顿:《文明的冲突与世界秩序的重建》,周琪等译,新华出版社 1998 年版。
229. 罗伯特·诺齐克:《无政府、国家与乌托邦》,何怀宏等译,中国社会科学出版社 1991 年版。
230. 〔德〕米夏埃尔·兰德曼:《哲学人类学》,张乐天译,上海译文出版社 1988 年版。
231. 胡格韦尔特:《发展社会学》,白桦等编译,四川人民出版社 1987 年版。
232. 〔美〕曼瑟尔·奥尔森:《集体行动的逻辑》,陈郁等译,生活·读书·新知三联书店 1996 年版。
233. 〔法〕米歇尔·克罗齐、〔美〕塞缪尔·P.亨廷顿、〔日〕绵贯让治:《民主的危机——就民主国家统治能力写给三边委员会的报告》,马殿军等译,求实出版社 1989 年版。
234. 〔美〕科利斯·拉蒙特:《人道主义哲学》,贾高建等译,华夏出版社 1990 年版。
235. 〔日〕古畑和孝:《人际关系社会心理学》,王康乐译,南开大学出版社 1986 年版。
237. 〔奥〕路德维希·冯·米瑟斯:《自由与繁荣的国度》,韩光明等译,中国社会科学出版社 1995 年版。
238. 〔美〕约翰·罗尔斯:《正义论》,何怀宏等译,中国社会科学出版社 1988 年版。
238. 〔美〕马尔蒂莫·J.阿德勒:《哲学的误区》,汪关盛译,上海人民出版社 1992 年版。
239. 〔英〕伯特兰·罗素:《权威与个人》,肖巍译,中国社会科学出版社 1990 年版。
240. 〔美〕J.范伯格:《自由、权利和社会正义——现代社会哲学》,王守昌等译,贵州人民出版社 1998 年版。
241. 〔美〕吉尔伯特·罗兹曼:《中国的现代化》,国家社会科学基金"比较现代化"课题组译,江苏人民出版社 1995 年版。
242. 朱学勤:《道德理想国的覆灭——从卢梭到罗伯斯庇尔》,上海三联书店 1994 年版。

243. 魏英敏:《新伦理学教程》,北京大学出版社 1993 年版。
244. 〔美〕悉尼·胡克:《理性、社会神话和民主》,金克等译,上海人民出版社 1965 年版。
245. 〔德〕P. 科斯洛夫斯基:《资本主义的伦理学》,王彤译,中国社会科学出版社 1996 年版。
246. 〔荷〕盖叶尔、佐文:《社会控制论》,黎鸣等译,华夏出版社 1989 年版。
247. 〔美〕詹姆斯·M. 布坎南:《自由、市场与国家》,平新桥等译,生活·读书·新知三联书店 1989 年版。
248. 〔法〕弗朗索瓦·佩鲁:《新发展观》,张宁等译,华夏出版社 1987 年版。
249. 〔加〕A. 布莱顿等:《理解民主——经济的和政治的视角》,毛丹等译,学林出版社 2000 年版。
250. 苏国勋:《理性化及其限制——韦伯思想引论》,上海人民出版社 1988 年版。
251. 〔美〕E. 弗洛姆:《健全的社会》,孙恺详译,贵州人民出版社 1994 年版。
252. 〔美〕阿拉斯戴尔·麦金太尔:《谁之正义? 何种合理性?》,万俊人等译,上海译文出版社 1997 年版。
253. 〔美〕狄百瑞:《东亚文明——五个阶段的对话》,何兆武译,江苏人民出版社 1996 年版。
254. 〔德〕卡尔·雅斯贝斯:《时代的精神状况》,王德峰译,上海译文出版社 1997 年版。
255. 〔澳〕李瑞智、黎华伦:《儒学的复兴》,范道丰译,商务印书馆 1999 年版。
256. 〔美〕列文森:《儒教中国及其现代命运》,郑大华等译,中国社会科学出版社 2000 年版。
257. 启良:《新儒学批判》,上海三联书店 1995 年版。
258. 〔德〕马克斯·韦伯:《新教伦理与资本主义精神》,于晓等译,生活·读书·新知三联书店 1992 年版。
259. 〔德〕马克斯·韦伯:《儒教与道教》,洪天富译,江苏人民出版社 1995 年版。
260. 张立文等:《中外儒学比较研究》,东方出版社 1998 年版。
261. 余英时:《中国思想传统的现代诠释》,江苏人民出版社 1995 年版。

262. 〔美〕墨子刻:《摆脱困境——新儒学与中国政治文化的演进》,江苏人民出版社1996年版。
263. 石元康:《从中国文化到现代性:典范转移?》,生活·读书·新知三联书店2000年版。
264. 陈刚:《大众文化与当代乌托邦》,作家出版社1996年版。
265. 〔美〕文森特·奥斯特罗姆:《复合共和制的政治理论》,毛寿龙译,上海三联书店1999年版。
266. 邓正来:《国家与社会——中国市民社会研究》,四川人民出版社1998年版。
267. 朱英:《转型时期的社会与国家——以近代中国商会为主体的历史透视》,华中师范大学出版社1997年版。
268. 王绍光等:《中国国家能力报告》,辽宁人民出版社1993年版。
269. 施雪华:《政府权能理论》,浙江人民出版社1998年版。
270. 刘泽华:《中国的王权主义》,上海人民出版社2000年版。
271. 曹锦清:《走出"理想"的城堡——中国"单位"现象研究》,海天出版社1997年版。
272. 李路路等:《中国的单位组织——资源、权力与交换》,浙江人民出版社2000年版。
273. 周翼虎等:《中国单位制度》,中国经济出版社1999年版。
274. 刘建军:《单位中国——社会调控体系重构中的个人、组织与国家》,天津人民出版社2000年版。
275. 康晓光:《权力的转移——转型时期中国权力格局的变迁》,浙江人民出版社1999年版。
276. 陈吉元等:《当代中国的村庄经济与村落文化》,山西经济出版社1996年版。
277. 王铭铭:《村落视野中的文化与权力——闽台三村五论》,生活·读书·新知三联书店1997年版。
278. 王沪宁:《当代中国村落家族文化——对中国社会现代化的一项探索》,上海人民出版社1991年版。
279. 陈晏清:《当代中国社会转型论》,山西教育出版社1998年版。

280. 章开沅等:《中国近代民族资产阶级研究》,华中师范大学出版社 2000 年版。
281. 秦晖:《政府与企业以外的现代化——中西公益事业史比较研究》,浙江人民出版社 1999 年版。
282. 项飚:《跨跃边界的社区——北京"浙江村"生活史》,生活·读书·新知三联书店 2000 年版。
283. 朱光磊等:《当代中国社会各阶层分析》,天津人民出版社 1998 年版。
284. 齐桂珍:《中国所有制改革 20 年》,中州古籍出版社 1998 年版。
285. 吴忠泽等:《社团管理工作》,中国社会出版社 1996 年版。
286. 王颖等:《社会中间层——改革与中国的社团组织》,中国发展出版社 1993 年版。
287. 兰久富:《社会转型时期的价值观念》,北京师范大学出版社 1999 年版。
288. 荣敬本等:《从压力型体制向民主合作型体制的转变——县乡两级政治体制改革》,中央编译出版社 1998 年版。
289. 徐勇:《中国农村村民自治》,华中师范大学出版社 1997 年版。
290. 张厚安等:《中国农村村级治理——22 个村的调查与比较》,华中师范大学出版社 2000 年版。
291. 王绍光:《多元与统一——第三部门国际比较研究》,浙江人民出版社 1999 年版。

二、论文

1. 〔美〕查尔斯·蒂利:《未来的历史学》,载 S. 肯德里克、P. 斯特劳、D. 麦克龙编:《解释过去,了解现在——历史社会学》,王辛慧等译,上海人民出版社 1999 年版。
2. 汪晖:《当代中国的思想状况与现代性问题》,载李世涛主编:《知识分子立场——自由主义之争与中国思想界的分化》,时代文艺出版社 2000 年版。
3. 莱斯特·塞拉蒙:《第三域的兴起》,于海译,载李亚平、于海编:《第三域的兴起》,复旦大学出版社 1998 年版。
4. 〔美〕奥斯特罗姆:《工艺与人工制品》,载〔美〕麦金尼斯编:《多中心治道与发展》,毛寿龙译,上海三联书店 2000 年版。

5. 〔加〕查尔斯·泰勒:《承认的政治》,董之林等译,载汪晖等编:《文化与公共性》,生活·读书·新知三联书店 1998 年版。

6. 〔德〕哈贝马斯:《民主法治国家的承认斗争》,曹卫东译,载汪晖等编:《文化与公共性》。

7. 王绍光等:《中国政府汲取能力的下降及后果》,载张静主编:《国家与社会》,浙江人民出版社 1998 年版。

8. 李强:《评论:国家能力与国家权力的悖论》,载张静主编:《国家与社会》。

9. 〔日〕十时严周:《社会变迁与现代化——现代理论的标准设定》,李国庆译,载罗荣渠主编:《现代化——理论与历史经验的再探讨》,上海译文出版社 1993 年版。

10. 萧新煌:《东亚的发展模式:经验性的探索》,尹保云译,载罗荣渠主编:《现代化——理论与历史经验的再探讨》。

11. 〔美〕彼得·伯格:《一个东亚发展的模式:战后台湾经济中的文化因素》,萧新煌译,载罗荣渠主编:《现代化——理论与历史经验的再探讨》。

12. 〔美〕亨廷顿:《导致变化的变化:现代化、发展和政治》,载〔美〕西里尔·E.布莱克编:《比较现代化》,杨豫等译,上海译文出版社 1996 年版。

13. 〔美〕奈特·毕乃德:《现代化与近代初期的中国》,载布莱克编:《比较现代化》。

14. 〔英〕拉尔夫·C.克罗伊齐埃:《中国和印度的医学、现代化和文化危机》,载布莱克编:《比较现代化》。

15. 〔英〕大卫·威廉姆斯、汤姆·杰克逊:《治理,世界银行与自由主义理论》,赖海榕译,载俞可平主编:《治理与善治》,社会科学文献出版社 2000 年版。

16. 〔英〕雷纳特·梅因茨:《统治失败与治理能力问题:对一个理论范式的评价》,周红云译,载俞可平主编:《治理与善治》。

17. 〔瑞士〕弗朗索瓦－格扎维尔·梅里安:《治理问题与现代福利国家》,肖孝毛译,载俞可平主编:《治理与善治》。

18. 〔法〕辛西娅·休伊特·德·阿尔坎塔拉:《"治理"概念的运用与滥用》,黄语生译,载俞可平主编:《治理与善治》。

19. 俞可平:《引论:治理与善治》,载俞可平主编:《治理与善治》。

20. 〔法〕玛丽－克劳德·斯莫茨:《治理在国际关系中的正确运用》,载俞可平主编:《治理与善治》。
21. 〔西班牙〕萨尔瓦多·吉内尔:《公民社会及其未来》,魏海生译,载何增科主编:《公民社会与第三部门》,社会科学文献出版社2000年版。
22. 〔英〕戈登·怀特:《公民社会、民主化和发展:廓清分析的范围》,何增科译,载何增科主编:《公民社会与第三部门》。
23. 〔美〕罗伯特·W.赫夫纳:《公民社会:一种现代理想的文化前景》,载何增科主编:《公民社会与第三部门》。
24. 〔美〕杰基·史密斯:《全球性公民社会?》,载何增科主编:《公民社会与第三部门》。
25. 〔美〕戈兰·海登:《公民社会、社会资本和发展:对一种复杂话语的剖析》,载何增科主编:《公民社会与第三部门》。
26. 〔美〕杰勒德·克拉克:《发展中国家的非政府组织与政治》,闫月梅译,载何增科主编:《公民社会与第三部门》。
27. 〔加〕查尔斯·泰勒:《市民社会的模式》,冯青虎译,载邓正来、〔英〕J.C.亚历山大编:《国家与市民社会——一种社会理论的研究路径》,中央编译出版社1999年版。
28. 〔英〕约翰·基恩:《市民社会与国家权力型态》,邓正来等译,载邓正来、亚历山大编:《国家与市民社会》。
29. 〔美〕简·科恩、安德鲁·阿雷托:《社会理论与市民社会》,时和兴译,载邓正来、亚历山大编:《国家与市民社会》。
30. 黄宗智:《中国的"公共领域"与"市民社会"?——国家与社会间的第三领域》,程农译,载邓正来、亚历山大编:《国家与市民社会》。
31. 邓正来:《国家与市民社会——一种社会理论的研究路径》,载邓正来、亚历山大编:《国家与市民社会》。
32. 罗威廉:《晚清帝国的"市民社会"问题》,邓正来等译,载邓正来、亚历山大编:《国家与市民社会》。
33. 方朝晖:《对90年代市民社会研究的一个反思》,载《天津社会科学》,1999年第5期。
34. 何增科:《市民社会概念的历史演变》,载《中国社会科学》,1994年第5

期。
35. 肖岁寒:《"市民社会"的历史考察》,载《天津社会科学》,1999年第3期。
36. 方朝晖:《市民社会的两个传统及其在现代的汇合》,载《中国社会科学》,1994年第5期。
37. 〔美〕M.W.弗利、B.爱德华:《市民社会的悖论》,孙晓莉译,载《哲学译丛》,2000年第3期。
38. 〔美〕D.里夫:《市民社会的错误浮现》,石衡潭译,载《哲学译丛》,2000年第3期。
39. 〔韩〕李寿勋:《1987—1992年韩国过渡时期的政治:市民社会的兴起》,周士琳译,载《现代外国哲学社会科学文摘》,1998年第6期。
40. 〔美〕梅路西:《后工业民主的悖论:日常生活和社会运动》,谭晓梅译,载《现代外国哲学社会科学文摘》,1995年第5期。
41. 〔美〕迈克尔·华尔泽:《公民社会的理想——社会重建之路》,载《国外社会学》,1994年第2期。
42. 邓正来等:《建构中国的市民社会》,载《中国社会科学辑刊》(香港)1992年(总第1期)。
43. 〔美〕帕特·查特奇:《关于泰勒的"公民社会模式"理论的一些看法》,曾东译,载《国外社会学》,1994年第2期。
44. 夏维中:《中国近期难圆的梦》,载《中国社会科学辑刊》(香港)1993年(总第5期)。
45. 〔美〕布兰德利·沃麦克:《中国共同社会与西方利益社会》,刘桂珍等译,载《史学集刊》,1999年第4期。
46. 朱英:《关于中国市民社会的几点商榷意见》,载《中国社会科学辑刊》(香港)1994年(总第7期)。
47. 施雪华:《现代化与市民社会》,载《中国社会科学辑刊》(香港)1994年(总第7期)。
48. 鲁品越:《中国历史进程与市民社会之构建》,载《中国社会科学辑刊》(香港)1994年(总第8期)。
49. 〔美〕A.阿莱托、J.科恩:《市民社会与社会理论》,载《国外社会科学》,1989年第7期。

50. 陈燕谷:《文化研究与市民社会》,载《思想文综》(4),暨南大学出版社1999年版。
51. 杨念群:《近代中国史学研究中的“市民社会”》,载张静主编《国家与社会》。
52. 毛丹:《评论:追究“市民社会”的历史资源》,载张静主编《国家与社会》。
53. 唐贤兴:《全球治理与第三世界的变革》,载《欧洲》,2000年第3期。
54. 〔美〕文森特·奥斯特罗姆:《政治文明:东方与西方》,潜龙译,载刘军宁等编:《经济民主与经济自由》,生活·读书·新知三联书店1997年版。
55. 刘军宁:《从法治国到法治》,载刘军宁等编:《经济民主与经济自由》。
56. 金耀基:《中国现代的文明秩序的建构——论中国的“现代化”与“现代性”》,载刘军宁等编:《经济民主与经济自由》。
57. 〔澳〕詹姆斯·科顿:《东亚民主政体的进步与局限》,林本炫译,载刘军宁等编:《民主与民主化》,商务印书馆1999年版。
58. 〔美〕乔万尼·萨托利:《自由民主可以移植吗?》,杨光明译,载刘军宁编:《民主与民主化》。
59. 〔美〕马克·F.普拉特纳:《自由与民主二者缺一不可》,樊吉社译,载刘军宁编:《民主与民主化》。
60. 〔美〕W.李普曼:《公共哲学的复兴》,晓苓译,载刘军宁等编:《市场逻辑与国家观念》,生活·读书·新知三联书店1995年版。
61. 朱国斌:《近代中国地方自治重述与检讨》,载张庆福主编:《宪政论丛》(第2卷),法律出版社1999年版。
62. 〔美〕劳伦斯·M.弗里德曼:《法治、现代化和司法制度》,载宋冰编:《程序、正义与现代化》,中国政法大学出版社1998年版。
63. 安守廉:《不可思议的西方?昂格尔运用与误用中国历史的含义》,高鸿钧译,载高道蕴等编:《美国学者论中国法律传统》,中国政法大学出版社1996年版。
64. 吴玉章:《自由主义权利观念的产生》,载《公法》第1卷,法律出版社1999年版。
65. 〔意〕M.卡佩莱蒂、B.加斯:《福利国家的接近正义》,载卡佩莱蒂编:《福利国家与接近正义》,刘俊祥等译,法律出版社2000年版。

66. 舒国滢:《中国法治建构的历史语境及其面临的问题》,载刘海年等:《依法治国,建设社会主义法治国家》,中国法制出版社 1998 年版。
67. 吴玉章:《西方的法治理论》,载郑永流主编:《法哲学与法社会学论丛》(3),中国政法大学出版社 2000 年版。
68. 〔德〕哈贝马斯:《法的合法性——〈事实与规则〉要义》,许章润译,载郑永流主编:《法哲学与法社会学论丛》(3)。
69. 〔美〕约翰·罗尔斯:《公共理性观念再探》,时和兴译,载哈佛燕京学社、三联书店编:《公共理性与现代学术》,生活·读书·新知三联书店 2000 年版。
70. 图依布纳:《现代法中的实质要素和反思要素》,矫波译,载《北大法律评论》第 2 卷第 2 辑,法律出版社 2000 年版。
71. 季卫东:《从边缘到中心:20 世纪美国的"法与社会"研究运动》,载《北大法律评论》第 2 卷第 2 辑。
72. 邓正来:《社会秩序规则二元观——哈耶克法律理论的研究》,载《北大法律评论》第 2 卷第 2 辑。
73. 张晋藩等:《人治与法治的历史剖析》,载《法治与人治问题讨论集》,群众出版社 1980 年版。
74. 张国华:《略论春秋战国时期的"法治"与"人治"》,载《法治与人治问题讨论集》。
75. 李步云:《法的应然与实然》,载《法学研究》,1997 年第 5 期。
76. 范忠信:《公民社会决定法治社会》,载刘海年等编:《依法治国建设社会主义法治国家》。
77. 刘楠:《论公、私法二元结构与中国市场经济》,载梁慧星主编:《民商法论丛》第 4 卷,法律出版社 1996 年版。
78. 陈林林:《中世纪欧洲的法哲学——西方法律传统的中世纪渊源》,载郑永流主编:《法哲学与法社会学论丛》(3)。
79. 〔日〕岸本美绪:《"市民社会"与中国》,王亚新译,载王亚新等编:《明清时期的民事审判与民间契约》,法律出版社 1998 年版。
80. 张广兴:《社会发展中的人身权利》,载夏勇主编:《走向权利的时代——中国公民权利发展研究》,中国政法大学出版社 2000 年版。

81. 陈甦等:《公民财产权利的发展与保护》,载夏勇主编:《走向权利的时代》。
82. 陈泽宪:《刑事法制发展与公民权利保护》,载夏勇主编:《走向权利的时代》。
83. 高鸿钧:《中国公民权利意识的演进》,载夏勇主编:《走向权利的时代》。
84. 苏力:《二十世纪中国的现代化和法治》,载《法学研究》,1998 年第 1 期。
85. 徐立志:《中日法制近代化比较研究》,载《外国法译评》,2000 年第 1 期。
86. 王云霞:《印度社会的法律改革》,载《比较法研究》,2000 年第 2 期。
87. 龙在天:《非洲价值观的演变和展望》,载《国外理论动态》,1999 年第 8 期。
88. 夏新华:《非洲法律文化之变迁》,载《比较法研究》,1999 年第 2 期。
89. 周永坤:《坚持实践标准,进一步清除法学教条主义——新中国法学 50 年及其未来》,载《法商研究》,1999 年第 3 期。
90. 郭道晖:《多元社会中法的本质与功能——第二次亚洲法哲学大会述评》,载《中外法学》,1999 年第 3 期。
91. 郭道晖:《建立法治国家必须推进政制与法制改革》,载《法商研究》,1999 年第 2 期。
92. 郑成良:《权利本位说》,载《政治与法律》,1989 年第 4 期。
93. 童之伟:《论法理学的更新》,载《法学研究》,1998 年第 6 期。
94. 童之伟:《再论法理学的更新》,载《法学研究》,1999 年第 2 期。
95. 童之伟:《论法学的核心范畴和基本范畴》,载《法学》,1999 年第 6 期。
96. 郭道晖:《法治国家与法治社会》,载《政治与法律》,1995 年第 1 期。
97. 徐显明:《论"法治"的构成要件》,载《法学研究》,1996 年第 3 期。
98. 王家福等:《论依法治国》,载《法学研究》,1996 年第 2 期。
99. 夏勇:《法治是什么》,载《中国社会科学》,1999 年第 4 期。
100. 孙笑侠:《法治国家及其政治构造》,载《法学研究》,1998 年第 1 期。
101. 蒋立山:《中国法治道路初探》,载《中外法学》,1998 年第 3—4 期。
102. 〔奥〕霍利:《全球化和社会失范——走向世界新秩序途中的问题和机遇》,载《现代外国哲学社会科学文摘》,1998 年第 11 期。
103. 马作武:《中国古代法治质论——兼驳法治的本土资源说》,载《法学评论》,1999 年第 1 期。

104. 徐国栋:《市民社会与市民法》,载《法学研究》,1994 年第 4 期。

105. 郑戈:《市民社会中的市民法》,载《法律科学》,1994 年第 6 期。

106. 江平:《罗马法精神与当代中国立法》,载《中国法学》,1995 年第 1 期。

107. 刘武俊:《市民社会与现代法的精神》,载《中外法学》,1995 年第 8 期。

108. 刘武俊:《市民社会的法理学透视》,载《中外法学》,1995 年第 6 期。

109. 徐忠明:《西方市民社会与现代法制建设启示》,载《政法论坛》,1995 年第 3 期。

110. 徐忠明:《中西比较:市民社会与现代法制的成因》,载南京师范大学法制现代化研究中心编:《法制现代化研究》(第 3 卷),南京师范大学出版社 1997 年版。

111. 杜万华:《二元社会结构体系及其法理学思考》,载《现代法学》,1996 年第 1 期。

112. 刘旺洪:《国家与社会:权力控制的法理学思考》,载《法律科学》,1998 年第 6 期。

113. 吕世伦等:《国家主义的衰微与中国法制现代化》,载《法律科学》,1999 年第 3 期。

114. 吴家清:《国家与社会:法治的价值选择》,载《法律科学》,1999 年第 3 期。

115. 朱国斌等:《市民社会法治理想在中国的实现》,载《东吴法学》(百年校庆专刊)。

116. 郑强:《市民社会与法治》,载《外国法译评》,2000 年第 4 期。

117. 梁治平:《重新解说西方法律史》,载《中国书评》(香港)1995 年(总第 5 期)。

118. 〔日〕畑中和夫:《法的统治与法治国家》,林青译,载《外国法译评》,1997 年第 4 期。

119. K. 巴基、S. 巴里克:《国家在非西方社会经济发展中的作用》,载《国外社会科学》,1993 年第 1 期。

120. 李龙:《法治模式论》,载《中国法学》,1991 年第 6 期。

121. 黄国瑞:《法治国思想与法之支配理论》,载台湾《宪政时代》第 15 卷,第

3 期。

122. 陈新民:《德国十九世纪“法治国”概念的起源》,载台湾《政大法学评论》,第 55 期。
123. 孙国华:《当前我国法理学研究的几个问题》,载《法学》,1996 年第 4 期。
124. 张光博:《关于法学中“29 个多”问题的理论是非》,载《当代法学》,1997 年第 4 期。
125. 晓南:《关于我国法学研究中的若干问题》,载《求是》,1996 年第 5 期。
126. 陶锡良:《关于法学论文的学术前沿性评价》,载《中央政法管理干部学院学报》,1996 年第 1 期。
127. 季卫东:《程序比较论》,载《比较法研究》,1993 年第 1 期。
128. 江必新:《用程序捍卫公平正义》,载《工人日报》,1999 年 7 月 10 日。
129. 肖建国:《程序正义的理念及其实现》,载《法学研究》,1999 年第 3 期。
130. 陈瑞华:《走向综合性程序价值理论——贝勒斯程序正义理论述评》,载《中国社会科学》,1999 年第 6 期。
131. 陈兴良:《程序的独立价值必须强调》,载《工人日报》,1999 年 6 月 12 日。
132. 钱福臣:《主体因素:美国联邦宪法形成和发展中的能动力》,载《求是学刊》,2000 年第 2 期。
133. 马长山:《市民社会理论:法学现代化的重要基点》,载《求是学刊》,1999 年第 1 期。
134. 马长山:《从市民社会理论出发对法本质的再认识》,载《法学研究》,1995 年第 1 期。
135. 马长山:《公民文化:精神文明的重要内容》,载《社会科学》(上海),1993 年第 8 期。
136. 马长山:《公民意识:中国法治进程的内驱力》,载《法学研究》,1996 年第 6 期。
137. 马长山:《从主人意识走向公民意识》,载《法律科学》,1997 年第 5 期。
138. 马长山:《法治进程中公民意识的功能及其实现》,载《社会科学研究》,1999 年第 3 期。

139. 马长山:《弘扬民主契约法律精神》,载《求是学刊》,1998 年第 2 期。
140. 马长山:《村民自治组织建设的时代意义及其实践反差》,载《政治与法律》,1994 年第 2 期。
141. 马长山:《应把社会团体作为政治体制改革的重要内容》,载《民主》,1993 年第 6 期。
142. 马长山:《论我国的结社权利》,载《政治与法律》,1993 年第 5 期。
143. 马长山:《结社:中国社会结构变迁的重要现代化要素》,载《社会工作研究》,1995 年第 5 期。
144. 马长山:《略论我国社会团体的法律地位及淡化其行政化倾向》,载《政治与法律》,1992 年第 3 期。
145. 马长山:《法治社会中法与道德关系及其实践把握》,载《法学研究》,1999 年第 1 期。
146. 马长山:《西欧"独特性"、"东方专制主义"与近代法治》,载《求是学刊》,2001 年第 2 期。
147. 马长山:《市民社会与政治国家:法治的基础和界限》,载《法学研究》,2001 年第 3 期。
148. 马长山:《依法治国必须弘扬正义法精神》,载《求是学刊》,2000 年第 6 期。
149. 马长山:《伦理秩序、法治秩序与公民意识》,载《江苏社会科学》,1998 年第 4 期。
150. 马长山:《结社自由的深层历史底蕴及其对民主法治的结构性支撑》,载《江苏社会科学》,1999 年第 1 期。
151. 范进学:《法学核心范畴关系论》,载《法律科学》,2001 年第 1 期。
152. 〔美〕巴尔:《三种不同竞争的价值观念体系》,力文译,载《现代外国哲学社会科学文摘》,1993 年第 9 期。
153. 信春鹰:《后现代法学:为法治探索未来》,载《中国社会科学》,2000 年第 5 期。
154. 〔德〕哈贝马斯:《法治与民主的内在联系》,景跃进译,载《中国社会科学辑刊》(香港)1994 年(总第 9 期)。
155. 邓正来:《法律和立法的二元观——哈耶克法律理论的研究》,载《中外法学》,2000年第1期。

156. 石元康:《自发的秩序与无为而治》,载《中国科学辑刊》(香港)1994年(总第7期)。

157. 范忠信:《中华法系的亲伦精神——以西方法系的市民精神为参照来认识》,载人大《法理学法史学》,1999年第8期。

158. 李金泽:《中国人的关系意识与中国社会的法化》,载《法制与社会发展》,1999年第2期。

159. 董璠舆:《中日法律意识比较研究——以北京、东京调查为中心》,载《社会科学探索》,1997年第1期。

160. 陈玉刚等:《21世纪权力的流变》,载《学习与探索》,1998年第6期。

161. 〔法〕阿塔利:《西方文明的崩溃:市场和民主的限度》,凌波译,载《现代外国哲学社会科学文摘》,1998年第8期。

162. 路风:《单位:一种特殊的社会组织形式》,载《中国社会科学》,1989年第1期。

163. 汪晓萍:《美国学者谈中国村民选举》,载《国外理论动态》,1999年第6期。

164. 徐勇:《中国农村村级选举竞争的若干支配因素》,载人大《政治学》,2000年第3期。

165. 吴理财:《民主化与中国乡村社会转型》,载《天津社会科学》,1999年第4期。

166. 何清涟:《农村基层社会地方恶势力的兴起》,载《二十一世纪》(香港)1997年6月号。

167. 胡永佳:《村民自治、农村民主与中国政治发展》,载《政治学研究》,2000年第2期。

168. 党国印:《中国乡村民主政治能走多远?》,载《中国国情国力》,1999年第3期。

169. 朱光磊等:《在更大的背景下认识村民自治》,载《中国书评》(香港)1998年5月号。

170. 景跃进:《国家与社会关系视野下的村民自治》,载《中国书评》(香港)1998年5月号。

171. 王旭:《乡村中国的基层民主:国家和社会的权力互强》,载《二十一世纪》(香港)1997年4月号。
172. 贺雪峰:《国家与农村社会互动的路径选择——兼论国家与农村社会双强关系的构建》,载《浙江社会科学》,1999年第4期。
173. 许纪霖:《中国:现代化政治变迁中权力聚散的循环》,载姚申主编:《东亚:经济、政治与文化阐释》,学林出版社1999年版。
174. 周晓虹:《转型时期中国农民的社会心理——昆山周庄镇和北京"浙江村"的比较研究》,载贾德裕等主编:《现代化进程中的中国农民》,南京大学出版社1998年版。
175. 张敏杰:《改革中的温州农民心态》,载《现代化进程中的中国农民》。
176. 王汉生:《北京"浙江村":中国农民进入城市的一种独特方式》,载《现代化进程中的中国农民》。
177. 杨心恒:《从乡土社会到工业文明:转型中的中国农村社会结构》,载刘应杰等编:《中国社会结构转型》,中国社会出版社1998年版。
178. 袁方:《跨世纪的稳定:改革不可逆转》,载《中国社会结构转型》。
179. 刘智峰:《美国观摩团眼中的基层民主选举》,载《中国政治体制改革问题报告》,中国电影出版社1999年版。
180. 刘军宁:《善恶:两种政治观与国家能力》,载《读书》,1994年第5期。
181. 韩震:《公共社团主义的兴起及其理论》,载《中国社会科学》,1995年第2期。
182. 〔美〕阿尔蒙德:《资本主义与民主》,载《现代外国哲学社会科学文摘》,1993年第5期。
183. 孙炳耀:《乡镇社团与中国基层社会》,载《中国社会科学辑刊》(香港)1994年(总第9期)。
184. 景跃进:《主题书评:〈社会中间层〉》,载《中国书评》(香港)1996年(总第9期)。
185. 张曙光:《国家能力与制度变革和社会转型——兼评〈中国国家能力报告〉》,载《中国书评》(香港)1995年总第3期。
186. 李景治等:《全球化进程对国家的影响》,载《教学与研究》,1998年第11期。

187. 关海庭:《中俄(苏)体制转型方式与国家控制能力》,载《教学与研究》,1999 年第 9 期。
188. 〔美〕M. 戴利:《社团主义:一种新公共伦理学》,韩震译,载《国外社会科学》,1997 年第 2 期。
189. 〔美〕李普森:《民主的基本原理》,载《交流》,1986 年第 3 期。
190. 罗荣渠:《深入探讨东亚现代化进程中的新经验》,载《中国社会科学辑刊》(香港)1995 年(总第 11 期)。
191. 李文:《东亚:转型现代化的新范式》,载《中国社会科学辑刊》(香港)1995 年(总第 11 期)。
192. 李金:《从国家与民间力量的关系看中国社会的整合问题》,载《探索》,2000 年第 3 期。
193. 宋迎法:《西方政治教育和政治社会化研究概述》,载《国外社会科学》,1995 年第 7 期。
194. 吴晓玲:《欧洲国家的社会危机与公民资格重建》,载《欧洲》,2000 年第 2 期。
195. 张锡勤:《中国 20 世纪初"国民"问题讨论述评》,载《求是学刊》,1994 年第 1 期。
196. 高力克:《五四伦理革命与公民精神》,载《浙江社会科学》,1999 年第 3 期。
197. 〔美〕赫伯特:《儿童的道德教育》,力文译,载《现代外国哲学社会科学文摘》,1997 年第 1 期。
198. 〔法〕让－马克·思古德:《什么是政治的合法性?》,王雪梅译,载《外国法译评》,1997 年第 2 期。
199. 马杰:《东亚:文化底蕴与金融危机》,载《金融时报》,1998 年 2 月 28 日。
200. 〔美〕李(L. Y. C. Lim):《谁的模式失败了?》,谭晓梅译,载《现代外国哲学社会科学文摘》,1999 年第 1 期。

三、外文原著

1. Hendrik Brugmas, *Europe: Dream - Adventure - Reality*, Brussels 1987.
2. De Ruggiero, *The History of European Liberalism*, Oxford University

Press, 1927.

3. Joseph Raz, *The Authority of Law*, Claredon Press, 1979.

4. Emile Durkheim, *In Anthony Giddens*: *Durkheim on Politics and the State*, Cambridge: Polity Press, 1986.

5. Ernst-Wolfgang. Böckenförde, *State*, *Society and Liberty*, Translated by J. A. Underwood, Published by Berg Published Limited, 1991.

6. Britannica, *1993 by Encyclopedia Britannica*, Inc. V. L. 16.

7. S. N. Eisenstadt, "The Cultural Programme of Modernity and Democracy: Some Tensions and Problems", 载《中国社会科学季刊》(Chinese Social Sciences Quarterly Summer, 1995.).

8. R. C. Van. Caenegem, *A Historical Introduction to Western Constitutional Law*, Cambridge University Press, 1995.

9. Kenichi Ohmae, *The End of the Nation State*: *The Rise of Regional Economics*, Harpercollins, 1995.

10. H. F. Jolowicz, *Historical Introduction to the Study of Roman Law*, Cambridge University Press, 1952.

Contents

后　记

还是1989年我在大学就读期间，读到马克思的《黑格尔法哲学批判》、《论犹太人问题》等著作时，就对“市民社会”产生了浓厚兴趣。当时我朦朦胧胧地觉得，西方资本主义国家不断地推行新政，社会主义国家也不断地进行政治经济改革，这说明二者都遇到了某些“相通”的困境或问题，在很大程度上可能是个人利益和公共利益、国家和社会关系的调适问题。而西方向东方文明的回眸，东方向西方的借鉴也似乎说明了某种共同的趋向。后来，我才接触到更多的有关市民社会理论的文献，自己的理论思考也才逐渐清晰起来。于是，开始运用这一理论进行法学及法治问题的研究，关注中国的民主法治进程，并发表了系列学术论文。1998年9月，我有幸获得了国家“九五”规划社会科学基金的资助，从事“公民意识与依法治国”项目的研究，历时三年。呈现在读者面前的这本著作就是该项目的最终成果，这也是我从市民社会理论出发对法学理论和法治进行系统研究的第一本专著。然而，我深知自己才疏学浅，书中拙笔陋见难免挂一漏万，真诚地恭请学界同仁不吝赐教和斧正，同时但愿拙著能够起到抛砖引玉之效。

学术研究工作是清苦而充满乐趣的。回想起三年多紧张的研究和写作过程，我有很多独特的深思和感慨。我内心始终放不下全身瘫痪的老母,还有时刻撒不开手的幼小的儿子,更不敢懈怠自己所担负的繁忙工作。最紧张的时候,衣服要两三周集中洗一次,碗筷要两三天集中刷一次。2000 年这个跨世纪的春节,当别人在欢天喜地欣赏春节联欢晚会的时候,我却依然在紧张地校对书稿。而我的休息方式,也常常是伴着"走进西藏"的幽远歌声而独自漫步于校园甬道或野外荒园。那时的感觉真可谓"众鸟高飞尽,孤云独自行"。其实,我早已习惯了艰苦的生活。因为我出生于穷乡僻壤,且幼年丧父,当过童工,卸过火车,卖过麻花、冰棍,直到 1990 年大学毕业后方有好转。好在如今无需再为衣食住行而烦恼了。请不要误会,我这里绝不是意在乞求同情和理解,而是说我本"布衣"出身,现在"布衣"依旧,但未敢忘"匹夫之责"和学人肩负。不管人们对我的研究成果如何评说,但我确实投注了我的激情和汗水。这是我的钟爱和乐趣所在,也是我喜欢的生存方式。然而,我并不敢奢望自己拙浅的笔墨能为中国民主法治进程做出几多贡献,如果拙著在茫茫书海中并不仅仅是"滥竽充数"的话,那也就是我很大的快慰了。

本书的完成得益于很多人的帮助和支持。我要感谢国家规划办的项目资助,感谢朋友和同事的关怀与支持,感谢我八旬老母和我懂事的小儿子的理解。尤其要感谢黑龙江大学党委副书记兼副校长、硕士生导师杨震教授,黑龙江大学校长、博士生导师衣俊卿教授,黑龙江大学法学院院长于逸生教授、总支书记贺轶文教授及吴方正教授等领导对我多年的帮助和关怀;感谢中国西方法律思想史研究会副会长、中国人民大学法学院博士生导师吕世伦教授的指教、支持并欣然为本书命笔作序;感谢中国人民大学法学院博士生导师孙国华教授的学术帮助和鼓励；感谢严明教授在英译校方面的帮助以及钱福臣教授、唐永春教授和陈景辉博士生的学术讨论与支持；感谢我的研究生于柏华、张晓萍、马金芳、邓琦、张翠梅等诸同学在查找资料、文稿誊写及校对等方面的支持；感谢商务印书馆著作室编辑王兰萍女士、《法学研究》杂志社编审张少瑜先生和刘翠霄女士等的热情帮助和扶植。最后，我还要感谢儿童动画片的制作家们，是他们的成果每天都能极大地吸引我小儿子的注意力，让我每天能够多赢得 2—3 小时的研读和写作时间。

马长山

2001 年 5 月于冰城学府居